가족목회

가족목회

초판 1쇄 | 2015년 5월 20일
4쇄 | 2022년 9월 8일

홍영택 지음

발행인 | 이 철
편집인 | 한만철

펴 낸 곳 | 도서출판 kmc
등록번호 | 제2-1607호
등록일자 | 1993년 9월 4일

서울특별시 종로구 세종대로 149 감리회관 16층
(재)기독교대한감리회 도서출판 kmc

대표전화 | 02-399-2008 팩스 | 02-399-2085
홈페이지 | http://www.kmcpress.co.kr
디 자 인 | 디자인통

값 12,000원

ISBN 978-89-8430-689-9 03230

가족목회

21세기 가족을 위한 돌봄과 치유

홍영택 지음

kmc

머리말

가족은 삶의 둥지요, 삶을 배우는 곳이다. 인생은 수업(受業)이라는 퀴블러-로스의 말처럼, 살아간다는 것은 배워서 내가 자라는 것이다. 그리고 우리가 함께 사는 것을 배워 참 공동체를 이룬다면 그보다 위대한 창조는 없을 것이다. 가족은 바로 이러한 배움과 창조의 공간이다.

이 책은 내가 그동안 신학대학에서 가족상담과 가정사역에 관해 가르쳐 온 내용을 정리한 것이다. 이 책의 목적은 크게 두 가지이다.

첫째, 변화하는 가족을 위해 교회가 어떻게 목회적으로 돌봄을 베풀 수 있을까라는 질문에 대해 답변하는 것이다. 한국 사회는 반세기 남짓한 동안에 전근대 사회에서 근대 사회로, 다시 근대 사회에서 정보화 사회로 변화해 왔다. 이는 세계에서 유례를 찾아볼 수 없는 급속한 사회 변화이다. 가족의 형태 또한 이와 같은 급속한 변화의 과정 속에 있다. 이 변화 속에서 교회는 가족이 무슨 문제와 과제를 안고 있는지 그리고 어떤 돌봄과 치유가 필요한지를 생각하면서 가족을 이해하고 도와야 한다.

둘째, 현대 가족을 이해하고 돌본다는 것은 단지 그것으로 그치는 것이 아니라, 목회 패러다임의 변화를 촉구하는 것이다. 정보화 사회에서 개인과 가족은 자기 나름의 틀과 방향을 가지고 삶을 만들어가기를 원한다. 다시 말하면, '배우고, 자라고, 창조하기'를 바라는 것이다. 교회가 그들에게 '이렇게 하라, 저렇게 하라'고 가르치는 것만으로는 충분하지 않다. 교회는 그들에게 영성의 자원(資源)이 되어주고, 창조의 공간(空間)이 되어주어야 한다. 그러기 위해서 목회자는 개인과 가족들이 배우고 자랄 수 있는 장(場)을 만들어주고, 그들이 주도적으로 참여할 수 있는 기회를 주어야 할 것이다.

이 책은 현대 가족에 대한 사회학적 분석으로 시작한다.

제1장에서는 전통적 대가족이 산업화 과정에서 어떤 변화를 겪었는지 그리고 우리 사회가 다시 정보화 사회로 넘어가는 과정에서 가족의 미래는 어떻게 되어가는지를 살펴볼 것이다. 가족에 대한 사회학적 분석을 먼저 한다고 해서 거기에서 가족에 대한 최종적인 답을 얻고자 하는 것은 아니다. 가족에 대한 궁극적 의미와 기준은 신학적 해석을 통해서만 얻을 수 있다. 그리고 현대 가족의 상황과 그 문제를 정확하게 이해해야만 신학적 해석을 정확하게 적용할 수 있다. 만일 우리가 현대 가족이 처한 사회적 상황과 과정을 정확하게 이해하지 못한다면, 신학적인 해석은 엉뚱한 결론을 내리게 될 것이다.

제2장에서는 가족에 대한 신학적 이해를, 언약, 소명, 나눔이라는 주제를 중심으로 하여 서술한다. 그리고 이를 기초로 하여 현대 가족에 대한 신학적 비판을 시도한다. 오늘날 가족과 관련된 주제들 가운데 특히 성(性)에 대한 이해에서 많은 혼란이 목격되고 있다.

제3장은 성(性)과 관련하여 주요 주제들을 다룬다. 낭만적 사랑에 대한 비판, 남성과 여성의 성역할에 관한 성서구절들에 대한 해석, 부부 사이의 성행동에 대한 신학적 해석 등을 다룬다.

제4장은 가족의 생활 주기를 각 단계별로 설명한다. 가족이 발달하고 성장하는 과정에서 각 단계가 갖고 있는 의미와 과제 그리고 그 과제를 효과적으로 수행하기 위한 방법 등이 서술된다.

제5장은 가정사역이 프로그램이 아니라 포괄적 목회전략임을 강조하면서 가정사역에 대한 종합적 서술을 시도한다. 가정사역의 예방, 양육, 상담, 봉사의 차원에서 각각 실시할 수 있는 구체적인 프로그램을 소개한다.

제6장은 현대 가족상담의 시스템적 관점을 가지고 한 청년의 사례를 다루면서 목회적 가족상담의 과정을 설명한다. 목회자가 가족을 전체적으로 볼 수 있을

때, 가족 구성원 하나하나의 상황과 심리를 이해할 수 있음을 강조한다.

제7장에서는 결혼예비상담, 부부상담 그리고 외도 상담을 다룬다.

제8장은 교회공동체와 목회 지도력을 시스템적 관점에서 접근하는 것에 대해 다룬다. 목회자가 자신의 가족 안에서 그리고 교회공동체 안에서 어떤 관계적 상황에 놓여 있는지 이해할 때, 그는 방어적이고 소모적인 반응 양식으로부터 벗어날 수 있으며, 비로소 치유적 목회 리더십을 발휘할 수 있다.

제9장은 이혼에 대한 사회학적 및 신학적 이해를 다룬 뒤, 이혼위기상담 사례를 하나 소개한다. 재혼 가족은 초혼 가족과 달리 독특한 구조와 문제들을 안고 있는데, 제10장은 이에 대한 이해를 돕고자 쓰였다. 그리고 재혼 가족을 어떻게 목회적으로 돌보고 상담할지에 대해 다루고 있다.

마지막으로 11장은 가정에서 아동 및 배우자에게 행해지는 폭력의 문제를 다루면서 이에 대해 교회가 어떻게 대처해야 할 것인지를 설명한다.

이 책에는 내가 이전에 썼던 글들이 포함되어 있다. 제1, 2, 5, 7, 9, 10장의 내용 중 일부는 다음 저서 및 논문의 내용을 수정 보완하여 실은 것이다.

「흔들리는 가정」(성서연구사, 2001)
「만남과 떠남」(성서연구사, 2004)
"재혼가족에 대한 이해와 목회상담," 〈신학과 세계〉(2004)
"이혼 및 재혼 위기 가족을 돌보기 위한 교회 프로그램 연구," 〈기독교신학논총〉(2008)

이 연구와 더불어 내 삶은 많은 분들에게 빚지고 있다. 부모님의 성실함은 내 삶의 기초가 되었고 가족의 사랑과 헌신을 배우게 해주셨다. 아내는 내 삶을 든든하게 받쳐주어 왔고 나와 함께 기꺼이 하나의 가족을 창조해 가는 데 헌신하였다. 나는 한 여성을 만나 가족을 이루는 데에 인격적으로 준비가 부족하였다. 갈등과 어려움에도 불구하고 아내는 함께 견디어 주었고, 우리는 조금씩 가족의 모양을 만들어 왔다. 우리의 아들 익수와 딸 사영에게도 감사의 마음을 표한다. 그들이 생명을 받아들이고 용기 있게 자라온 것에 대해 그리고 부모에게 큰 기쁨을 준 것에 대해 감사하다.

신학교 시절, 따뜻하게 나를 받아주시고 목회상담의 길로 인도해 주셨고 그 후에도 삶의 고비마다 도움을 주신 이기춘 박사님, 인격적으로나 목회적으로 늘 힘이 되어 주신 이기문 목사님, 유학 시절 나를 인정해 주시고 가족상담의 세계로 이끌어 주신 Graham 박사님, 내 교수생활과 연구생활을 늘 격려해 주셨고 먼저 하나님 품으로 가신 선배 안석모 박사님께 감사드린다. 강의실에서 함께 호흡해 주었던 학생들, 그리고 상담실에서 삶의 이야기를 나누었던 모든 분들에게 감사드린다. 마지막으로 이 책의 참고가 된 많은 저서들을 저술한 학자들에게 감사를 드린다. 그들의 깊은 연구는 우리가 하나님의 지혜와 삶의 지혜로 나아가는 데 늘 길잡이가 되어줄 것이다.

2015년 봄
홍 영 택

Contents

머리말   4

제1장   현대 사회와 한국 가족 _ 21세기에 가족은 살아남을 것인가   12

    몇 가지 통계로 보는 한국 가족의 현재   12
    산업화 이전의 전통 가족   14
    산업화와 가족의 변화   16
      소비공동체로서의 가족 | 부부 관계 – 가족의 새로운 축 | 가족 관계의 새로운 양식
    정보화 사회와 가족   21
      다양화와 복합화 | 가족 이후에 무엇이 오는가 | 다문화가족

제2장   가족의 신학(神學) _ 신학적으로 가족은 무슨 의미가 있는가   28

    기초적 신뢰 – 언약(言約)   29
      성례전으로서의 결혼 | 언약으로서의 결혼 | 가족의 패러다임으로서의 언약
    부르심과 은혜 – 개인적·공동체적 소명   34
      부르심으로서의 언약 | 창조적 소명을 위한 가족의 언약적 기초 | 가족의 세 가지 목적
    서로 나눔 – 참여와 성장   37
      공동체적 관계성과 개인의 자기실현 | 가족 관계의 네 단계 | 서로 받아들임 | 힘의 부여 | 친밀감
    사회변화에 대한 신학적 비판과 교회의 과제   43

제3장   성(性)의 신학 _ 성(性)을 신학적으로 바라보기   48

    사랑과 성(性)   49
      낭만적 사랑의 함정 | 제도와 규범의 함정 | 해방의 두 얼굴
    성역할(性役割, gender role)   53
      남성과 여성의 성역할 | 부부의 파트너십(partnership)
    성행동(性行動, sexuality)   57
      성경에서 보는 성행동 | 성행동(sexuality)의 목적 – 신학적 이해

제4장   가족의 일생 _ 가족은 어떻게 태어나고 자라고 열매 맺는가   64

    사랑하며 자라며   64
    부모 떠나기   66
      독립된 '나' 되기–나는 애인을 사랑할 준비가 되었나 | 애인 만나기–나는 애인을 진정 사랑하고 있는가
    신혼 만들기   73
      건설적으로 싸우기–함께 살 수 있는가 | 성생활의 축복 – 함께 즐거워할 수 있는가 | 다음 세대 준비하기–진정 돌볼 수 있는가

중년기 가족 **79**
어린 자녀 키우기–자녀의 마음을 알고 있는가 | 사춘기 자녀 키우기–자녀를 친구 삼을 준비가 되었나 | 자녀 내보내기–둥주리가 진정 비어 있는가

노년기 가족 **90**
노년기의 새로운 실험–두 번째 신혼 만들기 | 고부 갈등과 노년–홀로 하나님 앞에 서기

제5장 가정사역 _ 통합적 목회로서의 가정사역 100

개인과 관계 중심의 목회 **100**
포스트모던 영성–공동체와 개인의 조화 | 유동성과 복합성

가정사역의 기능 **103**

가정사역의 실천 **106**
예방 | 양육 | 상담 | 봉사

제6장 가족상담 _ 가족 문제에 대한 시스템적 접근 114

개인적 관점에서 체계(시스템)적 관점으로 **114**
체계(시스템)적 문제 인식 | 이중구속

가족상담의 첫 번째 과정 – 접촉 **119**
공감적 관계 | 재명명

가족상담의 두 번째 과정 – 탐색 **124**
경계(boundary) | 세대 간 경계의 탐색

가족상담의 세 번째 과정 – 변화 **131**

제7장 부부상담 _ 부부에 대한 양육과 상담 138

결혼예비상담 **138**
첫 번째 만남 | 두 번째 만남 | 세 번째 만남

부부상담 **142**
긍정적 부부 관계를 위한 원칙 | 부부상담의 목표와 과정 | 사례

외도에 대한 이해와 상담 **148**
통계 | 외도의 원인 | 피해 배우자의 상담 | 외도자의 상담 | 부부상담 | 용서

제8장 가족 시스템으로서의 교회공동체 _ 치유적 목회 지도력을 향하여 162

두 개의 가족 **162**

치유적 태도 및 전략 **165**

분화된 리더십 **169**

제9장 이혼 _ 이혼을 어떻게 바라볼 것인가   174

이혼 통계 174
이혼의 사회적 원인 175
이혼에 대한 신학적 이해 177
이혼 위기 상담사례 182

제10장 재혼 _ 재혼 가족을 이해하고 돌보기   190

재혼 가족에 대한 이해 191
콩쥐팥쥐 이야기와 재혼 가족 관계 | 재혼에 대한 신학적 이해와 적극적 접근 | 재혼 가족 관계의 모형 | 재혼 가족의 발달 과정
재혼 가족에 대한 돌봄과 상담 199
재혼 가족 관계의 문제 | 재혼 가족 자녀 양육을 위한 지침 | 재혼 가족을 위한 효과적인 상담 방법

제11장 가정폭력 _ 가정 내의 폭력에 대해 어떻게 도울 것인가   208

힘과 폭력 208
아동에 대한 폭력 211
아동에 대한 신체적/정서적 폭력 | 성폭력 통계와 아동 성폭력 | 가정 내에서의 아동 성폭력 | 교회의 대처
배우자에 대한 폭력 220
부부간 폭력의 특성 | 교회의 대처

부록

1. 결혼예비상담 설문지   226
2. 재혼 부부 교육   230
3. 부부 관계 향상 워크숍   232

참고문헌   246

현대 사회와 한국 가족

21세기에 가족은 살아남을 것인가

제1장

현대 사회와 한국 가족
21세기에 가족은 살아남을 것인가

현대에 이르러 가족은 해체되어 가고 있는가? 앞으로 가족은 어디로 향해 갈 것인가? 교회는 급격히 변화하는 가족의 모습을 어떻게 이해하고 평가할 것인가? 그리고 변화하는 상황 속에서 교회는 가족들을 어떻게 돌보고 이끌어야 할 것인가? 이 질문들에 답하기 위해서는 가족에 대한 사회학적 분석과 아울러 신학적 평가가 필요하다. 먼저 사회학적 분석을 위해 이 장(章)에서는 산업사회와의 관련 속에서 핵가족을 고찰한 뒤, 정보화 사회에서 가족이 다시 어떤 변화의 과정을 겪는지를 살펴볼 것이다. 그 뒤 신학적 평가는 다음 장(章)에서 다루고자 한다.

몇 가지 통계로 보는 한국 가족의 현재

한국 사회에서 가족의 역할이 점점 약화되어 가는 징후는 2000년대에 들어와서 더욱 뚜렷해지고 있다. 주변에서 흔히 보이는 가족의 모습과 여러 형태의 통계지표는 가족이 마치 해체를 향해 가고 있지 않나 하는 생각이 들 정도이다.

통계청의 "2010인구주택 총조사"에 의하면, 부부와 미혼 자녀가 함께 살거나 혹은 조부모가 함께 살고 있는 가구의 비율은 2000년 56.4%에 달했으나 2010년에는 43.2%로 줄어들었다. 불과 10년 사이에 13.4%가 줄어든 셈이다. 반면, 편부·편모와 미혼 자녀가 함께 사는 한부모 가족, 조부모와 미혼 손(孫)자녀가 함께 사는 가구, 자녀 없이 부모만 사는 가구, 1인 가구 등이 전체 가족에서 차지하는 비율은 42.3%에서 55.7%로 늘어났다. 우리는 대가족이 핵가족으로 변모해 가고 있다고 일반적으로 생각해 왔지만, 이른바 부모와 자녀가 함께 사는 핵가족 모델조차 과연 이제는 앞으로 우리 사회에서 가족의 표준적 형태라고 말할 수 있을지 의문이 제기된다. 일반적으로 핵가족이라면 부모와 자녀 둘 정도의 4인 가족을 생각해 왔다. 그런데 4인 가구의 비율은 1990년 29.5%에서 2010년 22.5%로 감소하였다. 핵가족조차 일반적인 모범이라고 볼 수 없는 방향으로 가족의 모습이 변해 가고 있는 것이다. 가족이라고 하면 으레 부모가 있고 자녀가 있으리라는 통념이 앞으로 점점 통용되지 않을 것처럼 보인다.

최근 우리나라의 1인 가구 비율이 급격히 증가하고 있다. 2013년 1월에 통계청에서 발표한 "한국의 사회동향 2012"에 의하면, 지난 20년간 1인 가구 비율은 1990년 9.0%에서 2010년 23.9%로 증가하였고, 2025년에는 31.3%로 예측되어 향후 가구 분포에서 가장 높은 비율을 차지할 것으로 보인다. 〈조선일보〉 2011년 7월 기사에 의하면, 소위 '평생 솔로' 대기자가 지난 10년 동안 3배로 늘어 현재 70만 명에 이른다고 한다. '평생 솔로' 대기자란 40대 미혼 남성과 30대 후반의 미혼 여성으로 장차 결혼의 가능성이 매우 낮은 사람들을 가리킨다. 누구나 나이가 차면 결혼을 할 것이라는 전통적인 관념이 약화되어 가는 것이다.

또 하나 한국 가족의 커다란 변화의 움직임은 이혼의 증가이다. 이혼율은 1990년대 이후 급격히 늘어나면서 인구 1,000명당 이혼 건수(조이혼율)가 1990년 1.1명에서 2003년에 3.4명으로 폭발적인 증가세를 보였다. 이 10여 년 동안 3배 이상의 증가세를 보인 것이다. 다행히 사회 각계의 다양한 노력으로 증가세가 점차 줄어들어 2011년에는 2.3명까지 낮아졌다.[1] 혼인은 2011년에 32만 9,000건으로 전년보다 0.9% 증가했다. 전체 인구 1,000명당 혼인 건수인 조

㈵혼인율은 6.6건으로 전년보다 0.1건 증가했다. 혼인 건수 대 이혼 건수의 비율은 2003년에 2 대 1에 이르렀고, 2011년에는 3 대 1정도가 되었다. 2003년 이후에 혼인 건수는 약간 늘어나고 있는 추세이다. 2011년에 남녀 모두 초혼인 혼인 건수는 25만 8,600건으로 전체 혼인의 78.6%를 차지한다. 그러니까 전체 혼인 건수 중 재혼 건수가 21.4%를 차지하고 있다. 다시 말해 전체 혼인의 약 4분의 1이 재혼인 것이다.

   1990년대 이후에 급격히 증가한 이혼은 2003년에 최고점에 이른 후 조금씩 줄어드는 현상을 보이고 있다. 1990년대에 사람들은 결혼과 가족 문화에 급격한 변화를 겪으면서, 결혼생활의 불만을 이혼을 통해 해소하려는 경향이 급격히 늘어났다. 그러나 이혼이 가져오는 여러 가지 부작용을 겪으면서 많은 부부들이 문제 해결의 핵심이 이혼이 아니라는 사실을 깨닫기 시작했다. 거기다가 사회 각계각층에서 일어난 가정회복운동으로 이혼의 감소현상이 나타났다. 그러나 1970년의 0.4명, 1980년의 0.6명, 1990년의 1.1명이라는 조이혼율에 비교해 본다면, 지난 40년간 이혼은 거의 5배 가까이 늘어났다. 그리고 이러한 추이는 앞으로도 큰 변동이 없을 것으로 보인다. 한 가지 특기할 만한 사실은 최근 전체적으로 이혼 건수가 줄어든 데 반해서, 20년 이상 결혼생활을 한 부부의 이혼이 차지하는 비율은 계속 늘어나고 있다는 것이다. 1990년의 전체 이혼 건수에서 20년 이상 결혼생활을 한 부부의 이혼율은 5.2%였지만, 2011년에는 24.8%에 이르렀다. 누구든 결혼하면 결혼생활을 유지해야 한다는 관념 또한 더 이상 통용되지 않는다는 것이 현상으로 드러난 것이다.

산업화 이전의 전통 가족

   우리나라는 엄밀한 의미에서 소위 근대화(modernization)가 시작된 지 고작 반세기 남짓 되었다. 근대화란 곧 산업화(industrialization) 과정을 가리킨다. 산업화란 농업 중심의 사회에서 공업 중심의 사회로 바뀌는 것을 가리킨다. 가족 구성원이 살아가는 방식이나 부부생활의 스타일은 산업화로 인한 사회문화적인 변화 속에서 매우 큰 영향을 받아 왔다. 전체적으로 두드러진 변화는 가족의 중요성이 점차 약해졌다는 것이다. 반면 사람들의 삶은 점점 개인적이 되어 버린 경향이 있다. 각각 개인은 자유로운 것처럼 보이지만, 한편으로는 매우 취약해 보인다. 어떤 면에서는 위험해 보이기까지 한다.

그렇다면 왜 개인을 위한 가족의 영향력은 점점 약해진 것일까? 산업화가 가족에게 끼친 가장 기본적인 변화는 가족 경제적 생산력을 잃어버리게 된 것이다. 전통적인 가족에서는 가족의 생활이 농사를 중심으로 이루어졌다. 거의 자급자족하던 전통 가족에서는 가족의 먹고사는 일이 전적으로 농업에 의존해 있었다. 남녀노소 가릴 것 없이 일할 수 있는 모든 노동력은 논밭의 일에 매달렸다. 거기에서 생산되는 곡식과 채소는 바로 하루하루의 양식이었다. 그러므로 가족은 '생산 공동체'였다. 가족에 속하였지만 그 구성원이 되지 못하면 먹고살 수 없었던 것이다. 가족과 함께 일하여야만 양식을 얻을 수 있고, 가족을 떠나서는 먹고살 수 있는 생활의 근거지가 거의 없었던 것이다. 그러한 환경에서 어떤 개인이 가족을 떠난다는 것은 곧 삶의 포기와도 마찬가지였을 것이다.

우리는 불과 60~70년 전까지만 해도 이러한 사회에서 살았다. 그러한 사회에서는 가족에 충성하지 않으면 생존할 수가 없었다. 그리고 그 가족의 수장(首長)은 아버지였다. 아버지에게 충성하지 않으면 아무도 생존할 수 없었기에, 자녀는 효(孝)를, 아내는 삼종지도(三從之道)를 지키지 않으면 안 되었다. 물론 효는 자녀의 생존을 위한 대처 방식만은 아니다. 그 이념에는 인간됨에 관한 동양의 깊은 철학이 담겨 있다. "대저 효란 만물을 생성하는 하늘의 불변의 법칙이며, 만물을 기르는 땅의 영원한 질서이며, 하늘과 땅 사이에 태어나 하늘과 땅의 성(性)을 갖고 있는 사람이 마땅히 행해야 할 바이니라."[2] 효는 사람이 지켜야 할 덕행의 근원이라고 여겨졌다. 왜냐하면 부모가 자녀에게 베푸는 봉사만큼 크고 무한한 것이 없기 때문에 이에 대한 보답으로서 효가 덕행의 출발점으로 이해된 것이다. 유교사상에서 효는 원래 교호(交互)적인 윤리였다. 성규탁은 퇴계와 율곡의 말을 다음과 같이 인용한다.

퇴계는 경장자유(敬長慈幼 : 아랫사람은 윗사람을 공경하고, 윗사람은 아랫사람을 인자하게 대함)의 교호적인 부모 자녀 간의 도리를 밝혔다. 율곡도 퇴계와 같이 '남의 아버지가 된 자는 그의 아들을 사랑할 것이요, 자식 된 자이면 그 부모의 은혜를 망각하는 행위를 해서는 아니 됨'을 강조하였다.[3]

    이는 부모는 자녀에게 인자하게 대하고[慈] 자녀는 부모를 공경해야[孝] 한다는 호혜(互惠)적인 윤리이다. 그런데 조선 후기에 강조되었던 효의 개념에서는, 부모가 자녀에게 자애(慈愛)로워야 한다는 윤리는 거의 잊힌 채 자녀가 부모를 공경해야 한다는 윤리만이 두드러졌다. 이렇게 편향된 강조는 가부장(家父長)적 가족 중심의 농경사회에서 가부장에 대한 자녀의 의무를 강조는 현실을 반영한 것이다.

    우리나라에서도 급격한 산업화의 영향으로 전통적 농경문화가 해체되고 그에 따라 가부장적 가족 구조 또한 급격히 약화되었다. 가족은 더 이상 '생산공동체'가 아니다. '먹고살기 위해서' 가족이 꼭 필요한 시대가 아닌 것이다. 이제는 가족을 떠나서도 살아갈 수 있다. 전통적인 농경사회의 가족과 산업화된 현대 사회의 가장 큰 차이는 바로 이것이라고 할 수 있다. 전통적 농경사회에서 가족이 '생산공동체'였다면, 산업화된 현대사회에서 가족은 '소비공동체'이다. 최근 산업화 및 정보화 사회에서 일어나고 있는 가족의 급격한 변화를 보면서 위협을 느끼는 일부 사람들은 우리 모두가 전통적인 가족으로 돌아가야 한다고 생각한다. 그들은 특히 효의 회복을 강조하는 경향이 있다. 그러나 우리가 과연 함께 농사지어 함께 먹고사는 생산공동체로 돌아갈 수 있을까? 설령 돌아간다 해도 생산공동체의 가족에서 강조되던 효를 소비공동체인 현대의 가족에게 얼마나 효과적으로 적용할 수 있을까?

산업화와 가족의 변화

소비공동체로서의 가족

    공업화는 도시화를 불러왔고, 가족은 땅으로부터 분리되었다. 가족은 더 이상 함께 농사일에 매달릴 필요가 없게 되었다. 먹고살기 위해서 돈을 버는 일은 이제 가족과 상관없게 되었다. 돈을 버는 것은 공장이나 가게, 회사 등의 사회기관에서 일함으로써 해결되었다. 그럼에도 가족은 왜 필요한가? 생존을 위해서 가족이 있어야 하는 것도 아닌데, 왜 사람들은 결혼하고 가정을 꾸리는 것일까?

가족이 더 이상 생산공동체가 아니라는 사실은 가족의 구조 및 생활방식에 결정적인 전환을 가져왔다. 산업화 이후, 가족은 생산공동체로서의 기능이 약화되고 소비공동체로서의 기능이 강화되었다. 이제 가족은 생존을 위해서가 아니라 소비를 위해서 필요하게 되었다. 소비란 나의 욕구를 충족시키는 행위이다. 그렇다면 생산을 하지 않는 가족에게서 가족을 묶는 끈은 도대체 무엇인가? 그것은 함께 소비를 함으로써 욕구를 충족시키는 정서적 결속이다. 가족이라는 정서적 유대 속에서 현대 가족의 구성원들은 크게 두 가지 기능을 충족시키고자 한다.[4] 하나는 어른을 위한 것이다. 바로 안정(stabilization)과 행복이다. 어른들은 가족을 이룸으로써 안정을 이루고 행복을 얻고자 한다. 다른 하나는 자녀들의 양육과 사회화(socialization)이다. 안정되고 정서적인 유대를 토대로 가족은 자녀를 양육하고 교육시켜 사회에 진출시키고자 한다. 사실상 이 두 가지 기능은 모두 정서적이며 관계적인 필요를 채우는 것들이다. 이제 가족은 함께 안정적이며 충족적인 관계를 맺으며, 함께 쉬고 함께 행복한 것을 목적으로 삼게 된 것이다. 바로 개인의 정서와 관계적 요구를 채워주는 것이 가족의 일차적 목적으로 대두된 것이다.[5]

그렇다면 만일 어떤 사람이 가족으로부터 이러한 요구를 충족 받지 못한다거나 가족을 통하여 안정과 행복을 느끼지 못한다면, 그 사람에게 가족은 무슨 의미를 가지게 될까? 그 사람은 아마 가족이 의미 없다고 생각할지 모른다. 가족을 떠나서도 생존이 가능하고, 가족이 자신의 욕구를 채워주지도 못하고 자신을 불행하게 만든다면, 그 가족 속에 머물러 있을 이유가 없다고 생각할 수도 있다. 이렇게 왜곡된 생각으로 이혼하는 사람들이 늘어나는 현상의 이면에는 이러한 가족 기능의 변화가 작용하고 있는 것이다.

부부 관계 - 가족의 새로운 축

소비와 정서적 관계가 가족의 중심적 역할로 대두됨에 따라 가족의 형태 역시 커다란 변화를 수반하게 되었다. 농업에 기반을 둔 대가족의 경우, 가부장(아버지)을 권위로 하는 수직적 구조가 형성되었다. 그리고 가족 관계는 권위적인 위계질서에 의해서 이루어졌다. 여기에서는 윗사람이 거의 일방적으로 아랫사람에게 권위를 행사하였다. 이러한 가부장적인 가족 구조에서는 권위적인 단일한 가치체계가 자녀들에게 그대로 전수(傳受)될 수밖에 없었다. 당시에는 가치체계의 내용뿐 아니라 가치체계의 전달방식 자체도 권위적이고 일방적이었다.

그런데 산업사회로 접어들면서 가족 관계에 근본적인 변화가 찾아왔다. 대가족이 소멸하면서 등장한 핵가족은 친밀한 정서적 관계에 의해서 형성되었다. 근대 가족에 있어서 평등성과 민주주의가 강조되는 것은 남편, 아내, 그리고 그들의 자녀로 구성된 핵가족의 구조 속에서 나올 수밖에 없는 자연적 산물이다.

대가족이 해체되었다는 것은 아버지-아들의 가부장적 축(軸)이 그 근거를 상실하였다는 것이다. 과거 대가족제도에서는 가족을 유지시키는 축이 아버지-아들의 관계로 이어지는 가문의 연속성에 있었다. 여기에서 여성은 아들을 낳고 양육하는 보조적 역할에 그쳤다. 그러므로 부부의 특정한 사적(私的) 관계는 중요한 것이 아니었다. 아버지-아들의 연속성에 기여하지 못하는 부부 관계는 의미가 없었다. 그래서 아들을 못 낳는 여성이 쫓겨나도 할 말이 없었다. 이렇게 여성은 언제나 종속적인 위치에 있었다.

이처럼 대가족제도에 속한 부부 관계에서는 그들 부부만을 위한 독자적 공간과 사적(私的) 영역이 별로 없었다. 그러므로 젊은 아들이 결혼하여 부부 관계를 이룬다 하더라도 그 부부 관계는 여전히 가족 내 어른들의 통제와 보호 아래 있었다. 여기에는 양면성이 있다. 부부만의 친밀한 관계성을 위한 공간이 확보되지 못하는 대신, 부부 사이에 갈등이 있을 때에는 대가족제도 안에서 중재되고 통제되는 장점이 있다.

그러나 핵가족의 경우에는 사정이 다르다. 핵가족은 섬과도 같다. 핵가족은 대가족의 친족 관계로부터 이탈하여 독립하는 데 성공하였으나, 대가족만의 통제와 보호도 함께 상실해 버렸다. 핵가족은 자기 스스로 살아남아야만 한다. 핵가족은 자체 내의 관계만으로 스스로를 유지하여야 한다. 자신 안에 갇혀 버린 핵가족은 자신을 유지하기 위해 대가족에게서도, 이웃에게서도 별다른 도움을 받지 못한다. 이러한 이유 때문에, 현대 핵가족에게는 교회공동체라는 우산이 절실히 필요해졌다. 고립되기 쉬운 핵가족일지라도 만일 교회공동체라는 우산 속에 있다면, 스스로 갈등을 해결하지 못하는 문제에 봉착할 경우 교회공동체의 목회적·관계적 자원을 통해 중재와 돌봄을 받을 수 있을 것이다.

대가족이나 지역공동체로부터 고립되어 있는 핵가족의 기능을 유지하는 데에서 가장 핵심적인 역할을 하는 것은 바로 부부이다. 가부장적 축이 해체되면서 그것을 대신하는 것이 부부 관계의 축이다. 핵가족은 부부의 양 어깨 위에 가족의 운명을 전적으로 걸어놓다시피 하였다.

그런데 핵가족은 가족 내에서 갈등이 불거져 나올 때가 문제이다. 과연 부부가 가족 내의 갈등을 스스로 해결할 수 있는가 하는 것이 근본적인 문제이다. 핵가족은 자신을 유지하고 갈등을 해결하기 위한 주체로서 부부 관계를 갖고 있다. 그러므로 각 가족은 친밀하고 효과적인 부부 관계를 발전시켜야만 가족을 효과적으로 이끌어가고 갈등을 슬기롭게 해결해 나갈 수 있다. 그런데 안타깝게도 많은 부부들이 이러한 갈등을 슬기롭게 처리해 나가거나 부부 양 어깨 위에 지워진 가족의 운명을 걸머지기 위한 준비가 충분히 되어 있지 못하다. 또한 많은 부부가 부부 간의 갈등조차 제대로 처리하지 못하기 때문에, 가족을 이끌어가기 위한 리더십(leadership)을 발휘하지 못하고 있는 것이 현실이다. 과거에는 대가족이라는 보호막 아래 부부의 갈등이 통제되기도 하고 해소되기도 하였으나, 자신 안에 갇혀 버린 핵가족은 가족 내의 갈등을 통제할 수 있는 사회적 기제를 거의 상실해 버렸다. 그러므로 부부가 자신들의 갈등을 스스로 해결할 수 없을 때, 다른 어떤 중재의 과정이 결여된 채 즉각적으로 이혼으로 이어지기 쉬운 것이다.

가족 관계의 새로운 양식

대가족이 핵가족으로 바뀌면서 아버지-아들의 가부장적 축은 해체되고, 부부 관계의 축이 그 중심으로 들어왔다. 이제 여성도 남성과 마찬가지로 부부 관계의 한 축을 짊어지게 되었다. 핵가족 내에서의 부부 관계라는 축을 여성과 남성이 각각 한 쪽씩 담당하게 됨으로서 남편과 아내는 대등한 역할을 감당할 수밖에 없게 된 것이다. 핵가족 내에서 여성의 지위가 향상된 가장 중요한 요인이 바로 핵가족을 유지하는 축이 부부 관계에 있기 때문이다.

부부 관계가 가족 관계의 핵심이 될 때, 아버지가 절대적으로 우월한 권위를 가지고 가족을 통제하기란 힘든 일이다. 아버지-아들의 축이 중심이었던 과거의 가족에서 가부장, 즉 아버지에게 부과된 많은 역할이 이제는 아내에게로 자연스럽게 넘어갈 수밖에 없다. 이러한 권력 이전을 원활하게 수행하는 가족일수록 새로운 사회 상황에 잘 적응하게 된다.

그러나 권력의 이동에는 언제나 갈등이 있는 법이다. 과거보다 권력을 비교적 골고루 나누어 가져야 하는 새로운 상황에 적응하기 위해서 부부는 갈등한다. 남자는 기존에 갖고 있던 권력을 잃을까봐 전전긍긍할 것이고, 여자는 새로운 권력, 더 많은 권력을 향하여 움직일 것이다. 그 가운데 부부 사이에서는 서로를 견제하는 권력 갈등이 쉽게 폭발하게 될 것이다.

한편, 부부 관계가 점차로 대등해지면, 그동안 잠재해 있던 갈등의 요소들이 아주 쉽게 표면화된다. 일방적인 권력 관계 속에서는 감정 표현이 자유롭지 않으며 의견 차이도 무시된다. 그러므로 가부장적 부부 관계에서는 갈등이 있어도 억압되어 잠재되었다. 그러나 부부 관계가 대등해질수록 상호 간 감정을 자유롭게 표현하게 되고, 의견이나 생각의 차이도 겉으로 표출될 가능성이 높기 때문에, 잠재된 갈등이 겉으로 드러나게 된다. 이렇듯 대등한 부부 관계에서는 사소한 갈등마저도 표면화될 가능성이 매우 높다.

한편, 3~4명으로 구성된 핵가족의 구성원 사이에는 특별히 강력한 정서적 관계가 발전된다. 이 적은 숫자의 사람들이 친밀하고 상호적인 관계를 날마다 나눔으로써 깊은 정서와 애정이 발전하게 된다. 그 결과 많은 부모들이 그들의 자녀와 심리적으로 동일시되어 간다. 자녀는 부모로부터 일방적으로 돌봄을 받고 명령에 순종하는 존재로 그치지 않는다. 의사소통이 상호적이지 않고는 친밀한 정서적 관계가 형성될 수 없기 때문에, 부모와 자녀 사이가 전처럼 명령하고 순종하는 관계가 아니라 서로 친구와 같은 관계를 갖는 경향이 나타난다. 부모는 자녀와의 관계에서 많은 심리적 만족을 기대하고 의존하기 때문에, 자녀는 부모의 정서적 만족을 위해서도 중요하다. 가부장의 권위적이고 일방적인 가치체계를 자녀에게 강요하는 방식의 부모와 자녀 관계는 더 이상 효력을 가지기 어렵게 되고 있다. 아버지 또는 남편의 권위가 법이었던 가부장적 가족 관계는 더 이상 통용되기가 어렵다. 이제는 가부장의 권위를 아내와 나누어 가질 뿐만 아니라 자녀들과도 나누어 갖지 않으면 안 되는 상황으로 변화되어 가는 것이다.

정보화 사회와 가족

다양화와 복합화

우리나라의 정보화는 급속도로 발전하여 세계적으로도 선진대열에 속해 있다. 인터넷 사용률이나 스마트폰 보급률은 다른 선진국들보다 앞설 정도이다. 정보화 사회란 공업 중심의 사회가 통신 및 정보산업 중심의 사회로 이전된 사회 형태이다. 서구에서는 농업 중심 사회로부터 공업 중심 사회로 변화하는 산업화 과정을 겪는 데 수백 년이 걸렸다. 그리고 20세기 후반부터 정보화 사회로의 변화가 시작되었는데, 서구 사람들조차 이에 대해서 '미래의 충격'이라고 말할 정도로 놀라워하고 있다. 그런데 우리에게는 산업화가 시작된 지 불과 몇 십 년밖에 되지 않은 시점에서 또다시 정보화 사회로의 충격이 몰아닥치고 있다. 산업화와 정보화가 불과 수십 년 사이에 동시에 일어나고 있는 셈이다. 이러한 상황에서 우리가 갈등과 혼돈을 경험하는 것은 당연하다고 할 수 있다.

토플러는 정보화 사회의 충격을 예견하면서 현대 가족에게 다른 무엇보다도 가장 큰 위협이 되는 것은 컴퓨터라고 말하였다.[6] 컴퓨터 및 인터넷의 발달이 현대 가족과 무슨 상관이 있다는 말인가? 정보화 사회의 기본적인 추진력은 정보통신의 발달로 인한 지식의 팽창이다. 양적인 팽창뿐만 아니라 질적인 팽창 또한 주목하여야 한다. 질적인 팽창이란 정보 및 지식이 일부 계층에게뿐 아니라 일반 대중 모두에게 주어진다는 것이다. 인터넷의 보급, 백 수십 개가 넘는 케이블 및 위성 TV, 다양한 잡지, 게다가 늘 휴대할 수 있는 스마트폰을 통한 정보의 보급 및 공유 등은 일반인 한 사람 한 사람이 닿을 수 있는 정보를 무한하게 확대시킨다.

　많은 정보를 갖고 있다는 것은 다양한 선택을 할 수 있다는 것을 뜻한다. 이전에는 사람들이 자기 주변의 지역 및 가족공동체의 정해진 생활방식, 정해진 가치관을 따라 살았고, 직업에서도 선택의 여지가 별로 없었다. 그러나 정보화 사회에서는 자신의 주변 상황을 뛰어넘는 수많은 정보를 접하게 됨으로써 다양한 생활방식, 다양한 가치관, 다양한 직업이 있다는 것을 알게 된다. 개인은 이 세상에 자신이 할 수 있는 것이 정해진 하나만 있는 것이 아니라, 여러 선택의 가능성이 있다는 것을 알게 된다.

　이는 단일성이 아닌 복합성(complexity)이다. 따라서 정보화 사회를 복합화사회라고 부른다. 여러 가지 다양한 복합성 안에서 개개인은 독특하게 자기만의 생활방식, 가치관, 그리고 직업을 선택할 수 있는 가능성을 갖게 된다. 그리고 개인은 여러 가지 가능성 가운데 하나만을 선택할 수도 있고, 여러 가지 가능성을 동시에 선택할 수도 있다. 다시 말하면, 개인은 한 가지만을 선택하는 것에서 여러 가지를 한꺼번에 선택할 수도 있는 것이다. 이러한 복합성은 미래사회의 중요한 특징이다.

　복합화사회에서는 남이 나와 다르다고 해서 쉽게 비판할 수가 없다. 정보화 사회의 복합성은 개인의 자율성을 확대하는 장(場)을 제공해 준다. 여러 가지 다양성이 있을 때에 개인은 선택의 기회를 가지게 되며, 이는 개인의 자유를 행사할 수 있는 기회가 된다. 요약해서 말하자면, 다양한 정보에 대한 접근 가능성은 개인의 자유의 여지를 넓혀 주는 결과를 가져다준다.

　정보화 사회에서는 가족의 가치와 모형이 일정하지 않다. 가족의 형태가 유동적이고 다양하다. 산업사회에서 핵가족제도가 가정의 지배적인 모형이었다면, 정보화 사회에서는 다양한 생활방식과 가치관이 공존(共存)하게 됨에 따라, 핵가족제도는 그 힘을 잃을 수밖에 없다.[7] 그렇다고 하여 핵가족제도가 아예 없어진다는 것은 아니다. 단지 핵가족제도가 지배적인 모범이 되던 시대가 지나가고 있다는 것이다. 대신 무자녀 가족, 한부모 가족(single-parent family), 독신자 가족, 미혼 동거 가족 등이 증가하며, 이혼 및 재혼이 점차 늘어나고 있다.

사람은 결혼이라는 지속적인 가족 관계를 가질 것인가, 말 것인가를 선택한다. 과거에는 결혼한다는 것이 당연한 일이었다. 그러나 결혼을 할 것인가라는 자체가 하나의 선택이 되어가고 있다. 수십 년 전까지만 하더라도 일단 결혼하면 죽이 되든 밥이 되든 평생을 사는 것이 일반적인 추세였다. 그러나 이제는 결혼생활이 만족스럽지 못하다면 부부의 관계를 끝내고 새로운 배우자를 선택할 수 있다는 사고가 점점 늘어나고 있다. 정보화 사회로 바뀌어 감에 따라 가족을 보는 시각에 커다란 전환이 일어나고 있는 것이다. 결혼한다는 일이 더 이상 당연한 것이 아니고, 결혼 자체를 더 이상 영속적인 제도로 보지 않는 사회적 분위기가 점점 이혼을 자유롭게 받아들이게 한다.

가족 이후에 무엇이 오는가

그렇다면 가족은 진정 해체되어 가는 것일까? 「가족 이후에 무엇이 오는가?」라는 책에서 벡-게른스터하임은 "가족은 사라지는 것이 아니라 새로운 형태의 가족이 생겨나는 것"이라고 결론 맺고 있다. 그녀는 '가족 이후에 무엇이 오는가?'라는 질문에 대해 '새로운 모습의 가족이 오는 것'이라고 단정 짓는다. 단지 가족의 형태와 특징이 새로워진다는 것이다. 가족이란 더욱 '개별화'된 자들의 연합이다. 과거에는 구속력을 갖고 있던 관습들이 약화되면서, 개인은 점점 더 의식적인 결정을 내려야 한다. 가족은 전통과 관습에 의해서 통제되는 것이 아니라, 개별화된 개인의 의식적인 결정에 의해 유지되고 발전한다. 앞서 말한 벡-게른스터하임에 의하면, 확실한 것은 점점 더 줄어들며, 개인의 결정에 의존하는 부분은 점점 더 늘어난다. 이러한 상황에서 사람들은 가족의 붕괴를 원하는 것이 아니라 새로운 성격의 가족 또는 관계를 원하는 것이다.

이 책 첫머리에서 가족에 관한 최근의 통계청 자료를 몇 가지 살펴보면서, 전통 가족에서 으레 그럴 것이라고 생각했던 것들이 이제는 더 이상 그렇지 않은 방향으로 흘러가고 있음을 지적한 바 있다. 가족이라고 하면 으레 부모가 있고 자녀가 있으리라고 하는 통념, 보통의 사람이면 누구나 결혼할 것이라는 전통적인 관념, 그리고 결혼하면 누구나 결혼생활을 유지해야 한다는 관념 등이 이제는 더 이상 통용되기 어렵다는 것이다. 그렇다면 이제 앞으로 가족에 관하여 어떤 통념이 있을 것인가? 아마도 가족의 형태와 관련하여서는 하나의 가족 형태가 지배적인 모델로서, 가족은 이래야 한다는 모범적인 통념이 유지되기는 어려울 듯싶다.

그렇다면 벡-게른스터하임의 "가족 이후에 오는 것은 가족"이라는 말은 무슨 뜻일까? 그것은 바로 사람들은 여전히 친밀한 관계를 원하고, 앞으로도 영원히 원할 것이라는 말이다. 사람들은 가족이 주는 친밀한 관계 경험과 안정된 구조를 계속 원할 것이며, 자녀 양육의 모태인 가족은 앞으로도 필요할 것이라는 말이다. 그러나 관습과 전통 그리고 문화와 집단의 규율과 가치를 따르려고 하기보다는 개인적 선택과 결정을 더욱 중요시하는 방향으로 나아가고 있다는 것이 새로운 것이다. 그 개인적 선택과 결정에 있어서 사람들은 전통과 관습이 요구하는 것보다는 자기 자신의 친밀감의 욕구를 실현하는 것에 점점 더 우선적인 가치를 두려 하고 있다.

여기에서 필자는 개인이 어떤 선택을 하든지 무조건 옳다고 말하려는 것은 아니다. 오히려 개인은 여전히 친밀감의 욕구를 실현하기 위해 어떤 형태로든 가족을 필요로 하고 있음을 강조하려는 것이다. 현상적으로 보면, 전통적 가족 형태와 가치관이 점점 개인에 의해 무시되는 것처럼 보이지만, 어떤 면에서는 실질적인 친밀한 가족 관계를 더욱 절실하게 원하고 있는 것이다. 그러나 분명한 것은 가족 형태에 있어 하나의 지배적인 모델이 존재하지는 않을 것이다. 독신 가족의 수는 계속 늘어날 것이고, 많은 부부가 자녀를 최소한으로 가지거나 아예 갖지 않으려 할 것이다. 또 한부모 가족이나 재혼 가족의 수는 계속 증가할 것이다. 반면 노인들과 동거하는 가족의 수는 줄어들 것이며, 노인들끼리 살거나 노인 혼자 사는 경우도 계속 늘어날 것이다. 그러나 사람들은 친밀감의 욕구를 실현하기 위해 '어떤 형태'로든 가족과 같은 친밀한 관계를 가지고자 할 것이다. 이에 따라 사회는 가족의 그 '형태'가 보다 긍정적이고 건강한 방향으로 세워져 갈 수 있도록 지원해야 할 것이다.

다문화가족

행정안전부에서 발표한 2011년 지방자치단체 외국인주민 현황에 따르면

2011년 현재 외국인 주민 수는 126만 5,006명으로 전체 인구의 2.5%에 달하고 있으며, 국제결혼 가정 또한 지속적으로 증가하는 추세를 보이고 있다. 전체 결혼 대비 국제결혼 비율이 2005년 13.5%를 정점으로 2009년 10.8%, 2010년 11.1%, 2011년 9% 등 10쌍 중 1쌍이 외국인과 결혼하는 국제결혼 10% 시대를 맞이하였다. 농림어업에 종사하는 남성 중 외국인 여성과 혼인한 사람은 전체의 40%를 차지하고 있다. 이 추세라면 국제결혼 가정은 2050년에 81만 명으로 증가할 것이며, 그 자녀들의 수 또한 급증하여 2010년 1월 기준 12만 1,935명에서 2020년에는 17만 명에 이를 것으로 보인다.[9] 이처럼 한국 사회는 다인종 다문화 사회로 접어들고 있다. 특히 농촌 지역은 국제결혼 비율이 높아 이에 대한 사회문화적 적응 및 통합의 노력이 시급하다. 여기에서 다문화가족이란 국제결혼 등을 통해 서로 다른 인종의 상대를 만나 결합한 가정을 가리킨다. 우리나라의 경우에는 대부분이 한국 남성과 외국인 여성이 국제결혼한 가족들이다.

지금까지 우리 사회의 역사를 살펴보면 거의 단일한 인종, 단일한 언어, 단일한 문화를 유지해왔기 때문에 오늘날처럼 다른 인종, 다른 언어, 다른 문화의 사람들이 갑작스럽게 대폭 유입되는 것은 매우 낯선 일이다. 우리 사회의 타문화 사람들에 대한 대처는 크게 차별적 배제주의, 동화주의, 다문화주의로 나눌 수 있다.[10] 차별적 배제주의란 소수 인종의 문화와 사회적 진출을 차별하고 배제하는 것이며, 동화주의란 소수 인종으로 하여금 주류 사회의 가치와 문화에 순응하도록 요구하는 것이다. 그리고 다문화주의란 소수 인종의 고유문화를 지켜가고 인정해 주려는 것이다. 일반적으로 한국 사회는 독일, 싱가포르, 태국, 일본 등과 함께 차별적 배제주의의 경향이 있는 것으로 평가되고 있다. 그러나 한국의 경우에는 타인종의 사람들이 그들끼리 모여 결혼하고 삶을 영위해 가는 것이 아니라, 대부분 한국인과 결혼하여 다문화가족을 이루어 살고 있다. 그러므로 한국 사회가 차별적 배제주의를 극복하지 못하는 한, 타인종의 사람들뿐 아니라 그들과 결혼한 한국인들 그리고 그 자녀들도 그 희생자가 될 것이다.

이러한 독특함 때문에 우리 사회의 다문화가족은 여러 가지 취약성에 노출되어 있다. 결혼 이민자 여성들은 결혼 전 한국 문화에 대한 적응 과정 없이 갑작스럽게 가정을 이루었기 때문에, 배우자 혹은 배우자 가족과 언어와 문화적 차이로 인한 갈등을 불러일으킬 소지가 매우 높다. 또한 한국 사회에 적응하는 데 심각한 어려움을 갖고 있다. 그들은 남편과 친밀감을 형성하고 시댁 식구들과 원만한 관계를 맺는 데 어려움을 가지고 있으며, 가정과 사회에서 자신의 역할과 정체성을 찾는 과정에서 난관에 부딪힌다. 그리고 남편 역시 배우자인 이민자 여성과의 관계에서 결혼에 대한 기대 차이와 문화적 갈등 등을 겪고 있다.[11] 다문화가족의 이혼은 2005년 4,171건에서 2011년 1만 4,450건으로 6년 사이 3배 이상 증가하였고, 다문화가족의 평균 결혼 지속기간은 4.7년으로 나타났다.[12]

우리는 증가하는 다문화가족들과 관련하여 새로운 사회적 인식을 가지고 적극적으로 대처하여야 한다. 우리 사회에서 그들이 차지하는 비중이 점차적으로 늘어나고 있기 때문에 더 이상 그들을 눈에 띄지 않는 사회적 소수자로 취급할 수 없다. 그들을 사회의 주류로 편입시키기 위해서는 그들의 인종, 언어, 문화 등을 받아들이고 우리 사회의 한 부분으로 인정할 필요가 있다. 교회 또한 그들을 도와줘야 하는 대상으로만 취급할 것이 아니라, 그들로 하여금 자신들이 갖고 있는 자원을 가지고 교회공동체의 한 지체로서 활동할 수 있도록 기회를 넓혀가야 할 것이다.

---

1 | 2011년 혼인 이혼 통계 보도자료(통계청, 2011년 4월 19일).
2 | 박일봉 편역, 「효경」(서울: 육문사, 1992), 100.
3 | 성규탁, 「새 시대의 효」(서울: 연세대학교 출판부, 1995), 34.
4 | J. Ross Eshleman and Richard A. Bulcroft, *The Family*, 11th ed.(Boston, MA: Pearson Education, Inc., 2006), 70.
5 | Herbert Anderson, *The Family and Pastoral Care*(Philadelphia: Fortress Press, 1984), 34.
6 | Alvin Toffler, *The Third Wave*(New York: Bantam Books, Inc., 1981), 210.
7 | 위의 책, 210~211.
8 | 엘리자베트 벡-게른스터하임, 박은주 옮김, 「가족 이후에 무엇이 오는가?」(서울: 새물결출판사, 2005), 22~27.
9 | 김정옥, "다문화가족을 위한 통합치료적 부부 관계 향상 프로그램 개발," 〈한국가족관계학회지〉 제18권 3호(2013): 157~159.
10 | 정장엽 · 정순관, "한국 다문화가족정책의 정향성 분석: 동화주의와 다문화주의," 〈지방정부연구〉 제17권 제4호(2014 겨울): 122.
11 | 김정옥, "다문화가족을 위한 통합치료적 부부 관계 향상 프로그램 개발," 158.
12 | 위의 글, 158~159.

제2장

가족의 신학(神學)

신학적으로 가족은 무슨 의미가 있는가

제2장

가족의 신학(神學)
신학적으로 가족은 무슨 의미가 있는가

제1장에서는 현대 사회가 산업화되고 정보화되는 과정에서 가족이 겪는 여러 가지 변화를 살펴보았다. 전통적인 가족 형태가 점차 그 힘을 잃어가고 결혼과 가족의 가치가 급격한 변화를 겪는 상황에서 교회는 이러한 현상에 대하여 어떻게 이해하고 대처할 것인가? 가족의 결속력이 약화되고 이혼이 증가하는 등의 현상은 분명히 우리 모두에게 불안감을 안겨 준다. 그것은 우리 삶의 안정적 구조를 위협하기 때문이다. 안정감이 위협받을 때 즉각적인 반응은 그것을 회피하는 것이다. 회피의 방식은 여러 가지로 나타날 수 있다. 어떤 사람은 보수적인 이데올로기를 앞세워 새로운 풍조에 비난의 화살을 퍼붓는다. 또 어떤 사람은 기존의 관계에 안주하려 하기도 하고, 기존의 가족 관계를 위협하는 문화나 가능성들을 철저히 차단하려고 한다. 마치 그런 현상들은 외계인의 삶인 양 못 본 척하려 한다.

그러나 이러한 태도는 몇 가지 부정적인 결과를 낳을 수 있다. 첫째, 교회 안의 사람들도 그러한 새로운 사회적 변화에 노출되어 있다는 사실을 간과하게 만든다. 교회에 다니는 사람들 역시 사회적 변화에 갈등하며 새로운 방향을 모색하고 있다. 교회가 그들에게 방향을 제시하고 길을 인도하기 위해서는 새로운 사회적 현상을 정확하게 이해해야 한다. 둘째, 교회가 사회로부터 고립될 우려가 있다. 교회는 사회로부터 도피할 것이 아니라, 사회를 향해 나아가 사회 안에서 사람들을 돌보고 도우며 사회적 문제 해결에 적극적으로 참여해야 한다. 그러기 위해서는 교회가 사회의 새로운 현상들을 진지하게 살펴보아야 한다. 그리고 그 현상들의 의미가 무엇인지 확실히 검토해야 한다. 새로운 변화는 긍정적인 면과 부정적인 면을 모두 갖고 있다. 우리는 기독교적으로 양면을 모두 분석하여 대처하지 않으면 안 된다.

산업화과정에서는 대가족제도가 몰락하고, 정보화과정에서는 핵가족 모델조차 쇠퇴하고 있다. 가족의 형태가 다양해지고 사람들이 점점 더 자율적으로 가족의 형태를 선택하려는 경향은 계속 강화되고 있다. 기독교는 이러한 현상을 어떻게 받아들여야 할 것인가?

기초적 신뢰 - 언약(言約)

성례전으로서의 결혼

패턴(J. Patton)과 차일즈(B. H. Childs)는 에버레트(William J. Everett)를 인용하며 결혼에 대한 네 가지 기독교적 견해를 제시한다. 즉 성례전(sacrament), 언약(covenant), 소명(召命, vocation), 서로 나눔(communion)[1]이 그것이다. 첫째로 성례전적 견해는 창조질서로서의 결혼제도를 강조한다. 결혼은 성례전과 마찬가지로 하나님과 교회에 의해 세워지고 지탱되며 하나님과 교회를 통해서 의미를 가진다. 이 견해는 결혼 관계의 거룩한 본성과 의미를 강조함으로써, 결혼 관계를 개인의 이기적 목적이나 개인적 욕망을 위해 도구화하는 것을 경계한다. 그런데 한편으로 이러한 접근 방법은 교회적 제도로서의 결혼을 강조하는 경향을 낳는다. 교회에 의해서 부여된 구조와 제도를 강조하다 보면, 부부의 결혼생활에서 실제적으로 경험하는 것에 그리 큰 의미를 두지 않을 위험성이 존재한다. 역사적으로 보더라도, 결혼생활에서 폭력이 일어날 때, 교회가 그 폭력을 막기보다는 결혼이라는 구조가 파괴되는 것을 막는 데 급급한 경우들이 많았다. 즉 관계성의 정의(正義) 또는 부부 각자의 행복이나 성장보다는 교회가 기대하는 가족 구조의 지탱에 더 많은 강조점을 두는 경우가 많았던 것이다.

한편, 우리는 먼저 대가족제도나 핵가족제도가 과연 성서가 지지하는 유일한 가족제도라고 말할 수 있는지 생각해 보아야 한다. 성서가 기록될 당시 팔레스타인 지역의 가족제도는 대가족제도에 가까웠을 것이다. 그러므로 성서에 등장하는 가족은 거의 대가족제도의 형태였을 가능성이 높다. 그렇다고 아브라함 가족의 모형이 모든 시대에 적용되는 유일한 가족 모델이라고 말하기는 어렵다. 이러한 점으로 미루어보아 대가족제도나 핵가족제도를 고수하는 것이 교회가 해야 할 일인지는 생각해 봐야 한다.

언약으로서의 결혼

성서의 메시지는 어떤 하나의 특정한 제도적 형태가 아니라, 부부 및 가족 관계의 본질적인 내용에 대해 이야기한다. 그 본질적인 내용은 '언약'(covenant)이라는 말로써 잘 표현된다. 패턴과 차일즈에 의하면, 결혼에 대한 두 번째 견해는 언약적 관점이다. 언약은 신성(神性)과 인간관계에 대한 성경의 중심적 상징이다. 하나님은 피조세계와 언약의 관계를 맺는다. 창조세계는 임의적이고 우연적으로 흘러가는 것이 아니다. 하나님은 이 세계에 대해 끊임없는 창조와 구속의 언약을 실행하고 계신다. 하나님의 창조와 구속의 언약적 섭리 안에 있는 사람과 사람 사이의 관계 또한 임의적이고 우연적인 것이 아니라, 하나님의 언약적 의도와 질서를 담고 있다. 앤더슨(R. S. Anderson)과 건지(D. B. Guernsey)는 가족이란 언약 파트너십(covenant partnership)이라고 말한다.[2] 가족이야말로 하나님의 언약적 의도와 질서를 담고 있는 가장 기초적인 인간 공동체이다.

가족의 패러다임으로서의 언약

앤더슨과 건지는 가족이 지니고 있는 언약의 세 가지 패러다임(paradigm)의 함축적 의미를 언급한다.[3] 첫째는 "질서가 무질서를 앞서며 극복한다."(order precedes and overcomes disorder)는 것이다. 여기에서 심리학적 패러다임과 신학적 패러다임을 비교해 볼 수 있다. 심리학적으로 말하자면, 남녀는 서로 전혀 모르는 상태로(무질서) 만나 호감이 생기고 애정이 싹터서 비로소 결혼 관계(질서)로 들어간다. 그러나 신학적 패러다임에서는 '하나님이 짝지어 주셨다.'는 믿음 속에서 남녀가 만나 결혼하게 된다. 남녀가 만나기 이전에 이미 그들은 하나님의 언약의 섭리 안에 있는 것이다. 근원적으로 질서에서 시작하는 것이다. 그러므로 신학적 패러다임의 장점은 결혼 관계에 대한 근본적 헌신이 밑받침되어 있다는 것이다. 그러나 여기에는 단점도 함께 도사리고 있다. 자신들의 애정적 경험보다 하나님의 뜻을 우선시함에 따라, 결혼생활이 율법적이고 도덕적으로 흐를 위험성이 있다. 심리학적 패러다임은 서로에 대한 헌신의 동기가 약하다는 근본적 문제가 있기는 하지만, 결혼생활의 경험적 차원을 중요시한다는 장점이 있다. 목회적으로 보자면, 근본적으로 부부 관계의 언약적 성질을 강조해야 하지만, 한편으로 부부생활의 경험적 차원을 간과하지 말아야 할 것이다.

둘째는 "사람의 선택은 긍정되는 동시에 하나님의 선택에 의해 유지된다."(Selection is affirmed and sustained by election)라는 것이다. 이 말은 하나님의 언약적 섭리가 신학적 패러다임과 심리학적 패러다임을 통합하고 있음을 암시한다. 남녀가 처음 만나 관계를 발전시킬 때, 자신들의 자발적인 동기와 선택을 통해 부부 관계를 시작한다고 하는 것은 그들의 경험적 차원이다. 하나님의 언약적 섭리는 이러한 자발적 선택을 긍정함으로써 남녀의 경험적 차원 속에 현존해 있다. 그러나 부부의 결혼 서약은 그 자체로 관계를 유지할 수 있는 힘이 없다. "결혼 서약은 [하나님의] 언약의 표지(sign)일 뿐이며, 서약을 하는 부부는 언약적 파트너가 되어야만 —서로를 하나님의 선택으로 받아들임으로— 지속적인 기쁨과 사랑을 발견할 수 있다."[4] 다시 말하면, 부부가 결혼 서약을 하는 행위는 그들의 애정과 결심을 통해서 하는 것처럼 보이지만, 하나님의 사랑과 약속의 은혜가 그들의 애정에 뒷받침되어 있기 때문에, 그들의 서약이 진정한 신뢰와 헌신에 기초할 수 있는 것이다.

이처럼 진정한 언약 관계는 자발성과 무조건적 헌신이 통합되어 있다. 이를 좀 더 명확히 이해하기 위해서 부모와 자녀의 관계를 생각해 보자. 자녀의 입장에서 보자면 부모 자식 간 관계는 자발적 선택이 아니다. 자녀는 선택의 여지 없이 한 부모의 자녀로 태어나며, 태어나면서 그 부모의 자녀가 된다. 그 자녀가 성장함에 따라 비로소 부모의 사랑과 돌봄을 경험하게 되며, 그 결과 부모에 대한 자발적인 애정을 발전시키게 된다. 부모-자녀 관계에 자발성이 없는 것처럼 생각하기 쉽지만, 실제로 부모 쪽이든 자녀 쪽이든 서로를 향한 자발적인 존중과 애정이 결여되어 있다면, 혈통으로는 부모-자녀 관계일지 모르지만 현실적으로는 남남보다 더 나쁜 관계가 될 수 있다. 성서에서 볼 때, 하나님이 이스라엘 백성을 선택하는 것은 무조건적인 언약적 사랑이지만, 이스라엘 백성이 순종과 믿음으로(자발적으로) 하나님과의 언약을 받아들일 때, 비로소 하나님과 이스라엘 백성 사이에 언약 관계가 성립되면서 하나님의 구원의 섭리가 현실화되었다. 부모-자녀 관계에서 또는 부부 관계에서도 그 관계는 무조건적 언약에서 출발하고 무조건적 헌신에 기초하고 있지만, 서로 사이에 애정과 돌봄의 자발성이 결여되어 있다면 그 언약적 관계는 파기되고 만다.

  부모-자녀 관계가 무조건적 선택에서 자발적 애정으로 발전하는 것과는 반대로, 부부 관계는 자발적 선택에서 시작하여 무조건적 헌신으로 발전하는 경향을 갖는다. 개인이 자발적으로 결혼을 선택한다 할지라도, 그 선택은 이미 그 개인의 의지를 초월한다. 부부 관계가 개인의 자발성과 의지를 초월하는 것은 두 가지 면에서 그렇다. 하나는 개인의 욕망과 의지와는 상관없이 미래는 불확실하다는 것이다. 남녀는 결혼에 앞서 서로를 향하여 자발적인 애정을 발전시키지만, 결혼이라는 서약 관계를 맺을지에 대해선 선택하여야 한다. 미래가 불확실함에도 불구하고 서약하기로 선택하는 행위 속에는 이미 무조건적 헌신이 내재되어 있다. 왜냐하면 결혼한 후 실제 부부생활이 행복할 것이라고 보장되어 있는 경우는 없기 때문이다. 게다가 한 번 선택하고 나면 되돌린다는 것이 매우 힘든 일이다. 이처럼 결혼이 자발적 선택인 것처럼 보이지만 실제로는 무조건적 헌신이 많이 내포되어 있는 것이다. 부부 관계가 개인의 의지를 초월하는 또 다른 이유는, 관계라는 것이 한쪽 당사자의 욕망이나 의지에 종속되어 있는 것이 아니라는 것이다. 만일 관계가 한쪽 당사자의 욕망이나 의지에 종속되어 있다면, 상대방은 도구로 전락한다. 도구와 관계를 맺는다는 것은 이미 진정한 관계가 아니다. 상대방이 도구적 대상에 불과할 뿐 진정한 인격적 관계가 아니기 때문이다.

인격적 관계에서 상대방은 나의 개인적 욕망과 의지에 종속되지 않기 때문에, 관계는 나 개인을 초월한다. 그러므로 관계를 맺는다는 것은 나의 삶 속에 나를 초월하는 어떤 차원을 받아들이는 것이다.

여기에서 앤더슨과 건지가 말하는 언약의 세 번째 함축적 의미가 나온다. "믿음직스러움은 믿음직하지 않음을 극복한다."(faithfulness outlasts and overcomes faithlessness) 이스라엘의 역사는 하나님의 '믿음직스러움'이 이스라엘 백성의 '믿음직하지 않음'을 끊임없이 극복함으로 이어져 왔다고 할 수 있다. 개인의 의지와 욕망은 믿음직하지 않지만, 하나님의 초월적인 언약의 차원을 결혼 관계에 받아들이면, 하나님의 '믿음직스러움'이 결혼 관계 속으로 들어온다. 결혼이 언약 관계라는 말은 언약을 지키라는 도덕적 의무의 차원에 그치는 것이 아니라, 하나님의 언약의 은혜를 끊임없이 받아야 한다는 뜻이다. 부부 각자는 끊임없이 하나님의 언약의 은혜 앞으로 나아가야 하며 그 은혜를 통해 끊임없이 새로워져야 한다. 가족이 언약 관계인 것은 하나님의 언약의 은혜를 끊임없이 받아야 함이며 또한 받을 수 있음이다.

이렇게 볼 때, 요즘 사회의 풍조처럼 결혼의 조건이 행복이며, 행복이 없으면 그 관계를 쉽게 파기할 수 있다는 생각을 신학적으로는 받아들이기 어렵다. 근대 이후 산업화사회 및 정보화 사회에서 나타난 지나친 개인주의적 경향은 결혼 생활을 개인의 행복을 위한 지상의 목적으로 삼는 모습으로 종종 나타난다. 이는 결혼을 개인이 헌신해야 하는 언약이 아니라, 개인의 행복을 위한 도구로 생각하기 때문이다. 그 생각은 급기야 자신의 욕구를 충족시키지 못하는 결혼 관계는 쉽게 버리는 결과까지 가져오기도 한다. 이러한 생각은 부부 관계가 개인을 초월하는 언약적 신성성(神聖性)을 가지고 있음을 간과하는 것이다. 결혼 관계가 '하나님이 짝지어 주신' 것이라고 하는 성서의 말씀은 결혼 관계가 개인적 선택일 뿐만 아니라 하나님 앞에서의 하나의 헌신임을 분명히 하고 있다.

부르심과 은혜 – 개인적·공동체적 소명

부르심으로서의 언약

하나님은 아브라함을 부르셔서 언약을 맺으시고 그에게 소명을 주셨다. "내가 너로 큰 민족을 이루고 네게 복을 주어 네 이름을 창대하게 하리니 너는 복이 될지라."(창 12:2) 언약은 신뢰 관계를 형성하며, 신뢰 관계를 기초로 하면 창조적인 일이 만들어진다. 창조적인 일을 이루는 것이 소명 곧 부르심이다. 패턴과 차일즈가 말하는 결혼에 대한 세 번째 견해는 소명(召命, vocation)의 관점이다.

우선 하나님의 언약 자체가 사람에게는 부르심이다. 그러니까 사람은 하나님의 언약적 은혜 앞에 초대받은 존재이다. 사람은 하나님의 언약의 부르심에 응답할 때, 소명을 받게 된다. 하나님의 언약은 창조를 위한 기본적 신뢰 관계이기 때문이다. 이것은 마치 정성껏 아기를 돌보는 엄마가 아기에게 신뢰 관계를 제공함으로 아기의 성장, 곧 지(知)·정(情)·의(意)가 발달하는 창조적 과정이 일어나는 것과 유비된다. 엄마가 아기에게 신뢰 관계를 제공할 때, 아기는 성장이라는 창조적 과정의 소명을 갖게 된다. 하나님이 아브라함에게 '복을 주리라'는 언약을 맺음으로써 아브라함이 하나님과 신뢰 관계를 얻었으며 또한 '복의 근원'이 되는 소명을 이룰 준비를 갖추게 되었다. 부모의 신실한 돌봄이 아기에게 은혜이듯이, 하나님의 언약은 부르심을 받은 신도들에게 은혜이다. 언약의 은혜를 받은 신도는 소명을 향하여 걸음을 내딛게 된다.

창조적 소명을 위한 가족의 언약적 기초

부부가 한 가정을 이루고 자녀를 키우는 소명을 깨닫고 이루기 위해서는 두 가지 언약적 기초가 필요하다. 하나는 그들이 성장하는 과정에서 그들 부모와 안정된 신뢰 관계를 경험해야 한다. 부모와의 안정된 언약 관계에 기초해서 창조적 성장 과정을 경험한 사람은 배우자를 만서 서로의 신뢰를 위한 또 하나의 언약 관계를 맺을 준비가 되어 있다. 이것이 "남자가 부모를 떠나 그의 아내와 합하여 둘이 한 몸을 이룰지로다"(창 2:24)라는 성경 말씀의 의미이다. 결혼생활의 또 다른 언약적 기초는 부부 사이의 신뢰 관계이다. 부부의 언약적 관계는 안정된 가정의 기초가 된다. 가족이 안정적 신뢰 관계 위에 있을 때, 그들은 상호 창조적 관계를 만들어갈 뿐만 아니라, 각자의 삶에서도 창조적 소명을 향해 적극적으로 나아가게 된다.

가족의 세 가지 목적

앤더슨(H. Anderson)은 "가족은 기본적으로 세 가지 목적을 가진다."라고 말했다.[5] 생식(生殖, procreation), 공동체(共同體, community), 개인화(個人化, individuation)로서 이것은 가족이 하나님 안에서의 언약 관계, 즉 상호간의 헌신과 신뢰 관계를 바탕으로 이루어야 할 소명들이다.

부부 관계는 생식 곧 자녀의 출산과 양육을 위한 기초적인 사회 단위이다. 세대(世代)를 이어가는 것은 하나님의 위대한 창조적 신비의 한 부분이다. 부부의 상호 헌신과 사랑은 창조로 이어지는데, 그 대표적인 결과가 자녀의 출산과 양육이다. 부부가 서로 사랑을 나누는 것은 물론 행복을 가져오지만, 행복만이 궁극적 목적은 아니다. 행복은 진정한 사랑을 나누고 있는지에 대한 지표(指標)가 된다. 행복감은 두 사람이 진정한 사랑을 함께 나눌 때 반드시 따라온다. 하지만 그 행복은 진정한 창조의 과정이 결여되어 있을 때 금방 시들어 버리고 만다. 다시 말하면, 사랑의 나눔은 창조적 과정에 대한 헌신 속에서 계속 새로운 불씨를 얻는 것이다. 인류의 미래를 이어가기 위해서는 다음 세대가 자라나야 하기 때문에, 이 책임을 다함으로써 가족은 하나님의 계속적인 창조 과정에 참여하는 것이다.[6] 생식의 책임은 출산과 아울러 양육을 포함한다.

양육은 가족의 두 번째 목적인 공동체의 연속성을 이어가는 것과 관련된다. 즉 자녀를 사회화시켜 공동체의 일원이 되게 함으로써 사회의 연속성을 유지하는 것이다. 그러나 근대의 가족은 핵가족화되었고 익명의 사회로부터의 정서적인 도피처가 되면서 폐쇄된 집단이 되어 버렸다.[7] 앤더슨은 "가족은 사회 환경과 상호성을 가지는 개방된 체계(open system)가 되어야 한다."라고 말한다. 즉 가정 내의 정서적 안정성은 외부 사회와의 개방된 교류를 통해 사회 공동체의 안정과 연속성을 지켜주는 기능을 해야 한다. 가족은 그 자체가 궁극적인 목적이 아니라 하나님 나라를 구성하는 한 부분인 것이다.

예수는 "누구든지 하늘에 계신 내 아버지의 뜻대로 하는 자가 내 형제요 자매요 어머니이니라"(마 12:50)고 말씀하셨다. 이는 가족을 혈연적 관계로만 보는 폐쇄적 정의에 대한 도전이다. 예수에 의하면, 가족은 하나님의 뜻을 이루는 공동체여야 한다. 만일 그렇지 못하다면 가족은 진정한 가족이 아닐 수 있다. 이러한 관점은 두 가지 함의(含意)를 지닌다. 하나는, 가족을 구조와 제도로만 보는 것을 경계하는 것이다. 예를 들면, 가족이 상호간에 갈등과 파괴를 일삼으면서도 이혼하지 않고 구조를 유지하고 있다고 해서 아직도 가족일까라는 의문을 제기할 수 있다. 가족이 부부 관계와 혈연관계라는 구조를 가지고 있다고 해서 가족의 소명을 다하고 있는 것일까? 또 다른 함의는, 가족은 하나님 나라를 위한 기초적 공동체이지 궁극적 공동체가 아니라는 것이다. 가족의 행복과 기능을 위해서 세상의 모든 것이 존재하는 것처럼 생각하는 가족주의(familism)를 우리는 경계해야 한다. 특히 우리나라를 비롯한 동양 사회는 가족주의가 강하다. 즉 가족의 명예나 번성에 궁극적 목적을 두려는 경향이 많다. 이는 가족우상주의이다. 가족은 교회의 한 부분이며, 또한 사회의 한 부분이다. 교회를 통하여 그리고 사회를 통하여 하나님 나라를 이루어가기 위해 가족은 봉사할 수 있어야 한다.

공동체를 위한 가족의 기능은 개인화의 기능과 역설적(逆說的)이면서도 상보적(相補的)인 관계를 갖고 있다. 앤더슨은 틸리히(P. Tillich)가 말하는 개인화(individualization)와 참여(participation)의 존재론적 균형을 제시한다.[8] '개인화'는 개인의 인격적 중심성(centeredness)이 실현되는 것이다.[9] 틸리히에 의하면, 개인성의 실현이란 개인이 자신의 인격적 중심성을 충분히 자각하는 것이며, 그렇게 될 때 그 사람은 자신의 인격을 하나의 전체로 경험하게 된다. 중심성을 가진 전체로 경험되는 인격이 바로 영(spirit)이다. 영을 기반으로 하는 사람은 자신을 인격적 전체로서 경험함으로써 타자와 구별된 존재가 된다. 그리고 궁극적 타자인 하나님 앞에 선 존재로서 자신을 받아들이게 된다. 틸리히에 의하면, 개인성의 실현이 충분한 사람일수록 공동체를 향한 참여를 더 충분히 할 수 있다고 한다. 그 이유로는 자신을 하나의 '전체'(whole)로서 경험할 수 있을 때에만, 자신의 고유성(固有性)과 타인의 고유성을 구별할 수 있기 때문이다. 자신의 고유성을 충분히 인식하는 사람은 타인의 고유성을 객관적이고 공감적으로 인식할 수 있으며, 그때에 비로소 자신의 욕망과 감정을 왜곡된 투사(投射, projection) 없이 타인과의 관계에 헌신할 수 있다.

앤더슨이 말하는 가족의 세 가지 목적을 요약하자면, 부부는 상호간의 헌신과 사랑을 통해 자녀를 출산하며, 자녀로 하여금 개인성을 실현하도록 양육하고, 그렇게 구성된 가족은 실현된 개인성을 기초로 하여 교회 및 사회 공동체에 참여하게 된다. 이 세 가지 목적에 담겨 있는 것은 틀에 박히고 율법적인 가족의 기능이 아니다. 그것은 사랑의 역동적인 나눔이며, 인격적인 헌신과 성장이며, 용기를 가지고 자신을 타인과 나누는 것이다. 여기에서 기본을 이루는 것은 개인성(個人性)의 중요성이다. 왜냐하면 이러한 목적을 실현하려면 인격적 성숙과 나눔을 통해서만 가능하기 때문이다. 교회는 사랑을 강조하면서 자칫 개인의 인격적 중심성 실현을 소홀히 하기 쉽다. 그러나 개인의 인격적 중심성의 실현 없이 사랑과 희생을 강조하게 되면, 그것은 율법으로 흐르게 된다. 율법적 행위가 문제 있는 것은 거기에 살아 있는 인격적 힘이 결여되어 있기 때문이다.

활력 넘치고 성장(成長) 지향적인 공동체는 한편으로 구성원 개개인의 인격적 성장과 자유를 환영하면서도, 다른 한편으로는 공동성을 중요시한다. 개인성과 참여의 균형의 필요성은 패턴과 차일즈의 결혼에 대한 네 번째 견해인 서로 나눔의 관점으로 우리를 인도한다.

서로 나눔 – 참여와 성장

공동체적 관계성과 개인의 자기실현

서로 나눔(communion)의 관점은 공동 참여와 개인적 성장이 동시에 이루어져야 함을 강조한다. 개인이 공동체의 도구적 구성원이 되어 집단을 위해 희생되어서도 안 되며, 동시에 공동체가 개인의 도구가 되어 개인의 이기적 목적을 위해 이용되어서도 안 된다. 개인이 개인으로서 성장하고 삶의 의미를 갖기 위해서는 공동 참여가 반드시 필요하며, 개인이 공동체를 이루는 것에는 공동 참여를 통해 각 개인이 자신을 실현하고 삶의 보다 높은 단계로 성장해 감이 동반되어야 한다.

기독교 공동체의 친교(koinonia)는 성령의 현존(spiritual presence)에 의해 이루어지는바, 성령의 현존은 각 개인을 초월적 통합(transcendent unity)으로 인도한다.[10] 초월적 통합은 두 가지 의미를 가진다. 첫째, 성령의 현존은 개인의 자유와 정체성을 파괴하지 않고 성화(聖化)된 인격으로 인도한다. 둘째, 성령의 현존 속에서 개인은 각자의 자유와 정체성을 파괴하지 않고 거룩한 친교를 이룬다. 틸리히는 "성령이 현존하심으로 두 가지 불안(Anxiety)을 모두 극복할 수 있다."라고 말한다. 두 가지 불안이란 자신의 본질적 존재(essential being)를 실현하지 못할지도 모른다는 불안과, 자기실현(self-Actualization) 속에서 자기를 잃어버릴지도 모른다는 불안이다. 첫 번째 불안은 관계 —하나님과의 관계 및 타인과의 관계를 모두 포함— 속에서 개인의 자유와 정체성을 실현하지 못하는 데에서 오는 불안이다. 다시 말하면, 관계가 개인의 자기실현을 억압할 때 오는 불안이다. 두 번째 불안은 개인이 자기실현을 하되, 그것이 하나님 및 타인과의 관계에서 통합되지 못할 때 오는 불안이다. 관계성 속에서 통합되지 못하는 자기실현은 진정한 자기실현이 되지 못한다. 이것은 진정한 자기를 잃어버리는 것이다. 사람이 진정한 자기실현을 하기 위해서는, 개인의 자유와 정체성을 억압해서도 안 되며 동시에 관계성으로부터 고립되어서도 안 된다. 다시 말하면, 진정한 개인의 자유와 정체성은 관계성의 실현을 통해서만 가능하며, 진정한 관계성 또한 개인의 자유와 정체성의 실현을 통해서만 이루어진다.

가족 관계의 네 단계

가족 관계를 네 단계의 과정으로 설명하는 볼스윅 부부(J. S. and J. K. Balswick)의 견해는 개인성과 공동체성의 균형을 심층적으로 해석해 준다.[11]

모든 가족 관계의 논리적 출발점은 언약적 서약이다. 왜냐하면 언약적 서약의 중심에는 무조건적 사랑이 있기 때문이다. 이 언약은 안전을 가져다준다. 바로 이러한 안전으로부터 사랑은 은혜를 전개시킨다. 그리고 이 은혜의 환경 속에서 가족 구성원들은 서로에게 힘을 부여할 수 있는 자유를 갖는다. 힘의 부여는 가족 구성원들 사이의 친밀감으로 인도된다. 그런 다음 친밀감은 더 깊은 수준의 언약적 서약으로 다시금 인도된다.[12]

볼스윅 부부 역시 가족 관계의 기초를 언약이라고 본다. 그 언약에 기초하여 가족은 사랑의 서로 나눔을 전개하는데, 그 전개는 은혜의 나눔, 힘의 부여, 그리고 친밀감의 심화로 이어진다.

서로 받아들임

하나님의 언약적 부르심은 그 자체가 은혜이며 인간에 대한 끊임없는 용서와 용납의 과정이다. 하나님의 언약은 무조건적 사랑이다. 왜냐하면 인간의 죄와 부족함에도 불구하고 우리를 부르심이고, 부르심을 받은 후에도 또다시 죄를 짓는 인간과 끊임없이 새로운 언약을 맺으시기 때문이다. 틸리히는 하나님의 의롭다 하심의 은혜를 '받아들임'(acceptance)이라고 표현한다.[13] 사람은 받아들여질 수 없는(unacceptable) 존재임에도 불구하고 하나님은 사람을 받아들이시기 때문이다. 따라서 믿음이란 받아들여질 수 없는 존재를 하나님이 받아들이신다는 사실을 우리도 받아들이는 것이다.

부모가 자녀를 키우는 모든 과정은 무조건적 은혜를 베푸는 것이다. 임신하고 출산하고 양육하는 과정에서 부모가 기울이는 모든 노고는 무조건적 사랑이 아니고는 가능하지 않다. 부모의 무조건적 사랑은 하나님이 사람에게 베푸시는 무조건적 사랑에 가장 가깝게 비유할 수 있다. 이렇게 부모로부터 사랑과 은혜를 받은 사람은 무조건적 사랑의 언약을 깊이 경험함으로써 하나님의 사랑의 언약을 이 세상에서 실현할 수 있는 힘을 지니게 된다. 부모야말로 하나님의 무조건적 사랑의 언약의 담지자(擔持者)이다. 부모를 통해 자녀에게 하나님의 무조건적 사랑의 언약이 전달되고 그것이 또 세대를 통해 이어지는 것이다.

부부가 언약적 관계 속에서 상대방을 받아들이는 것은 나 자신이 상대방으로부터 은혜를 받기로 결단함과 동시에 상대방을 은혜로 받아들이기를 결단하는 것이다. 아무리 성품이 좋고 외적 조건이 좋은 사람이라 할지라도, 배우자로부터 무조건적 사랑을 받기에는 부족한 부분이 있다. 사람은 누구든지 무조건적 사랑을 받을 자격이 없다. 그럼에도 불구하고 하나님의 무조건적인 받아들임을 통해 사람은 의로움을 회복하고 사랑을 나누게 되는 것이다. 부부 관계를 맺기로 서약하는 것은 은혜를 서로 나누기로 서약하는 것이다. 나는 부족하지만 배우자의 사랑의 은혜를 입기로 결단하는 것이며, 배우자도 부족하지만 내가 사랑의 은혜를 베풀기로 결단하는 것이다.

서로 베풀고 나누는 은혜는 기독교적 공동체성의 핵심적 요소이다. 그것은 또 각 개인의 자기실현을 돕는 은혜이기도 하다. 따라서 은혜라는 말 속에는 개인성에 대한 깊은 긍정이 담겨 있다. 또한 개인성이 궁극적으로 향하는 곳은 서로를 향한 은혜 베풂이라는 관계성의 확인이 담겨 있다.

힘의 부여

은혜의 나눔은 더 나아가 섬김으로 확장된다. 볼스윅 부부는 섬김을 '힘의 부여'(empowering)라고 명시한다. 그들은 힘을 "타인에게 영향을 미치는 능력"이라고 정의한다. 그 힘의 사용에 대해 예수는 명백히 말씀하셨다. "이방인의 집권자들이 그들을 임의로 주관하고 그 고관들이 그들에게 권세를 부리는 줄을 너희가 알거니와 너희 중에는 그렇지 않을지니 너희 중에 누구든지 크고자 하는 자는 너희를 섬기는 자가 되고 너희 중에 누구든지 으뜸이 되고자 하는 자는 모든 사람의 종이 되어야 하리라."(막 10:42~44) 힘은 다른 사람들을 통제하고 이용하기 위해서가 아니라, 다른 사람을 일으켜 세우고 회복시키며 성장하게 하는 데 사용되어야 한다.

> 힘의 부여는 다른 사람에게 힘을 주려는 시도로 정의될 수 있다. 힘의 부여는 필연적으로 다른 사람의 바람에 굴복하거나 자신의 힘을 포기하고 다른 누군가에게 넘겨주는 것을 의미하지 않는다. 힘의 부여란 오히려 다름 사람이 힘을 획득할 수 있도록 도와주는 적극적이며 자발적인 과정이다. …힘의 부여는 다른 사람으로 하여금 힘과 잠재력을 계발할 수 있도록 고무하고 이끌어 준다. 뿐만 아니라, 힘의 부여는 그들에게 그와 같은 힘과 잠재력이 있음을 깨닫도록 돕

는 과정이기도 하다. …이러한 과정에서 요구되는 것이 있다. 그것은 힘을 부여하는 사람이 기꺼이 한걸음 물러서서 힘을 부여받는 사람으로 하여금 의존을 통해서가 아니라 스스로의 실천을 통해 배울 수 있게 하는 것이다. 힘을 부여하는 사람은 힘을 부여받는 사람의 독특한 점을 존중해야 한다. 그리고 그들의 힘이 그들 개개인의 방법에 의해 충분한 역량을 갖출 수 있도록 살펴야만 한다. 힘의 부여는 어떤 특정한 행동이나 존재방식을 제한하거나 강요하지 않는다. 오히려 힘의 부여는 서로를 강화시키는 방법으로서 사람들 사이에서 일어나는 반응 과정이다.[14]

힘의 부여는 특별히 부모-자녀 관계에서 중요하다. 볼스윅 부부는 부모-자녀 관계에서 힘의 부여가 두 가지 왜곡에 빠질 수 있음을 경계한다. 하나는 힘의 부여가 권위를 포기하는 것이 아니라는 점이다. 부모가 진정으로 자녀의 성장을 위해 책임을 다할 때, 부모는 자녀에게 권위를 가진다. 볼스윅 부부는 이를 존재 또는 인격으로부터 유래하는 권위라고 말한다. 진정한 힘의 부여의 과정을 통해 부모와 자녀 모두는 개인적인 힘을 더 확장하게 된다. 또 한 가지는 힘의 부여가 의존성을 키우는 것이 아니라는 점이다. 볼스윅 부부는 부모가 자녀를 의존적으로 만들려는 유혹을 경험해 왔다고 말하면서, 그 결과는 위장된 안전일 뿐이라고 경계한다. "부모의 권위는 자녀에 대한 외부적인 통제권에 있는 것이 아니라, 오히려 자녀가 그 자신의 인성으로 완전하게 할 수 있는 내적 제어에 있음"을 볼스윅 부부는 강조한다.[15]

친밀감

사람이 진정한 개인적인 힘을 경험할 때, 상대방과 진정한 관계를 향하여 나아갈 수 있다. 부모가 자녀와 맺는 언약적 관계가 자녀에게 진정한 개인적 힘을 부여해 주었다면, 그 자녀는 자신의 내적인 인격의 힘을 가지고 배우자와 건강한 언약 관계를 맺을 수 있다. "남자가 부모를 떠나 그의 아내와 합하여 둘이 한 몸을 이룰지로다."(창 2:24) 그러므로 볼스윅 부부는 '힘의 부여'의 다음 단계를 '친밀감의 나눔'이라고 말한다. 그들은 친밀감을 '알고 또 알려지는 것'이라고 표현한다.[16] 함께 많은 시간을 보내고, 함께 어려움을 극복해 가고, 서로를 도움으로 삶을 이끌어가고, 때로는 갈등을 겪으면서 부부는 서로에 대해 점점 더 알게 된다. 그런데 나를 알리고 상대방을 아는 과정에서 부부는 책임감 있는 태도를 가져야 한다.

가족상담가 사티어(V. Satir)는 성숙(maturation)에 대해 "성숙한 상태는 개인이 자신에 대해 충분히 책임지고 있으며, 자기 자신, 타인 그리고 상황에 대한 정확한 지각을 바탕으로 선택과 결정을 할 수 있는 상태"라고 정의한다.[17] 사티어에 의하면, 그러한 사람은 다음과 같이 행동한다. (1) 타인에게 자신을 명확하게 표현한다. (2) 자신의 내면으로부터 오는 신호들과 접촉하고 있어서, 자신이 생각하고 느끼는 바를 지각한다. (3) 자신 밖에 있는 것들을 자신과 구별되어 있는 것으로 지각할 수 있다. (4) 타인을 자기로부터 구별되어 있는 독특한 사람으로 대한다. (5) 차이가 있는 것을 위협적인 것으로 받아들이는 대신 배우고 탐색할 수 있는 기회로 여긴다. (6) 사람들과 상황들을 다룰 때, 자신이 원하는 바가 무엇인가보다는 그들이 실제로 어떠한가에 따라 다룬다. (7) 자신이 느끼고, 생각하고, 듣고, 보는 것을 거부하거나 남에게 전가하는 대신, 그것들에 대한 책임을 받아들인다. (8) 자신과 타인 사이에 의사소통을 할 때 개방적으로 조정할 수 있는 기술을 가진다.

사티어에 의하면, 책임적인 의사소통을 할 줄 아는 사람이 곧 '성숙'한 사람이다. 여기에서 '책임적'이란 자신과 타인 양자 모두를 향한 것이다. 자신의 현실과 타인의 현실 모두를 지각하고 지각된 현실에 대해 책임적으로 반응하여야 한다는 것이다. 그 책임적인 반응이 곧 건강한 의사소통이다. 그에 의하면 기능적인 의사소통은 크게 두 가지로 구성된다. 하나는, 자신이 전달하고자 하는 것을 확고하고 명료하게 표현하는 동시에 자신의 한계 또한 분명이 전달한다. 다른 하나는, 상대방의 피드백을 요청하며, 피드백이 전달되면 수용적으로 받아들인다.[18] 이러한 의사소통 방식은 앞에서 설명한 '성숙'의 두 가지 특징 ―자신에 대해 책임적인 태도와 타인 및 상황에 대한 정확한 지각― 을 잘 반영한다.

이 책임적 태도는 자신, 타인 및 상황에 대해 정확하게 아는 것과 아는 것을 책임 있게 표현하고 받아들이는 것을 의미한다. 다시 말하면, 책임적 태도는 자신과 상대방을 정확하게 알기 위해서 필요하며, 아는 것을 표현하기 위해서도 필요하다. 이러한 기초 위에서 부부는 진정으로 서로를 이해하며 진정으로 서로를 받아들이게 된다. 서로에 대한 이러한 앎이야말로 진정한 친밀감을 만든다. 지나친 상호 의존을 기초로 하는 거짓 친밀감 또는 거짓 안전은 마치 모래 위에 지은 집과 같을 것이다.

볼스윅 부부는 서로에 대한 진정한 앎이 깊어질 때 다시 첫 번째 단계인 언약 관계를 더 심화시키게 된다고 말한다. 그것은 다시 은혜의 나눔을 더 깊어지게 할 것이며, 그것은 또다시 힘의 부여를 확장시키게 될 것이다. 그것은 다시 친밀감을 더 깊어지게 하여, 다시 더 심화된 언약 관계로 나아가게 한다. 이와 같이 가족 관계는 질적으로 더욱 깊어지고, 더욱 확장되고, 더욱 활기차게 나아가게 되어 있다. 만일 가족 관계가 정체되어 있다면, 그것은 그 자리에 머물러 있는 것이 아니라, 이미 뒷걸음질치고 있는 것이다.

사회변화에 대한 신학적 비판과 교회의 과제

성서는 결혼 관계의 언약적 성격을 강조하는데, 이는 현대 사회의 결혼과 이혼의 현상에 대해 긍정적인 평가와 부정적인 평가를 동시에 준다. 앞에서 살펴본 것처럼, 근대의 산업화과정에서 대가족의 틀이 약화되고 핵가족이 등장함으로써 가족 관계는 부부 중심으로 변화되었다. 부부 관계가 대가족의 수직적 권위로부터 보다 자유롭게 됨에 따라, 부부 관계의 친밀성 또한 강조되었다. 이러한 변화는 부부 관계가 질적으로 향상되는 데에 크게 공헌하여, 오늘날의 가족들은 부부 사이에서도 그리고 부모-자녀 사이에서도 활기차고 자발적인 친밀감의 나눔이 많아진 것이 사실이다.

대가족제도에서는 상하 관계와 역할 구조가 경직되어 있기 때문에, 자발적이고 창조적인 부부 관계는 억압되는 경향이 많은 반면, 제도 및 상하 구조에 대한 순응이 강조되었다. 이와는 대조적으로, 핵가족화 과정은 대가족제도보다는 가족 구성원들 사이의 자발적이고 친밀한 관계성을 강조한다. 제도보다 관계 자체의 본질적 내용에 관심을 두는 성서적 입장에서 볼 때 이러한 과정은 긍정적 측면이 있다고 할 수 있다.

이 과정에서 여성들의 지위가 향상되었다. 그에 따라 여성에게 결혼 및 부부 관계에서 선택의 폭이 넓어졌다. 이러한 변화가 가족 관계에 어느 정도 혼란과 갈등을 유발하기 때문에, 일부 사람들에게는 부정적으로 비칠 수 있다. 그러나 개인의 자유에 대해 절대적인 긍정을 표시하는 성서적 입장에서 볼 때, 여성의 자유가 확대되고 권리가 증진되는 것은 긍정적인 변화라고 보아야 한다.

한편, 오늘날 행복을 결혼의 목적으로 생각하는 일반적 관념도 긍정적인 면과 부정적인 면을 동시에 갖는다. 긍정적인 면은, 앞에서 말한 것처럼 결혼 관계에서 개인의 자발성을 촉진한다는 데에 있다. 전통적인 결혼에서는 개인의 자발성이 매우 억제되었다. 대가족, 공동체, 권위 등이 우선함으로써 개인이 기존의 질서에 순응하는 것만 강조되었지, 개인이 무엇을 원하는가 하는 것은 별로 중요하지 않았다. 여기에서는 관계에 있어 개인을 초월하는 집단적인 면이 지나치게 강조된다. 그 결과 개인의 자발적 욕망이나 의지가 지나치게 무시된다.

인격적 관계 맺음이란 개인을 초월하는 차원과 개인의 자발적인 차원이 함께 필요하다. 개인이 자신의 자발적인 감정과 의지에 따라 살 때에, 그 사람은 관계에서도 적극적이 되고 행복도 느낄 수 있다. 이와 아울러 자신을 초월하여 자신과 관계 맺고 있는 타인에게도 진정한 관심을 가질 수 있는 것이야말로 기독교적 이상이다.

오늘날 연애 또는 결혼에서 개인의 행복을 중요시하는 것은 개인의 자발적 감정과 의지를 중요시한다는 면에서 긍정적인 측면을 갖는다. 하지만 이것은 전통적인 결혼관과는 정반대의 문제를 갖는다. 전통적인 결혼관이 개인을 지나치게 무시했다면, 현대의 결혼관은 개인을 지나치게 강조한다. 다시 말하면, 현대의 개인주의는 개인의 욕망을 초월하는 언약적 관계를 간과하는 경향이 있다. 자신의 욕망을 위해 관계를 가지며 욕망이 충족되는 한 관계를 유지하는 것은 이미 상대방을 도구로 전락시키는 것이다. 그럴 때 자신 또한 자신의 욕망의 하수인으로 전락한다. 관계의 언약에 헌신한다는 것은, 한편으로 자신의 욕망으로부터 자유로워지는 것을 의미하며, 다른 한편으로는 그 자유를 통하여 상대방을 하나의 인격으로 보게 되는 것을 의미한다. 이는 "남에게 대접을 받고자 하는 대로 남을 대접"할 수 있는 인격적 자유를 의미한다.

이러한 관점에서 교회의 과제를 살펴보자. 교회가 오늘날의 가족들을 돕는 데에는 양면적인 접근이 필요하다. 첫 번째는 부부 또는 가족이 스스로 자신들의 짐을 질 수 있을 만큼 성장하도록 돕는 것이다. 부부 관계가 현대 사회에서 잘 적응해 나가기 위해서는, 부부 각자가 꾸준히 성장하도록 애쓰고 관계를 원만히 이끌어나가기 위한 기술을 배우는 노력도 필요하다. 최근 교회에서 부부 세미나를 많이 개최하고 있는데, 이는 부부의 이러한 필요에 부응하는 바람직한 모습이다.

두 번째로 교회는 부부 및 가족 갈등을 중재할 수 있는 공동체를 제공해야 한다. 오늘날의 가족은 그들을 뒷받침해 주고 보호해 주는 배경 공동체를 별로 갖고 있지 못하다. 교회는 여러 가족이 하나님의 말씀을 중심으로 모여 만들어진 공동체이다. 사랑을 배우고 나누는 교회 공동체 속에서, 가족끼리는 서로를 후원하고 지원할 수 있는 좋은 자원이다.

교회는 바로 이러한 양면적인 도움을 제공할 수 있는 공동체이다. 21세기의 교회는 새로운 역할을 하여야 한다. 교회는 대가족제도의 가치관을 옹호하는 오류를 범해서는 안 된다. 대가족의 우산을 잃어버린 가족들은 새로운 관계의 망이 필요한데, 교회는 이 새로운 관계의 망을 제공해 줄 수 있는 최적의 공동체이다. 그러기 위해서 교회는 융통성 있는(flexible) 조직이 되어야 한다. 가족 관계의 새로운 형태들에 대하여 개방적인 태도를 가져야 하고, 부부 사이의 갈등에 대해서는 선입견이나 편견 없이 유연하게 접근하여야 한다. 교회는 부부에게 개인적 성장을 위해 가르치고, 부부 관계 향상을 위한 프로그램을 제공해야 한다. 교회는 가족이 스스로 안에 갇히지 않도록 가족의 사명을 일깨워 주고 보다 큰 하나님의 나라를 위해 자신을 열도록 교육하여야 한다. 그렇게 될 때, 부부의 어깨 위에 과중하게 지워져 있는 짐들이 교회 공동체 속에서 함께 나누어질 수 있는 것이다.

1 | 존 패턴 & 브라이언 차일즈, 장성식 옮김, 「기독교인의 결혼과 가족」(서울: 한국장로교출판사, 1998), 98~101.
2 | Ray S. Anderson and Dennis B. Guensey, On Being Family: A Social Theology of the Family(Grand Rapids, Mich.: William B. Eerdmans Publishing Co., 1985), 33.
3 | 위의 책, 40~45.
4 | 위의 책, 43.
5 | Herbert Anderson, The Family and Pastoral Care(Philadelphia: Fortress Press, 1984), 14.
6 | 위의 책, 22.
7 | 위의 책, 47.
8 | 위의 책, 60~62.
9 | Paul Tillich, Systematic Theology, vol. III(University of Chicago Press, 1963), 32.
10 | 위의 책, 269.
11 | 잭 볼스윅·주디 볼스윅, 황성철 역, 「크리스천 가정」(서울: 두란노, 1995), 18~37.
12 | 위의 책, 18.
13 | P. Tillich, Systematic Theology, vol. III, 224.
14 | 잭 볼스윅·주디 볼스윅, 황성철 역, 「크리스천 가정」, 29.
15 | 위의 책, 33.
16 | 위의 책, 34.
17 | Virginia Satir, Conjoint Family Therapy(Palo Alto, CA: Science and Behavior Books, Inc., 1983), 117~118.
18 | 위의 책, 88.

제3장

성(性, Gender and Sexuality)의 신학

성(性)을 신학적으로 바라보기

제3장

성(性, Gender and Sexuality)의 신학

성(性)을 신학적으로 바라보기

오늘날 성(性)과 관련된 수많은 이슈가 삶의 여러 부분에서 중요해지고 있다. 그런데 정작 교회는 성과 관련된 문제에 대해 대부분의 경우 침묵하고 있는 것이 현실이다. 교인들은 일상적으로 보고, 이야기하고, 느끼는 문제들을 교회가 전혀 다루지 않을 때, 그들은 혼란과 소외감을 겪게 된다. 특히 성과 관련된 문제라서 교회가 논의하기 어렵다고 하더라도 이에 대해 침묵하는 것은 책임을 회피하는 일이다.

한국어로 '성'이라고 표기할 때 보통 세 가지 의미를 지닌다. 첫째는 남녀의 성별(性別)을 나타내는 것으로서 남자인가, 여자인가 하는 생물학적 성별 분류이다. 영어에서는 'sex'로 표기한다. 둘째는 성경험 또는 성적 행동을 가리키는 것으로서 흔히 남녀 사이의 입맞춤이라든지 성교와 같은 행위를 가리킨다. 영어에서는 'sexuality'로 표기한다. 셋째는 여성성 또는 남성성을 가리킨다. 이는 보통 사회적 성이라고 알려져 있다. 한 특정한 사회에서 '남성적인 것' 또는 '여성적인 것'에 대해 어떻게 정의되고 있는가를 말한다. 영어에서는 'gender'라고 표기한다.

현대 사회에서는 'sexuality' 및 'gender'와 관련된 생각과 태도가 급격하게 변하고 있다. 그러나 급격한 변화를 겪고 있음에도 사회는 일정한 규범이나 올바른 방향을 정하지 못하고 있다. 더욱이 교회는 이러한 주제에 대해서 신학적으로나 윤리학적으로 개방된 토론조차 하지 못한 채 방황하고 있는 것처럼 보인다.

사랑과 성(性)

낭만적 사랑의 함정

근대화과정에서 해체된 것이 전통적 가족이라면, 해방된 것은 낭만적 사랑이다. 대가족의 구조 속에서 부부 관계는 전체 가족에 봉사하는 한 부분이었을 뿐 그 자체의 행복 추구는 뒷전으로 밀려나 있었다. 남녀가 만나 관계를 맺는 것은 한 개인이 다른 개인에게 매력을 느끼고 사랑을 나누기 위해서가 아니라, 대가족의 집단적 가치와 연속성을 이루기 위한 것일 뿐이었다. 그러므로 부부로 맺어진 것은 개인의 선택이 아니었다. 배우자는 대가족의 사회적 지위와 필요에 따라 선택되고, 개인은 이를 따라야만 하였다. 여기에 낭만적 사랑이 끼어들 여지는 거의 없었다.

산업화, 도시화 그리고 서구화의 과정 속에서 전통적인 대가족이 해체됨에 따라 남녀 관계에도 새로운 모형이 대두되었다. 바로 자유연애이다. 이것은 남녀 관계의 혁명적 변화였다. 남녀가 만나서 부부가 되는 것이 더 이상 사회적 요구에 따라 짝지어지는 것이 아니었다. 이제는 개인과 개인 사이의 내밀한 감정적 이끌림과 거기에서 오는 행복감이 중요한 가치가 되었다. 개인이 느끼는 감정, 개인이 경험하는 행복, 개인이 추구하는 가치가 이제 이성 관계 또는 배우자 선택에 있어서 핵심적인 중요사항이 되었다. 이것은 집단으로부터 개인의 해방, 제도로부터 감정의 해방, 기능으로부터 행복의 해방이었다. 이러한 변화가 가져다준 긍정적 결과는 자유로운 선택에 따른 개인성의 추구가 가능해졌다는 것과 부부 관계에서 친밀감의 추구가 향상되었다는 점이다.

근대화 이후 자유연애는 젊은 남녀들의 의심할 여지가 없는 이데올로기가 되었다. 그들의 선조들이 선택의 자유 없이 배우자를 만났다는 것이 어떻게 가능했는지, 상상조차 할 수 없는 지경이 되었다. 낭만적 사랑은 개인의 절대적 가치요, 행복 추구의 필수 요건이 되었다. 그러나 오늘날 한국 사회에 나타난 현상을 보면 낭만적 사랑이 갖고 있는 함정이 무엇인지 여실히 드러나고 있다. 남자든 여자든 배우자를 만난다는 것이 점점 어려워지고 있다. 많은 남녀가 이성 친구를 사귀지 못하고 젊은 시절을 보내는 것이 보편적 현상인 데다가, 결혼을 원함에도 불구하고 배우자를 만나지 못해 결혼 적령기를 넘겨버리는 일이 다반사가 되었다. 왜 그럴까? 그 이유는 '내'가 원하는 이성친구나 배우자를 만나기가 어렵기 때문이다. 누구나 다 '내'가 원하는 이상적 대상을 만나고 싶어 하지만, 현실적으로 그런 만남은 소수에게만 주어지는 행운이다. '내'가 원하고 '내'가 선택할 수 있다는 자유가 바로 그 자유를 제한하는 함정이 되는 것이다. 벡 부부(Ulich & Elizabeth Beck-Gernsheim)는 그들의 저서에서 이를 "주관성의 함정"이라고 부른다.[1] 개인에게서 자신의 욕구와 감정이 중심에 놓일 때, 관계의 상대방은 개인의 욕구와 감정의 충족을 위한 도구로 전락하고 만다. 개인은 자신의 욕구와 감정에 따라 상대방을 선택하거나 버릴 수 있다. 그런데 아이러니하게도 똑같은 상황에서 자신 역시 상대방의 욕구와 감정의 도구로 전락해 버릴 수 있다는 것을 간과한다. 따라서 주관성의 함정에 빠진 개인은 모두 서로에게 도구로 전락해 버리고, 지속적이며 상호 충족적인 인격적 관계는 몰락하고 만다.

여기에서 벡 부부는 세 가지를 역설한다.[2] 첫째, 자유의 역설이다. 나의 자유를 위해 누군가가 자신의 자유를 포기해 주기를 욕망하는데, 이야말로 모순된 욕망이다. 둘째는 진정성의 역설이다. 나 자신의 욕구, 감정을 추구하는 것이 상대방의 진정한 요구와 대치할 때 어떻게 할 것인가? 셋째는 행위의 역설이다. 낭만적 사랑의 감정만을 추구한 나머지 지속가능한 수단들이 결여되어 있을 때, 주관적 감정은 실망과 좌절만을 낳을지 모른다.

제도와 규범의 함정

위에서 언급한 것처럼, 개인의 주관성이 우상이 될 때 그것은 거꾸로 개인의 자유와 욕망을 좌절시키는 조건이 된다. 이러한 위험성을 피하기 위한 반대의 극단은 개인의 주관성을 무시하는 객관적 조건을 추구하는 것이다. 이는 동서양을 막론하고 근대 이전의 사회에서 선택하던 방식이다. 근대 이전의 사회에서는 집단의 이념과 제도에 개인이 철저히 의존해 있었다. 개인의 욕구를 실현하거나 개인이 누려야 할 선택의 자유는 거의 허용되지 않았다. 개인은 집단의 이념에 자신의 욕구를 맞추는 것이 전부였고, 집단이 정해놓은 사회적 역할을 따라야만 하였다. 오늘의 관점에서 본다면 이것은 집단에 의하여 개인적 자유와 욕구가 억압되는 것이라고 말할 수 있다. 그러나 여기에도 장점은 있다. 개인이 자유를 누릴 때 따르는 좌절과 실패의 위험성이 훨씬 줄어든다는 것이다. 집단이 부여한 이념과 제도를 따라갈 때, 각각의 개인은 자신의 삶에 대해 책임져야 하는 부분이 줄어든다. 그만큼 개인이 겪어야 하는 혼란, 좌절, 절망, 실패의 경험 역시 줄어들게 된다.

그러나 그 대가로 근대 이후의 사람들이 꿈꾸어 온 개인의 자기실현이나 자유로운 선택은 매우 제한을 받았다. 개인의 인격적 독특성은 무시되기 일쑤였고, 개인의 내면적 경험이나 감정은 도외시되었다. 개인의 사회적 역할뿐 아니라 내면적 경험과 자유 또한 그 사람의 본질적 부분이라고 한다면, 근대 이전의 사회에서는 개인의 내면적 세계가 심각하게 억압되어 왔다고 말할 수 있다.

이와 관련하여 신학자 틸리히(P. Tillich)는 개인이라는 존재에는 개인성과 사회성이라는 두 가지 측면이 긴장 관계를 이룬다고 했다. 그는 개인성을 'Individuation'(개인화), 사회성을 'Participation'(참여)이라고 표현하였다. 그에 의하면, 이 양 측면이 균형을 이룰 때, 비로소 개인은 인간 존재로서 바르게 살아가게 된다. 이 관점에서 볼 때, 근대 이전의 사회에서는 개인의 고유한 자유와 독특성이 많이 억압되었다고 말할 수 있다. 근대 이후 현대에 이르기까지 개인은 이러한 억압으로부터 점차 해방되어 왔다. 오늘날에 이르러 개인의 자유는 극대화되어 가는 듯이 보인다. 이제 개인에게서 가장 중요한 척도는 바로 자기 자신이 되어가고 있다. 이것의 가장 극적인 표현 가운데 하나가 바로 '낭만적 사랑의 추구'이다. 그러나 틸리히에 따르면, 이러한 양상은 '참여'를 결여시킬 위험성이 있으며 결국 주관성의 함정에 빠질 가능성이 있다.

해방의 두 얼굴

근대 이후 성(性)과 관련하여 해방된 두 가지가 있다. 하나는 여성성(femininity)의 해방이고, 또 하나는 성행동(sexuality)의 해방이다. 이 두 가지 해방이 모두 지향해 온 것은 개인의 고유성과 경험을 긍정하고 확대하는 것이다. 언뜻 보면 두 가지는 각각 독립적으로 진행되어 온 것처럼 보이지만, 사실 상호 밀접한 관련을 가지고 있다.

이 두 가지가 해방되면서 몰락한 것은 가부장적 제도와 이념이다. 동서양을 막론하고 근대 이전 사회는 뚜렷한 가부장적 특징을 가지고 있었다. 가부장제도(patriarchy)는 기본적으로 세 가지 특징을 가지는데, 첫째는 주로 농업을 기초로 한 경제에서 생산자 가족의 남성 가장이 가구를 대표하면서 가족구성원의 생활과 노동을 통제하고 생산물을 지배한다. 둘째, 그 결과로 여성은 철저히 남성에게 종속된다. 각 가구의 권력이 남성 가장에게 집중되는 것과 마찬가지로 사회의 모든 부문에서도 남성 권력자에게 힘이 집중된다. 셋째, 가부장적 사회가 세운 제도와 집단적 가치관이 개인을 우선하며, 개인의 고유한 경험이나 의견은 주로 무시된다.

근대 이후의 사회 변화는 가부장적 사회로부터 이탈의 과정이었다고 말해도 과언이 아니다. 산업화와 도시화는 농업 경제에 기반을 둔 가부장의 권위를 무너뜨렸고, 사회의 다변화는 소수의 남성에게 집중된 권력의 구조를 분산시켰다. 특히 여성의 사회 진출이 두드러졌으며, 정치적으로는 민주화가 진행되었다. 남성에 대한 여성의 종속적 지위가 점차 사라지고 여성이 대등한 위치를 가지게 되면서, 남성적 규범이나 제도에 의해 가려졌던 여성성이 주목받기 시작했다. 여성의 활동이 관심의 대상이 되고, 여성의 경험이 새롭게 주목을 받았다. 여성이 가지고 있는 노동력이나 창조성의 잠재력이 점차 주의를 끌면서 여성은 사회에서 중요한 위치를 점하게 되었다.

가부장적 사회의 특징 중 한 가지는 성행동의 억압 및 획일성이다. 가부장제 하에서 여성은 성행동에 대해서 말할 수도, 요구할 수도, 욕구를 표현할 수도 없었다. 여성의 성행동은 철저히 남성에게 종속되어 있었다. 여성은 그저 성적으로 남성을 만족시켜 주는 역할, 남성에게 아이를 낳아주는 역할에 가두어져 있었다. 남성은 여성의 성을 억압하면서, 동시에 자신의 성에 대해서도 통제하고 획일화하였다. 여성의 성에 대한 금기는 남성 자신의 성행동에서도 경직되고 획일화된 윤리를 가져왔다. 가부장제는 규범과 제도를 통해 개개인의 직접적 경험을 통제함으로써 유지되는 권위적 사회였다. 그러므로 이러한 질서에 위협을 줄 수도 있는 자유로운 성행동은 철저히 억압되었다.

여성이 가부장제도의 굴레로부터 벗어나게 됨에 따라, 가려지고 잘못 이해되었던 여성의 성적 욕구, 성적 경험, 성적 행동 등이 베일을 벗기 시작하였다. 개인의 직접적 경험과 욕구가 자유롭게 표현되기 시작하면서, 성행동에 대한 논의 또한 활발하게 전개되었다. 오늘날 성행동의 해방이 왜곡된 성적 관심이나 병리적인 성행동 등으로 잘못 표출되고 있는 점은 지적되어야 마땅하지만, 성행동에 대한 ―남성 및 여성 모두 포함하여― 건전한 연구 및 이해는 바람직한 일이다. 이를 통해 우리는 우리 자신의 성, 성적 욕구, 성적 경험 등에 대해 바르고 깊은 이해를 갖게 되며, 그리함으로써 건강하고 행복한 성의 실현을 이룰 수 있을 것이다.

성역할(性役割, Gender role)

남성과 여성의 성역할

오늘날 지구촌 대부분의 사회에서 여성은 남성과 차별 없는 교육과 법적 지위를 부여받고 있다. 이미 여성이 대통령이나 수상이 되어 정부를 이끌어가고 있는 나라도 있다. 우리나라에서도 첫 여성 대통령이 나왔다. 또 가톨릭교회나 일부 교단을 제외하고는 대부분의 주요 교단에서 여성이 목회자로서 안수를 받고 있기도 하다. 그러나 성경의 여기저기에서 여성을 종속적 위치에 두고 있는 내용은 우리를 당혹케 한다. 과연 이러한 성경구절을 오늘날 사회 상황에 비추어 볼 때 어떻게 이해해야 할까?

갈란드(Diana S. Richmond Garland and David E. Garland)는 "남성과 여성의 성역할과 관련된 성경구절이 성경이 기록될 당시의 가부장적 관습을 반영하고 있지만, 그럼에도 불구하고 당시의 관습을 넘어서서 성경이 지향하는 것은 여성의 가치를 존중하는 것이다."라고 말한다.[3] 우선 인간 창조 이야기를 살펴보자. 창세기 1장 27절에 "하나님이 자기 형상 곧 하나님의 형상대로 사람을 창조하시되 남자와 여자를 창조하시고"라고 서술되어 있다. 이 구절에 의하면, 남자와 여자 모두가 하나님의 형상대로 창조되어 양자 사이에 어떤 차별도 없다. 2장에서는 "사람이 혼자 사는 것이 좋지 아니하니 내가 그를 위하여 돕는 배필을 지으리라"(18절)는 구절에 이어서, "하나님이 아담에게서 취하신 그 갈빗대로 여자를 만드시고"(22절)라고 서술되어 있다. '돕는 배필'이라는 말이 반드시 열등한 위치를 가리킨다고 해석해야 할 이유는 분명하지 않다. 이 말은 아담에게서 여자는 진정한 동반자임을 가리킨다고 보아야 할 것이다.[4] 다른 동물들도 많이 있었지만, 하와만이 아담에게 진정한 동반자가 될 수 있었다. '갈빗대'로 지었다는 말 또한 열등함을 가리킨다기보다는, 아담의 뼈와 살처럼 하와가 동질(同質)적이며, 없어서는 안 될 본질적인 관계에 있음을 보여주는 것이다.[5] 3장 16절에는 아담과 하와를 창조한 이후에 하나님이 여자에게 "남편은 너를 다스릴 것이니라"고 하신 말씀이 있다. 여기에는 남성우위성이 명시되어 있지만, 우리가 간과하지 말아야 할 것은 이 말씀이 아담과 하와가 타락한 이후에 주어졌다는 사실이다. 남성과 여성의 차별성 자체가 사람의 타락의 산물이라는 암시를 여기에서 얻을 수 있다.

신약에서 남편과 아내의 관계에 대해 다루고 있는 곳이 몇 군데 있다.(엡 5:22~33; 골 3:18~9; 딛 2:4~5; 벧전 3:1~7) 이 문제를 다루고 구절들의 공통적인 특징은 우선 당시의 관습적 생각에 순응하면서도 한편으로는 기독교적인 관점에 의해 당시의 문화적 인습을 뛰어넘고 있다는 점이다.[6] 다시 말해, 남성과 여성의 관계에 대하여 어떤 최종적인 신학적 결론을 내리기보다는, 당시의 문화적 관습을 기독교적 관점에서 재해석하고 있다는 것이다. 당시의 가부장적 관습에 의하면, 남편과 아내는 지배와 종속의 관계에 있었으며, 거기에는 상호성이 거의 존재하지 않았다. 그러나 성경은 남편의 우위를 표현하면서도, 남편과 아내 사이의 상호 의무를 매우 강조하고 있다. 에베소서 5장에 보면, 아내에게 복종을 권유하되, 이를 그리스도에 대한 복종과 연결시키고 있다.[7] 인간이 그리스도에게 복종하는 것은 노예가 주인에게 복종하듯 하는 것이 아니라, 인격적 자발성과 결단에 따라 복종하는 것이다. 더욱이 남편 또한 그리스도에게 복종하는 존재이다. 그러므로 아내가 남편에게 복종하는 것은 본질적 차별성에 의한 복종이라기보다는, 당시의 문화적 관습 속에서 차별적 지위에 있는 아내로 하여금 관습에 순응하되 그리스도를 생각하며 인격적 자발성으로 행동하라는 권유라고 할 수 있다.

이 점은 에베소서 6장의 종들에 대한 언급을 보면 더 분명히 이해할 수 있다. 5절 이하에서 저자는 종들에게 "상전에게 순종하기를 그리스도께 하듯" 하라고 권유한다. 8절에서는 "각 사람이 무슨 선을 행하든지 종이나 자유인이나 주께로부터 그대로 받을 줄을 앎이라"고 말한다. 이 구절들을 통해 에베소서 저자의 사상을 유추해 본다면, 종이 상전에 비해 본질적으로 저급한 인간이라고 보는 것이 아니다. 이 땅에서는 사회적 관습에 의해 종과 상전이 차별적 지위에 있지만 그것을 받아들이고 그리스도를 생각하며 최선을 다한다면, 하나님 앞에서 자유인과 마찬가지로 똑같은 상급을 받을 것이라고 선언하는 것이다. 즉 종이나 상전이나 하나님 앞에서는 본질적으로 동일한 인격이지만, 사회적 지위에 의한 차별을 받아들이고 그리스도 앞에서 사는 것처럼 살라고 권면하고 있는 것이다.

오늘날 종이라는 사회적 지위는 거의 사라지고 없다. 그리고 만인이 평등하다는 사상이 보편화되어 있다. 만일 에베소서 6장의 종에 관한 구절을 신학적 결론으로 받아들인다면, 오늘날에도 종이 있어야 한다고 말해야 할 것이다. 남성과 여성의 지위가 사회적으로 대등해지고 있는 오늘날, 우리가 에베소서 5장의 구절들을 가지고 여성을 차별적으로 대우한다면, 우리는 똑같은 오류를 범하게 되는 것이다.

에베소서 저자는 일방적으로 아내에게만 그리스도께 하듯 남편에게 순종하라는 권면으로 그치지 않는다. 남편에게도 상호 의무를 제시하고 있다. "아내 사랑하기를 그리스도께서 교회를 사랑하시고 그 교회를 위하여 자신을 주심 같이 하라."(엡 5:25) 남편이 사회적 관습에 의해서 우월한 지위를 가지고 있지만, 사회적으로 부여된 그 힘은 세도 부리기 위한 것이 아니라 사랑하기 위한 것이라는 선언이다. 이는 사회적으로 우월한 위치에 있기 때문에 가지고 있는 힘을 어떻게 사용할 것인가에 대한 혁명적 선언이다. 기독교적인 가치관 밖에서는 나올 수 없는 새로운 관점이다. 이처럼 성경은 당시의 관습을 수용하면서도 힘 또는 관계에 대한 기독교적인 관점에 따라 매우 새로운 시야를 열고 있다. 새로운 시야는 세 가지로 요약될 수 있다.[8] 첫째, 부부 관계는 각자의 이기적인 이익에 기반을 두는 것이 아니라 상대방에 대한 헌신에 기반을 두고 있다. 둘째, 힘은 지배하기 위한 것이 아니라 섬기기 위한 것이다. 셋째, 관계는 일방적인 종속이 아니라 상호적인 파트너십이다.

부부의 파트너십(Partnership)

갈란드는 전통적인 가부장적 부부 관계에도 장점이 있다고 본다.[9] 가부장적 부부 관계는 부부 각자의 역할이 정해져 있어서 관계의 패턴이 일정하고 예측 가능하다. 따라서 갈등이 외적으로 표출될 가능성이 적다. 그리고 전통적인 성역할의 교육을 받은 남녀에게는 이러한 관계 모형이 편안하게 받아들여질 수 있다. 그러나 부부 중 한 사람이 전통적인 성역할을 받아들일 수 없다면, 이 모형은 큰 갈등의 소지를 갖게 된다.

대등한 동료로서의 부부 관계(companionship marriage) 또한 장점을 가지고 있다.[10] 부부가 부부 관계 모형을 효과적으로 실현할 수 있는 준비가 되어 있다면, 이 모형은 전통적 모델보다 각자에게 더 큰 만족을 줄 것이다. 그리고 폭력적인 행동이 나올 가능성이 적으며, 외로움을 느낄 가능성도 적다. 부부가 서로 대등한 관계를 가질 때, 그들은 삶의 위기에 유연하게 대처할 수 있는 자원을 계발하게 된다.

하지만 신학적으로 볼 때, 그는 남녀의 대등함(equality) 자체가 부부 관계의 궁극적 목표는 아니라고 말한다.[11] 그는 동료 관계(companionship)를 이렇게 정의한다. "공평성에 근거하여 합의된 역할 분담에 의해 구조화된 관계."[12] 그는 대등함이 신학적으로 부부 관계의 궁극적 목표는 아니라 할지라도, 부부 관계는 공평성으로부터 출발해야 한다고 본다. 부부 관계의 궁극적 목표는 하나님으로부터의 연합적 부르심(joint calling)이라고도 한다. 부부는 연합적 부르심을 이루기 위해서 파트너십을 창조해 가야 한다. 여기에서 우리는 하나님의 연합적 부르심에 대해 한 가지 오해를 피해야 한다. 부부의 파트너십은 어떤 일을 하기 위한 도구적 관계가 아니라는 것이다. 다시 말해, 부부 관계는 도구이고, 부부 관계라는 도구를 사용해서 어떤 사업을 이루는 것이 하나님의 뜻이라고 생각해서는 안 된다는 것이다. 하나님께는 부부 관계 자체가 목적이다. 사람이 어떤 일을 하기 위한 도구가 아니라, 사람 자체가 하나님의 목적이라는 사실과 같다. 부부 관계라는 아름다운 파트너십을 창조해 가는 것이 궁극적 목적이며, 그 과정의 일부로서 어떤 일을 함께 성취해 가는 것이다. 부부 관계가 진정한 인격적 상호 관계가 되려면, 상호적 공평성이 전제되어야 한다. 부부 각자는 하나님 앞에 부르심을 받은 존엄한 인격을 가진 존재이다. 그러므로 각자가 인격적 자유를 충분히 행사할 수 없다면 진정한 파트너십을 창조할 수 없다. 만일 한 쪽이 다른 쪽에게 종속되어서 한 사람의 인격적 자유가 제한된다면, 그 사람은 도구적 존재로 전락하고 한 사람의 진정한 파트너가 될 수 없을 것이다.

갈란드는 부부가 파트너십을 이루어가는 데에서, 전통적 부부 관계가 갖고 있는 보완적(complementary) 요소와 현대의 대등한 부부 관계가 갖고 있는 대칭적(symmetrical) 요소를 결합시킬 것을 제안한다.[13] 대등함이란 인격적 존엄성의 대등함이지, 각자의 역할이 똑같다는 것은 아니다. 전통적 부부 관계에서는 부부의 역할이 이분법적으로 분할되어 있어서, 부부 중 한 사람이 병이라도 걸리게 되면 적응하는 것이 쉽지 않았다. 이처럼 지나치게 역할이 분리되는 것은 바람직하지 않더라도, 부부가 각각의 역할을 분담하는 것은 나쁜 것이 아니다. 부부가 대칭적으로 모든 부분에서 똑같아지려고 하기보다는, 각자의 특성에 따라서 보완적인 역할 분담을 하는 것은 바람직한 일이다.

성행동(性行動, Sexuality)

성경에서 보는 성행동

구약성경에 의하면, 남자와 여자는 성적 존재로서 창조되었고, 성생활은 창조의 일부분이다.[14] (창 1:27, 2:24~25) 남자는 여자와의 관계를 통하여 자신의 정체성을 발견하고, 그럼으로써 자신의 사람됨을 발견하게 된다. 여자는 반대로 남자와의 관계를 통하여 자신을 발견하게 된다. 그러므로 여성됨 또는 남성됨을 발견하지 않고는 누구도 자신의 사람됨을 온전히 발견할 수 없다. 여성됨 및 남성됨은 사람됨의 본질적인 부분이다. 다시 말하면, 사람은 누구나 남성이나 여성으로서 존재할 수밖에 없다. 동성 사람들과의 관계 속에서, 또 이성 사람들과의 관계 속에서 자신의 남성됨과 여성됨을 배우고 발견하고 경험하게 되는 것이다.

남녀 사이의 성적 행동 및 관계는 여성됨과 남성됨을 발견하는 데에서 중요한 부분을 차지할 뿐만 아니라, 인간의 관계성 자체의 의미를 발견하는 데서도 중요한 상징이다. 히브리어의 '안다'(창 4:1)는 말은 성교(性交)를 의미한다. 성서에서 일관되게 나타나는 것 중 하나는 성적 연합이 하나님과 그의 백성 사이의 관계를 상징한다는 것이다.(겔 8:8~16) 성관계는 성서에서 가장 깊은 관계를 맺는 것을 상징한다. "남자는 아버지와 어머니를 떠나, 아내와 결합하여 한 몸을 이루는 것이다. 남자와 그 아내가 둘 다 벌거벗고 있었으나, 부끄러워하지 않았다."(창 2:24~25, 새번역) 성교는 한 몸을 이루는 연합의 가장 분명한 상징이다. 그러므로 성경 본문에 쓰여 있듯, 성적으로 관계를 맺는다는 것은 본래 부끄럽거나 타락된 일이 아니라, 마치 하나님과 사람이 관계를 맺듯이 완전한 연합을 이루는 아름다운 것이다. 성관계 속에서 사람은 완전한 관계를 발견할 수 있다. 그러므로 여성과 남성으로서의 자신을 발견하고, 성적 관계 속에서 성적 존재로서의 자신을 확인하는 것은 하나님께서 창조하신 본질적인 부분이다.

그러나 사람이 하나님의 뜻에 불순종하여 타락했을 때, 하나님과 인간, 남자와 여자 사이의 열린 관계가 막히고, 성은 수치로 변하고 말았다.(창 3:7~21) 죄와 타락 속에서 남자와 여자는 서로에 대한 사랑을 멀리하며 서로에게 책임을 전가하기에 급급하였고, 하나님 앞에서의 부끄러움 없는 관계로부터 도망하여 자신을 숨기기에 급급하였다. 결국 아름다운 성은 임신의 고통을 낳게 되었고, 남녀 사이의 관계도 지배하고 지배당하는 관계로 전락하고 말았다. 창세기 3장 16절에서 남성이 여성을 다스리리라는 기록은 타락 이후의 사건 묘사임을 우리는 기억해야 한다.

남자가 여자를 '다스리는' 가부장적 제도와 성(sexuality)에 대한 이분법적 태도는 밀접한 관련이 있다.[15] 가부장적 사고에서는 남성이 이성적으로나 영적으로 우위에 있다고 믿으며 종속적인 여성에게 정서, 몸, 감각 등의 요소를 투사하려는 경향이 있다. 그 결과 남성은 정신적인 것을 자신과 동일시하고 여성을 감정, 몸 등과 동일시함으로써 정신적 요소와 감정, 몸의 요소를 분리시키고 후자를 전자에 비해 열등한 것으로 보게 되었다. 이러한 이분법적 태도가 그리스 철학의 이분법적 사고와 만남으로써 기독교의 이분법적 전통으로 자리 잡았다. 그래서 아우구스티누스(Augustinus of Hippo, 354~430) 이후 성을 죄악시하는 태도가 중세를 지배하게 되었으며,[16] 성적 절제는 결혼보다 영적으로 더 고상한 것으로 여겨지게 되었다.

하지만 이러한 태도는 정신과 신체의 통일성을 믿는 히브리인의 전인적(holistic) 관점과는 배치되는 것이었다.[17] 히브리인에게 물질과 몸을 포함한 만물은 하나님에 의해 창조된 것이며, 따라서 만물은 하나님의 거룩함을 담지하고 있다. 앞에서 언급한 바처럼, 히브리인에게서 진정한 친교는 몸과 영혼의 차원을 모두 포함한다. 신약성경에는 이러한 히브리인의 전인적 관점과 그리스인의 이분법적 태도가 혼재되어 있다. 복음서에서 보이는 예수의 태도에는 히브리적인 전인적 관점이 그대로 담겨 있다. 예수는 사람이 먹는 것 그리고 몸이 아픈 것 등에 직접적인 관심을 보이셨으며, 육체의 문제에 대한 해결은 구원의 중요한 일부였다. 예수 그리스도는 몸으로 부활하셨으며, 그가 몸으로 다시 오실 것을 초대교회 기독교인들은 기다렸다. 그런데 바울의 서신서에는 몸의 차원을 종종 죄와 연결시키고, 구원을 영적 차원과 결부시키는 태도가 나타난다. 그러나 구약 및 신약 성경의 전체적 관점에 의하면, 한 분 하나님에 의해 만물이 창조되었으며, 따라서 정신적 차원뿐 아니라 물질적 차원도 한 분 하나님의 창조 과정의 일부이다. 즉 정신과 몸(물질)이 모두 하나 되어 하나님의 궁극적 구원 안에 참여한다. 특히 신약성경은 그리스도의 죽음과 부활로 인하여 남자와 여자 사이의 차별과 장벽이 무너지고 전적으로 동등하고 열린 관계를 회복할 수 있는 길이 열렸음을 증언하며(갈 3:23~29), 영과 몸이 하나 되어 구원에 이른다는 것을 그리스도께서 몸의 부활을 통해 명확히 보여주고 있다.

성행동(sexuality)의 목적 – 신학적 이해

창세기 2장 18절에서는 사람이 사람과 친교를 나눔으로써 사람답게 됨을 이렇게 표현한다. "여호와 하나님이 이르시되 사람이 혼자 사는 것이 좋지 아니하니 내가 그를 위하여 돕는 배필을 지으리라 하시니라." 이 말씀은 사람이 사람에게 '돕는 배필'이 되어 서로 친교하는 것이 하나님의 뜻임을 분명히 밝히고 있다.

넬슨(James B. Nelson)은 성행동(sexuality)을 "사랑과 친교의 성례전적 수단"이라고 정의한다.[18] 그에 의하면, 성행동은 '친교의 감각적 방식'(sensuous way of communion)이다. 감각적 친교를 통해 정신적 친교는 신체적 및 생리학적 기초와 통합한다. 그러므로 성행동을 통한 감각적 친교는 타인과 관계를 맺는 데에서 하나님이 세우신 특별한 성례전적 통로가 된다. 이러한 면에서 성행동은 '사랑의 특별한 언어'이다. 그것은 '접촉'(touch) 또는 '감각'(sensuousness)이라는 특별한 특성을 가짐으로써, 사람으로 하여금 사랑의 친교를 정서적으로 깊이 경험하게 한다. 그는 "성행동을 향한 사람의 욕구는 의미의 추구 및 친교의 추구와 밀접한 연관이 있다."라고 말한다. 그에 의하면, 모든 성행동은 ―심지어 왜곡되어 나타나는 성행동도― "의미와 소속감을 향한 사람의 열망의 표현"이다.[19]

결국 성행동의 일차적 목적은 친교하는 것이다. 우리는 일반적으로 성행동의 목적이 자녀를 낳기 위한 것이라고 생각하지만, 창세기에서는 하나님께서 아담과 하와를 함께 창조하신 목적이 자녀를 낳기 위한 것이라고 말하지 않는다. "남자가 혼자 있는 것이 좋지 않으니, 그를 돕는 사람, 곧 그에게 알맞은 짝을 만들어 주겠다."(창 2:18, 새번역)는 것이 하나님의 의도였다. 즉 서로 관계를 맺게 하고자 함이 일차적 목적이었던 것이다. 남녀 관계의 일차적 목적이 관계성이라면, 성행동의 일차적 목적 역시 관계성이다. 자녀 생산은 관계함의 결과적 산물인 것이다. 다시 말하면, 인격적으로 깊이 있는 관계를 맺을 때 거기로부터 후손(後孫)이 창조되는 것이다. 하나님이 사람의 자녀를 단순한 세포분열이나 복제를 통하여 태어나게 하지 않고, 남녀 사이의 사랑의 나눔을 통하여 태어나게 하신 것은 신비한 섭리이다. 성행동은 특별한 종류의 인격적 관계를 창조한다. 이 신비한 사랑의 인격적 및 정서적 관계 속에서 자녀가 잉태되는 것이다.

성행동은 신비한 즐거움을 동반한다. 성행동은 강렬한 즐거움과 애정의 느낌을 수반하도록 생물학적으로 계획되어 있다. 사람은 관계 속에서 기쁨과 안식을 경험한다. 인격적, 신체적, 생리적 만남인 성행위는 인격적, 신체적, 생리적 기쁨을 동반한다. 성행위가 친밀성의 극치라면, 거기에서 즐거움의 극치를 경험하는 것은 자연스러운 일이다. 친밀한 관계가 즐거움을 동반하는 동시에 즐거움이 친밀한 관계를 촉진시키기도 한다. 성적 쾌락은 창조의 신비한 섭리이므로, 성행동에서 즐거움을 느끼며 더 큰 즐거움을 추구하는 것은 죄악이 아니다. 쾌락의 추구가 죄악이 되는 것은 쾌락을 얻기 위하여 상대방의 인격을 짓밟거나 성을 도구화할 때이다. 성적 쾌락은 인격적 관계에 동반되는 것이지, 성적 쾌락이 인격적 관계보다 우선되어서는 안 된다. 성행위는 개인적 행위만이 아니라 나눔의 행위이기 때문에 자기중심적으로 상대방을 쾌락의 수단으로 삼으면 안 된다. 그리고 남자와 여자는 모두 성적 만족과 성적 성취를 기대할 권리가 있다. 각자는 자신의 성적 욕구에 민감하여야 하겠지만, 동시에 상대방의 성적 필요 및 요구에 대해서도 헌신해야 한다.(고전 7:3~5)

성행위의 신비는 그 결과로 생명이 잉태된다는 사실이다. 왜 성행위를 통해야만 생명이 잉태되는 것일까? 성행동은 사랑의 행위이며 만남의 행위이다. 사랑의 만남이 육체를 통해 구현될 때, 생물학적 유전자의 결합이 이루어진다. 성적 결합은 단순한 유희나 충동적 행위가 되어서는 안 된다. 우리 안의 강력한 성적 충동과 욕구는 사랑의 친교를 향한 생래(生來)적 지향성이 육체적 욕망을 통해 표현되는 것이다. 그러므로 우리는 육체적인 성적 욕망 자체가 갖고 있는 거룩한 의미를 생각해야 한다. 성행동이 쾌락을 위한 도구인가? 성행위의 상대가 쾌락을 위한 도구인가? 만일 그렇게 생각하고 행동한다면, 우리는 성행동의 거룩한 의미를 무시하고 파괴하는 것이다. 성행동을 통해 생명이 잉태된다는 사실은 성행동을 통해 이루어지는 사랑의 만남이 단순한 충동이나 쾌락이 아니라, 깊은 사랑의 창조 행위임을 보여준다. 부부가 성행동을 통해 사랑의 만남을 갖는 것은 하나님의 거룩한 창조의 기쁨과 능력을 구현하는 것이다. 성행위를 통해 잉태된 아기가 태어나는 것을 보는 것은 참으로 경외심을 불러일으키게 한다. 우리는 성행위 자체에 대해서도 경외심을 가져야 할 것이다. 그러므로 부부의 성생활을 아름답게 가꾸어가기 위해서는 부부 스스로 의식적인 노력을 많이 기울여야 한다. 자신과 상대방의 신체적 감각에 대해 잘 알고, 성행동과 관련하여 정서적 민감성을 갖는 것이 필요하다. 이에 관해서는 성생활에 관한 안내책자를 반드시 참고해야 한다. 또한 생명의 탄생과 관계가 있으므로 성생활에서의 정결한 위생 관리도 필요하며 임신에 대해서도 신중하게 고려해야 한다.

그런데 많은 기독교인들의 경우, 성에 대하여 매우 경직된 생각과 부정적인 생각을 가지고 있다. 그래서 성생활을 즐겁고 행복하게 누리기보다는 의무감과 고통 속에서 영위한다. 성행동은 억압되거나 무시되어야 할 것이 아니라, 잘 다듬어지고 잘 표현되어야 하는 것이다. 모든 행동이 그렇듯이 성행동 또한 왜곡되거나 폭력적으로 나타날 수 있다. 그렇다고 해서 성행동 자체가 나쁜 것이라고 매도해서는 안 된다. 성행동이 의미를 가지고 있다는 것과 관계 추구의 거룩한 표현이 되도록 올바르게 교육하고 안내해야 할 것이다. 교회는 성생활이 부부 사이의 인격적 관계의 자연스럽고 본질적인 일부이며 친밀감의 촉진제로서 받아들일 수 있도록 잘 교육해야 한다.

---

1 | 울리히 벡 외, 강수영 외 옮김, 「사랑은 지독한 그러나 너무나 정상적인 혼란」(새물결: 2002), 327.
2 | 위의 책, 336.
3 | Diana S. Richmond Garland and David E. Garland, *Beyond Companionship: Christians in Marriage*(Philadelphia: The Westminster Press, 1986), 31.
4 | 위의 책, 28.
5 | 위의 책, 29.
6 | 위의 책, 31.
7 | 위의 책, 33.
8 | 위의 책, 52.
9 | 위의 책, 60~63.
10 | 위의 책, 63~66.
11 | 위의 책, 67.
12 | 위의 책, 66.
13 | 위의 책, 72.
14 | 조이스 & 클리포드 페너, 김의식 역, 「성상담」(서울: 도서출판 두란노, 1995), 49.
15 | James B. Nelson, *Embodiment: An Approach to Sexuality and Christian Theology*(Minneapolis: Augusgurg Publishing House, 1978), 111.
16 | Sylvia Chaves-Garcia and Helminiak Daniela, "Sexuality and Spirituality: Friends, not Foes," *The Journal of Pastoral Care*(June 1985), Vol. XXXIX, No. 2, 154.
17 | James B. Nelson, *Embodiment: An Approach to Sexuality and Christian Theology*, 46.
18 | 위의 책, 105.
19 | 위의 책, 106.

제4장

가족의 일생

가족은 어떻게 태어나고 자라고 열매 맺는가

제4장

가족의 일생
가족은 어떻게 태어나고 자라고 열매 맺는가

사랑하며 자라며

'가족의 일생'이라는 말은 가족이라는 공동체가 마치 하나의 생명체처럼 나름의 일생을 갖고 있다는 말이다. 한 인간이 태어나서 자라고 죽을 때까지를 일생이라고 부르는 것처럼, 가족도 태어나고 자라고 죽는 하나의 일생을 갖고 있는 것일까?

미국의 유명한 정신과의사이며 기독교인인 스코트 펙(M. Scott Peck)은 그의 베스트셀러 「끝나지 않은 길」에서 "사랑은 자신 혹은 다른 사람의 정신적 성장을 돕기 위해 자아를 확장하려는 의지이다."라고 정의하였다. 여기에는 두 가지 중요한 쟁점이 있다.

첫째, 사랑은 성장에 관심을 갖고 있다는 점이다. 하나님은 우리 각자를 그리스도에게까지 자라라고 부르셨다. "오직 사랑 안에서 참된 것을 하여 범사에 그에게까지 자랄지라 그는 머리니 곧 그리스도라."(엡 4:15) 우리 삶의 궁극적 도달점은 그리스도와 닮은 영혼의 성숙이다. 우리가 자기 자신을 혹은 다른 사람을 사랑한다는 것은 나와 상대방이 성숙한 영혼으로 나아가도록 끊임없이 관심을 기울이는 일이다. 나 자신의 욕구나, 그때그때 편안함이나, 즐거움을 추구하는 사랑은 사랑이 아니다. 사랑은 멀리 내다보고 서로의 성숙을 추구하며 노력하는 것이다. "내가 온 것은 사람이 그 아버지와…불화하게 하려 함"(마 10:35)이라는 예수의 말씀에는, 진정으로 사랑하고 진정으로 성장하기 위해서 우리는 가족 관계의 갈등을 감수해야 한다는 뜻이 내포되어 있다.

가족은 자란다. 가족이 자라는 동안 가족 구성원인 개인들도 자란다. 신혼부부는 사랑의 실험을 시작한다. 그 실험 속에서 행복과 아픔이 교차하면서 보다 성숙한 사랑의 관계로 발전해 간다. 자녀를 낳아 기르면서 한 영혼이 세상에 태어나 자라가는 것을 경험한다. 얼마나 신비로운 일인가! 아이가 자라면서 걷고, 말을 하고, 학교에 가면서 어린이, 청소년, 청년이 되어가는 동안 부모도 장년이 되고, 노년이 되어가며 자란다. 가족은 모두 함께 자란다. 자라고 있지 않다면 깊이 생각하고 기도해야 한다. 자라고 있지 않다면 영혼으로서의 소명을 다하고 있지 않은 것이다. 자녀를 학교에 보내고 키워주고 있으니 부모로서의 소명을 다하고 있다고 생각한다면 그것은 잘못이다. 부모 자신이 영혼으로서의 소명을 다하는 것이 무엇보다도 중요하다. 우리 각자는 삶이 다하기까지 끊임없이 자라야 한다. 그것이 영혼의 모습이다. 가족 관계도 끊임없이 변화하고 성숙해 가야 한다.

둘째는 자아를 확장하는 것이 사랑이라는 것이다. 가족이 함께 산다고 해서 개인의 의지를 무시하거나 억압하는 것은 사랑의 본질에서 어긋난다. 사랑은 개인의 영혼에 관심을 갖는 것이다. 개인의 영혼은 관계 속에서 자기를 발견하지만, 관계를 위해서 개인의 영혼이 무시되는 것은 죄이다. 관계는 영혼과 영혼 사이의 만남이며, 함께 살면서 성장하는 것이다. 개인의 영혼이 무시되면 관계는 이미 의미를 상실한 것이다. 그러므로 사랑은 자아를 없애고 관계만 남기는 것이 아니라, 나와 상대방의 영혼이 함께 자라고, 함께 하나님의 영광에 이르도록 자아를 확장하여 관심의 범위를 넓히는 것이다.

부모 떠나기

독립된 '나' 되기 - 나는 애인을 사랑할 준비가 되었나

　가족과 교회만이 하나님이 만드신 공동체라고 한다. 창세기 2장을 보면, 하나님이 아담과 하와를 서로 돕는 배필로서 함께 있도록 지으셨다고 기록되어 있다. 그리고 '둘이 한 몸을 이루도록' 섭리하셨다. 그러므로 가족은 태초부터 하나님이 만드신 공동체라고 할 수 있다.

　그런데 신약성경에서는 예수께서 이 가족을 부인하는 말씀을 하신다. 마태복음 12장 46절 이하에 보면, 예수께서는 그의 모친 마리아와 동생들이 찾아왔을 때, "누가 내 어머니이며 내 동생들이냐 하시고 손을 내밀어 제자들을 가리켜 이르시되 나의 어머니와 나의 동생들을 보라 누구든지 하늘에 계신 내 아버지의 뜻대로 하는 자가 내 형제요 자매요 어머니이니라"(마 12:48~50)고 말씀하신다. 예수께서 혈연으로 맺어진 가족 공동체를 무시하신 것일까? 그렇지는 않다. 요한복음 19장 26~27절에 보면, 예수께서는 십자가에서 죽으면서도 그의 모친 마리아를 염려하며 제자 요한에게 부탁하는 모습을 볼 수 있다. 그러나 우리는 복음서 여러 곳에서 예수가 사람들이 자기 가족에게 얽매이는 것에 대해 매우 강하게 도전하는 것을 볼 수 있다. 하던 일과 가족을 당장 버리고 자신을 좇아오라고 제자들을 부르는 모습이라든지(마 4:18~22), 부친을 장사하고 오겠다는 사람에게 그것조차 포기하라고 요구하는 모습(마 8:21~22) 등을 예로 들 수 있다.

　왜 예수께서는 우리에게 그토록 소중한 가족을 버리라고 하셨을까? 흥미로운 사실이 있다. 가족의 기원을 설명하는 창세기 2장 24절의 말씀을 보면, "남자가 부모를 떠나 그의 아내와 합하여 둘이 한 몸을 이룰지로다"라고 되어 있다. 다시 말해, 배우자와 연합하여 한 가족을 이루기 위해서는 먼저 '떠나야 한다'는 것이다. 즉 자신이 속해 있던 가족을 떠나지 않으면 새 가족을 이룰 수 없다는 것이다.

　가족을 '떠난다'고 하는 것은, 첫째, 가족은 가족 자체만을 위해 존재하는 것이 아님을 확인하는 것이다. 가족은 기초 공동체이다. 즉 가족은 더 큰 사회의 기초 단위로서 사회를 위해 섬기는 자신의 역할을 수행해야 하는 곳이다. 다시 말하면, 사회가 가족을 위해 존재한다고만 생각할 것이 아니라, 가족 또한 사회를 위해 존재한다고도 생각해야 한다. 갓 어른이 되어 이제 부모 곁을 떠날 준비를 하는 사람은 자신을 키워준 가족의 이기적 목적을 이루기 위해 사회에 나가는 것이 아니다. 오히려 가족은 어린 자녀를 교회와 하나님 나라를 위해 봉사할 수 있는 성인으로 양육시켜서 사회로 내보내는 곳이다. 가족에 속한 자녀라는 위치의 영역을 확대시켜 이제 하나님 나라를 위해 일하는 일꾼으로 새 출발을 시키는 곳이다.

둘째, 가족을 떠난다는 것은 자기가 누구인가를 스스로 확인하는 것이다. 하나님 나라의 일꾼으로 자기를 확인하는 것은 말처럼 쉬운 일이 아니다. 사람은 자라면서 부모, 선생, 목사 등 여러 어른들을 통해 언행을 배우고, 어떤 사람이 되어야 하는가를 배운다. 사춘기의 자녀를 둔 부모는 매우 힘들어한다. 자녀가 무슨 생각을 하고 있는지 이해하기도 어렵고, 왜 반항하는지, 왜 이상한 행동을 하는지조차 알지 못하고 끙끙 앓는다. 그러나 힘든 것은 그 자녀도 마찬가지이다. 어릴 때는 부모나 선생님이 시키는 대로 하면 되었지만, 이제는 스스로 자신의 생각과 행동을 만들어가려니 자기도 모르는 사이 방황하게 되는 것이다. 이 때 부모나 선생이 그로 하여금 스스로의 생각과 행동을 실험할 수 있는 시간과 공간을 허용하면서 한편으로 대화로써 지도하게 되면, 그는 방황하면서도 제 갈 길을 찾아갈 것이다. 그러나 부모나 선생이 그것을 허용하지 않고 계속 시키는 대로 하도록 붙잡아둔다면, 그는 자기의 길을 찾지도 못할 뿐더러 자기가 누구인가를 스스로 발견하지도 못하게 될 것이다.

이렇게 될 때 크게 두 가지 문제가 나타나게 된다. 하나는, 자기가 누구인가를 발견하지 못했기 때문에 사춘기의 방황이 끝나지 않는다는 것이다. 사람은 누구나 자기 자신을 발견하지 못하면 내적으로나 대인 관계에서나 안정되지 못하기 때문에 방황을 계속하게 된다. 이러한 상태의 청년들이 택하는 길은 대개 다음과 같다. 남자는 일이나 학업에 매달려 그것의 성취를 통해 자기를 확인하는 것이다. 즉 내적으로 안정되지 못하기 때문에 외적인 일이나 학업을 통해 안정된 자신을 찾고자 하는 것이다. 여자는 애인을 만나거나 결혼을 함으로 안정을 찾고자 한다. 즉 의지할 수 있는 배우자로 인해 안정을 찾는다고 느끼는 것이다. 그러나 이렇게 해서 얻어지는 안정은 불안하다. 일이나 학업은 언제나 성공하는 것이 아니다. 애인 관계나 배우자 관계 또한 언제 어떻게 될지 모르는 것이다. 그래서 이런 상태의 안정은 절망과 좌절의 위험성에 노출되어 있다. 만일 그 안정을 깨뜨리는 일이 발생하면, 그 사람은 큰 혼돈 속에 휘말려 어찌할 바를 모르게 된다.

그런데 이보다 더 큰 문제가 있다. 그것은 이런 거짓된 안정에 매달려 있으면 진정한 자기 발견을 계속 미루게 되고, 그 결과 다른 한 문제, 즉 두 번째의 문제에 봉착하게 된다. 그것은 진정한 자기 발견이 없으면 진정한 인간관계 또한 갖기 어렵다는 것이다. 위에서 언급한 것처럼, 자녀가 부모와의 관계 속에 얽매여 있으면, 하나의 독립된 어른으로 행동하지 못하고 여전히 부모에게 의존하는 상태에 머물러 있게 된다. 이럴 때 어떤 젊은이는 부모와의 관계를 급작스럽게 끊어 버림으로써 자신이 부모로부터 독립되었다는 것을 확인하려고 한다. 그러나 부모와 함께 있지 않거나 부모와 만나지 않는다고 해서 부모로부터 독립하는 것은 아니다. 이럴 경우, 그 사람은 자신의 배우자와의 관계에서 매우 의존적인 관계를 맺고 있는 것을 흔히 보게 된다. 문제는 내적으로, 즉 심리적으로 내가 부모로부터 독립하였는가 하는 것이다. 내가 부모로부터 독립되어 있지 못하면, 우리는 자신의 배우자와의 관계에서도 서로의 독립성을 존중하고, 서로의 성숙을 도우며, 서로의 잠재능력을 개발하도록 돕는 데 어려움을 겪게 된다. 내가 '부모로부터 떠나지' 않으면, 진정한 '한 몸'이 될 수 없는 것이다.

가족을 떠난다고 하는 것은 셋째로 애인을 만나는 것이다. 애인을 만난다는 것은 단순히 연애를 한다는 의미가 아니다. 사랑하는 사람을 만난다는 것이다. 더 정확히 표현하면, 사람을 만나서 사랑하게 된다는 것이다. 우리 부모 세대의 많은 분들은 결혼식을 하기 전에 서로 배우자의 얼굴도 보지 못하고 가정을 꾸렸다. 그러나 그런 경우에라도 사랑의 관계를 얼마든지 가질 수 있다. 왜냐하면 사랑은 연애라는 선행조건에서 오는 것이 아니라, 두 사람 사이에 서로 존중하고 아끼는 과정에서 자라나는 것이기 때문이다. 그러나 새로 만난 배우자를 진정 사랑하기 위해서는 부모를 먼저 떠나야 한다. 심리적으로 부모의 울타리 안에 머물러 있는 한, 배우자를 진정으로 이해하고 존중할 수 없다. 왜냐하면 내가 독립된 어른이 아니므로 상대방도 나를 독립된 어른으로 대접하지 않기 때문이다. 이럴 때에 상대방은 나의 욕구를 채워주는 도구일 뿐이다. 애인이 아니라 종속물이 되고 만다. 상대방을 사랑하고 존중하는 것 같지만 실제로는 나 자신의 욕구를 채워주는 범위 안에서만 그렇다. 그 범위를 벗어나는 순간 그 사랑은 분노와 질투로 바뀐다. 상대방을 있는 그대로 사랑하지 못하고, 안경을 쓰고 사랑하기 때문이다.

대부분의 사람들은 애인을 만날 준비가 되어 있지 않은 채 배우자를 만난다. 진정으로 독립하지 못한 채 어른이 되기 때문이다. 그래서 결혼 후 서로를 진정으로 이해하고 존중하는 데에 어려움을 느낀다. 자신을 존중하는 법을 제대로 배우지 못했기 때문에 상대방도 존중할 줄 모른다. 상대방을 이해하고 존중한다고 하면서도 기껏해야 자신의 생각과 욕구의 범위 안에 머물러 있을 뿐이다.

우리 스스로는 하나님 앞에 내가 진정 누구인가, 내가 진정 바라는 것은 무엇인가, 내가 진정 믿는 것은 무엇인가, 내가 진정 느끼는 것은 무엇인가 등을 깊이 생각해 보는 것이 필요하다. 또 예수께서 나의 있는 모습 그대로를 이해하시고 존중하시고 그 모습 그대로를 위해서 십자가에 달리셨다는 것을 기억하여야 한다. 그리고 우리 자신을 있는 그대로 존중하고 받아들여야 한다. 그럴 때에 비로소 상대방에게도 그렇게 할 수 있는 것이 아닐까?

애인 만나기 - 나는 애인을 진정 사랑하고 있는가

애인을 만난다는 일은 이 세상에서 가장 고귀하다. 또 애인을 만나는 것은 이 세상에 태어나 성장해 온 모든 것이 꽃을 피우는 결정적인 사건이다. 그래서 구약성서의 아가서에서는 연애의 감정을 한껏 표현하고 있는 것이다. 연인을 만나 나의 모든 것을 바쳐 사랑한다는 것은 우리에게 흥분과 기쁨을 자아내게 한다. 우리는 본질적으로 서로 사랑하도록 만들어졌다. 사랑하는 데서 우리의 인격과 삶이 성취되기 때문이다.

애인을 만나 사랑하는 것은 낭만적인 일만은 아니다. 거기에는 수많은 실패가 있고, 불안과 두려움이 따른다. 우리 주변에는 수많은 실패 사례가 있다. 여러 해의 만남 끝에 서로에게 씻을 수 없는 상처를 남기고 헤어지는 연인들, 신혼여행에서 돌아오는 길에 이미 이혼을 결정한 사람들, 배우자의 구타로 고통당하는 사람들, 이러한 것은 아주 작은 예에 불과하다. 더욱이 많은 사람들이 애인을 만나지 못한 채 기다림 속에 있다. 그들은 왜 아름다운 애인을 만나지 못하는가를 자문하며 슬퍼하고 있다. 애인을 만나는 일은 힘든 것일까? 겉보기에 낭만적이고 행복했던 연인들이 서로에게 깊은 상처를 남기고 등을 돌리는 것은 왜일까?

프로이트라는 심리학자는 "사람에게 가장 핵심적인 욕구는 성적인 욕구"라고 말했다. 성적인 욕구가 과연 가장 핵심적인 욕구인지 확실하지는 않지만, 그것은 우리가 억지로 불러일으킬 필요가 없을 만큼 우리에게 자연스러운 것임에는 확실하다. 아니 자연스럽다는 표현으로는 너무 부족할 정도로 매우 강렬한 것이다. 그러니까 애인을 만나는 것은 아주 쉬운 일일 수밖에 없다는 결론이 나온다. 서로를 향한 남녀의 욕구가 그토록 강렬하다면, 서로 사랑하는 것은 쉬울 수밖에 없다. 그래서 우리나라에 내려오는 말 가운데 '남녀칠세부동석'이라는 말이 생겨난 것이다. 일곱 살만 되면 서로 자연스럽게 끌리니 서로 떼어놓아야 하는 것이다.

이렇게 자연스럽게 끌리는 남녀의 만남이 오랫동안 행복하게 지속되지 못하는 이유는 무엇일까? 또 서로에게 강렬하게 끌리는 남녀가 왜 현실적으로는 그리 쉽게 만나 애인이 되지 못하는 것일까? 애인을 만난다는 것은 대체 무엇일까?

성경은 하나님과 사람의 만남을 남녀 사이의 사랑 또는 결혼에 자주 비유하고 있다. 호세아서가 대표적인 예이며, 예레미야서 2~3장에서는 이스라엘 사람들의 우상숭배를 간음하는 행위로 적나라하게 묘사하고 있다. 또 전통적으로 교회에서는 아가서의 남녀가 나누는 사랑의 시들을 하나님과 신자(信者) 관계와 관련시켜 해석하곤 한다. 남자와 여자가 만나 사랑을 하면 그 만남은 모든 것을 주고받는 관계로 나아간다. 육체가 합쳐지고, 마음이 합쳐지고, 생활이 합쳐지는 것이다. 그래서 둘은 삶의 모든 것을 공유하고 나눈다. 칼 바르트(K. Barth)에 의하면, 그 나눔과 만남의 관계가 '하나님의 형상'을 가진 인간의 모습이다.

그렇다고 둘이 합치는 것이 사랑 또는 결혼의 모든 것은 아니다. 합치지만 나뉘는 것이다. 둘이 완전히 합쳐 버리면 나눔도 없고 만남도 없다. 사랑의 낭만적인 기쁨은 합치는 데만 있는 것이 아니다. 내가 나로서 있음에도 불구하고 상대방과 만날 수 있다는 데 기쁨이 있고 흥분이 있는 것이다. 이것은 신비이다. 하나님이 인간을 지으시고 부르셔서 만나실 때, 하나님도 이런 기쁨과 흥분을 원하셨을 것이다. 사람을 자동기계처럼 하나님의 뜻을 따르는 존재로 만드셨다면 하나님은 사람을 만나는 일에 재미가 없으셨을 것 같다. 사람은 개별적인 인격을 가지고 자기 마음대로 행동하는 자유를 가졌다. 그러므로 하나님이 사람을 만나심에 있어, 그 사람이 어떻게 행동할지를 모르시기에 오히려 참된 인격적 만남의 깊이와 기쁨을 느끼시지 않을까?

결혼생활을 하면서, 또는 이성과 사귀면서 상대방이 나의 뜻에 맞추어 주기만을 기대하는 것은 만남의 기쁨을 스스로 포기하는 것이다. 상대방의 뜻이 나의 뜻과 다르기 때문에, 만남은 무한한 가능성과 풍요를 갖고 있는 것이다. 그러므로 우리는 관계에 있어 정해놓은 기대와 규율에 얽매여서는 안 된다. 나의 인격과 상대방의 인격이 서로 만나 어떤 불꽃을 일으킬지는 아무도 모른다. 그러므로 우리에게는 그것을 모르는 채 만남 속으로 나아가는 용기가 필요한 것이다.

애인을 만나는 일에는 오랜 준비가 필요하다. 애인을 만나기 위해 부모를 떠나는 것은 나를 발견하기 위한 것이다. 나를 발견하지 않으면 너를 만날 수 없기 때문이다. 우리는 청년이 되기까지 부모의 돌봄과 많은 사랑을 받아왔고, 어른들로부터 많은 것을 배웠으며, 또 친구들과의 사귐을 통해 마음이 자라왔다. 하나의 어엿한 청년이 되었다고 하는 것은 애인을 만날 준비가 되었다는 뜻이다. 여기에서 '애인'이라고 표현한 것은 우리가 사랑하는 모든 사람들을 대표하는 호칭이다. '愛人'이란 말 그대로 '사랑하는 사람'이란 뜻이다. 내가 사랑하는 모든 사람들이 곧 '애인'인 것이다. 내가 누구도 사랑하지 않는다면 나에게는 애인이 없는 것이다. 내가 어떤 이성과 데이트를 하고 연애를 한다고 해도 그 사람을 진정으로 사랑하지 않는다면 나에게는 애인이 없는 것이다. 내가 연애하고 있지 않고 결혼을 안 했다 할지라도, 주변 사람들을 진정으로 사랑하고 있다면 나는 애인을 갖고 있는 것이다.

진정으로 사랑한다는 것은 내가 나를 알고 또 내가 상대방을 알 때 가능하다. 여기에서 '안다'는 것은 첫째로 존중하고, 둘째로 이해한다는 것을 의미한다. 내가 나를 존중한다는 것은 내가 하나의 독립된 인격체로서 하나님의 존중을 받고 사람들의 존중을 받을 만한 존재를 가리킨다. 그러므로 나의 감정과 생각 그리고 행동은 있는 그대로 귀중한 가치를 지닌다고 믿는 것이다. 내가 나를 이해한다는 것은 나의 내면세계, 행동, 대인 관계, 일 등의 의미와 가치와 목적을 이해하는 것이다. 이렇게 내가 나를 이해하고 존중할 때, 나는 애인을 만날 준비가 되어 있다는 뜻이다. 다시 말하면, 상대방을 이해하고 존중할 수 있다는 것이다.

왜 많은 사람들이 사랑에 실패하는가? 답은 간단하다. 나를 알지 못하고 상대방을 알지 못하기 때문이다. 다시 말하면, 자신의 삶의 의미를 존중하고 그것을 이해할 줄 모르는 동시에, 상대방의 삶에 대해서도 존중하고 이해할 줄 모르기 때문이다.

우리의 성적인 욕구는 육체적인 욕구에 그치는 것이 아니라 정서적이고 영적인 욕구이다. 우리에게는 육체적인 결합의 욕구만이 아니라, 정서적인 관계의 욕구도 있고, 영적인 만남의 욕구도 있다. 영적인 만남은 나의 전 존재를 깊이 존중하는 동시에 나의 전 존재를 애인에게 주는 데서 이루어진다. 이것이 애인과 함께하는 만남의 신비이다. 여기에서 애인은 물론 연인이나 배우자만을 가리키는 것은 아니다. 사랑하는 가족, 친구, 동료 등 모두를 포함한다. 주변의 모든 사람들, 형제, 친구, 동료를 진정으로 사랑할 수 없는 사람은 연인이나 배우자 역시 진정으로 사랑할 수 없다. 연인이나 배우자는 내가 사랑하는 사람들 중의 하나인 것이다.

나는 내 사랑하는 자에게 속하였도다
그가 나를 사모하는구나
내 사랑하는 자야 우리가 함께 들로 가서 동네에서 유숙하자
우리가 일찍이 일어나서 포도원으로 가서 포도
움이 돋았는지, 꽃술이 퍼졌는지, 석류 꽃이 피었는지 보자
거기에서 내가 내 사랑을 네게 주리라
합환채가 향기를 뿜어내고 우리의 문 앞에는
여러 가지 귀한 열매가 새 것, 묵은 것으로 마련되었구나

내가 내 사랑하는 자 너를 위하여 쌓아 둔 것이로다(아 7:10~13)

나는 사랑하는 자에게 속하기 위하여 존재한다. 내 앞의 아름다운 것들은 사랑하는 자에게 주기 위하여 있는 것이다. 우리 삶의 풍요로운 모든 것들은 애인과 함께 나누고 유숙하기 위해 주어져 있다. 그래서 사랑은 삶의 절정인 것이다.

신혼 만들기

건설적으로 싸우기 - 함께 살 수 있는가

남자와 여자가 만나 신비스럽고 아름다운 신혼 만들기를 할 때, 제일 먼저 부딪치는 문제 중 하나가 서로의 차이를 어떻게 긍정적으로 극복해 나가는가 하는 것이다. 왜 남자와 여자와의 만남이 그토록 흥분되고 매력적인 것일까? 그것은 서로 다르기 때문이다. 서로 차이가 있기 때문에 무한한 매력과 흥분이 있는 것이다. 그러므로 차이는 문제가 아니라 축복이다. 상대방이 나와 다르다고 해서 방어하고 두려워할 것이 아니라, 긍정으로 받아들이고 존중해야 하는 것이다. 나의 독특성도 존귀하고 상대방의 독특성도 존귀하다. 이렇게 서로 다른 독특성이 만나 충돌할 때 신비로운 창조가 나타난다. 그러므로 차이는 드러나고 서로 존중하고 사랑하는 가운데 충돌하여야 한다. 바로 거기에서 예측하지 못했던 창조가 일어난다.

싸움에는 파괴적으로 싸우는 방법이 있고, 건설적으로 싸우는 방법이 있다. 우리의 선택은 싸울 것이냐, 싸우지 않을 것이냐가 아니다. 결국은 싸우게 마련인데, 문제는 어떻게 싸우느냐이다. 어떤 부부는 싸움이 없는 척한다. 그들은 갈등으로 인한 불편함이나 두려움을 갖지 않기로 무의식적으로 합의하고 갈등을 회피한다. 표면상 보기 좋은 것 같지만, 사실상 이러한 합의는 문제를 안고 있다. 첫째, 실제로는 싸움이 있는데 없는 척하는 것은 자기가 원하는 것, 느끼는 것, 생각하는 것을 억누르고 무시해야 하기 때문에 결국 행복을 잃어버리게 된다. 둘째, 상대방이 원하는 것, 느끼는 것, 생각하는 것을 알 도리가 없기 때문에 상대방의 행복도 채워줄 수 없게 된다. 이러한 싸움의 방법을 자기의 지나친 포기라고 한다면, 또 하나의 파괴적인 싸움은 자기의 지나친 주장이다. 이런 부부는 자기 의견을 내세우느라고 상대방의 의견을 고려하지도 않는다. 서로 자기를 내세우다 보면 서로에게 상처를 입힐 뿐 자기의 욕구도, 상대방의 욕구도 채워주지 못한다. 결국 이 경우에도 자기의 행복과 상대방의 행복을 모두 잃어버린다.

그렇다면 왜 많은 사람들이 자기를 지나치게 포기하거나 지나치게 내세우게 되는 것일까? 그것은 자신의 존재에 대해 불안해하기 때문이다. 스스로에 대해 불안해하면 다른 사람들이 나를 어떻게 여길까에 대해 신경을 곤두세우게 된다. 어떤 사람은 사람들이 자신에게서 떠나 버릴까봐 자기를 내세우지 못한다. 또 어떤 사람은 다른 사람이 자신을 무시할까봐 자기를 포기하지 못한다.

건설적으로 싸우라는 다음의 제안을 보자.[1]

(1) 스스로에게 싸우도록 허락하라. 두 사람이 진정으로 가까워지기 위해서는 의견 차이와 갈등이 자연스러운 것이라는 사실을 받아들이라.
(2) 왜 싸우는지를 알라. 정말 화나게 하는 문제가 싸움의 내용이 되도록 하라.
(3) 싸울 때 목표를 정하라. 이기기 위해서가 아니라, 감정을 나누기 위해, 서로를 더 잘 이해하기 위해, 해결책을 찾기 위해 싸우는 것임을 명심하라.
(4) 공평한 규칙을 따라 싸우라. 현재의 문제와 상관없는 옛날 문제를 끄집어내지 마라. 상처 주거나 빈정대지 마라. 절대로 때리지 마라. 현재의 문제를 떠나지 말고, 관계를 향상시키는 방향으로 나아가라.
(5) 자신의 주장에 대해 책임지라. 자신의 느낌과 생각에 대해 분명히 자각하고 상대방에게 전달하는 데 책임을 지라. 자신의 권리만큼 상대방의 권리에 대해서도 존중하라.
(6) 상호 존중하라. 상대를 비난, 질책, 비하, 모욕하지 마라. 누가 옳은지 따지려고 하지 마라. 주의 깊게 들으라. 이해하려고 하고 상대방의 관점을 존중하라.
(7) 진정한 문제를 끄집어내라. 우리는 종종 표면적인 싸움에 그친다. 무시당

한 느낌, 분노, 복수심 등이 진정한 문제일지 모른다. 무엇이 진정한 갈등인지 찾으라.
(8) 합의의 영역들을 찾으라. 두 사람이 화가 나 있으면 서로 동의할 수 있는 것이라곤 하나도 없다. 그러나 실제로 동의할 수 있는 부분은 더 많은 법이다. 동의할 수 있는 영역들을 찾아 거기에서 출발한다면 더 많은 합의점을 더 많이 발견하게 될 것이다.
(9) 해결책을 발견하는 데 함께 참여하라. 상황을 발전시키는 데 양쪽 당사자가 모두 의견을 제시하면 합의점에 도달할 가능성이 더 높다.

신혼부부는 자기를 돌아보기 전에 상대방을 먼저 보는 경우가 많다. 그럴 때 상대방과의 차이가 너무 크게 보이거나, 너무 작게 보이거나 하면 싸움은 파괴적인 과정을 밟기 쉽다. 상대방과의 차이를 아름답게 보고 그 차이를 통해 보다 매력적이고 흥분된 신혼의 삶을 만들어가야 하는 과제가 모든 신혼부부들에게 있음을 잊지 말아야 할 것이다.

성생활의 축복 - 함께 즐거워할 수 있는가

신혼부부가 서로 다른 독특함 속에서 인격적으로 만나는 것이 축복이라면, 서로 다른 몸이 만나는 성관계는 그 축복의 본질적인 부분이다. 신혼부부에게 가장 극적인 사건은 성관계를 갖는 것이다. 첫날밤의 이야기는 모든 사람들에게 설렘과 흥분을 자아내게 한다. 성관계의 목적은 자녀 생산에만 있는 것은 아니다. 바다가 물을 고이게 하기 위해 있고, 땅은 동식물이 자라기 위한 것뿐이라면 '하나님의 보시기에 좋다'는 탄성은 불필요할 것이다. '좋다'는 탄성은 정서적이요, 감정적인 것이다. 그것은 즐거움과 관련되어 있다. 경험하는 것이 아름답고 좋게 느껴지는 것이다. 남자와 여자가 옷을 벗고 만나는 것은 '좋은 것'이다. 즐거운 일이다. 즐거움 자체가 성의 중요한 존재 이유인 것이다.

일을 즐거움 없이 하는 것처럼 자칫 성관계도 즐거움 없이 하는 데 익숙해지기 쉽다. 즐기려면 우리는 결과보다도 과정 하나하나에 관심을 가져야 한다. 놀이(play)가 참된 놀이가 되려면 다음과 같은 다섯 가지 조건이 충족되어야 한다고 한다. (1) 즐거울 것, (2) 놀이 자체 외의 다른 목적이 없을 것, (3) 즉흥적이고 자발적일 것, (4) 적극적으로 참여할 것, (5) 일이 아닐 것. 물론 일에 놀이적 요소가 없을 수 없고, 놀이적 요소가 많을수록 일이 창조적이 되고 즐거움이 될 수 있다. 그러므로 일과 놀이가 하나가 되는 것이 어떻게 보면 우리 인생에서 이상일 수도 있다.

성관계는 일보다는 놀이에 가까워야 한다. 놀이의 다섯 가지 조건에 따라 살펴보자. 성관계는 본질적으로 즐겁게 되어 있다. 성적 오르가즘을 느낄 때 뇌의 신경 반응은 강한 기쁨 및 애정의 정서와 관계되어 있다고 한다. 다시 말하면, 성적으로 흥분될 때 우리는 자연히 기쁘고 사랑하게 되어 있다는 것이다. 그러므로 성적인 흥분 상태를 자연스럽게 따라간다면 기쁨과 사랑의 감정을 느끼게 되어 있다. 그런데 종종 기독교 윤리는 지나치게 엄격하다. 또 몸의 느낌과 기쁨에 대해 부정적인 태도를 갖는 경우도 많다. 우리가 성적인 흥분만을 지나치게 추구하여 배우자에 대한 애정을 무시하는 것은 물론 옳지 않지만, 성적인 기쁨을 자연스럽게 누리는 것은 부부 사이에 애정을 키우고 유지시키는 중요한 요소이다.

성관계는 놀이가 되어야 한다. 부부가 그것 자체를 위하여 시간을 만들어야 하고 그것 자체를 위해서 만나야 한다. 자녀 생산은 이러한 사랑의 만남에서 오는 자연스런 결과일 뿐이다. 사랑의 즐거움은 그것 자체를 위해 존재하는 것이다. 사랑한다는 것은 즉흥적이고 자발적인 순간순간의 과정이다. 사랑은 일이 아니다. 성관계를 할 때 우리는 순간순간 깨어 있어야 한다. 순간순간 참여하고 즐겨야 한다. '보아야' 아름다움을 발견할 수 있다.

우리가 성관계를 즐기지 못하는 대표적인 이유는 부부 관계의 문제이다. 부부 관계에 문제가 있을 때 성관계가 원만하지 못한 것은 당연하다. 그런데 우리는 부부 관계의 문제를 인식하지 못하고 종종 성관계만을 문제 삼을 때가 있다. 예를 들면, 남편이 정서적으로 침체되어 있을 때 성관계에 적극적이지 않을 수가 있다. 그럴 때 성적인 기능 저하 자체만을 문제 삼는다면 장기적인 해결책이 되지 못한다. 또 아내의 경우에도 정서적으로 억눌려 있을 때 성관계에 냉담할 수가 있다. 이러한 것은 본질적으로 정서적인 문제이지 생리학적인 문제라고 볼 수 없다. 이럴 때에 우리는 정서 상태에 관심을 기울여야 한다. 스스로를 돌보고, 또 적절한 상담도 하고, 무엇보다도 배우자와의 관계를 개선할 수 있는 길을 모색하여야 한다.

물론 생리학적인 이유로 성관계에 장애가 있을 수 있다. 중요한 것은 성관계가 즐겁지 않을 때에 이를 문제 삼느냐, 문제 삼지 않느냐에 있다. 그저 그런 거지라고 생각할 필요가 없다. 성관계가 즐겁도록 창조되었다면 하나님의 창조의 뜻을 실현시키도록 노력하는 것이 성도가 당연히 해야 할 도리이다. 의사나 전문가에게 상담하는 것이 제일 효과적인 첩경이다. 성문제를 가지고 상담하는 것이 쑥스럽게 느껴질지 모르나, 성문제는 그것 자체의 문제가 아니다. 부부 관계의 문제이다. 부부 관계의 문제는 곧 자녀 교육의 문제이다. 그러므로 성관계를 개선하는 일에 적극적인 관심을 가져야 한다. 최근에는 성관계를 조화롭게 가지기 위한 지침서가 많이 출판되어 있다. 신혼부부라면 적어도 한 권 이상 이러한 지침서를 함께 읽을 필요가 있고, 기혼 부부라 하더라도 함께 읽는다면 부부 관계에 있어 크게 도움이 될 것이다. 특히 남자는 여자의 성적인 반응을 모르고, 여자는 남자의 성적인 반응을 모르므로 성관계에 어려움을 겪는 경우가 많이 있다. 이러한 상호 이해를 돕는 것은 쉬우면서도 즉각적이고 커다란 효과를 얻을 수 있다. 배우자의 생일에 이러한 서적을 하나 선물해 본다면 어떨까?

부부 관계 전문가가 권하는 다음의 지침은 큰 도움이 될 것이다.[2]

(1) 성관계에 관심을 기울이라.
(2) 성관계를 위한 시간을 만들어라.
(3) 배우자와 성관계에 관해 대화하라.(이것은 매우 중요하다. 성관계를 할 때 무엇이 불편한지, 무엇이 필요한지, 무엇이 바람직한지 등에 관해 서로 이야기하는 것은 큰 변화를 가져온다.)
(4) 데이트할 기회를 계속 만들라.
(5) 서로에게 사랑의 말을 자꾸 하라.
(6) 자신의 성적인 반응에 대해 귀를 기울이고 책임을 지라.(책임을 진다는 것은 자신의 반응에 대해 존중하고 그 요구를 따르라는 것이다.)
(7) 성적인 무감각을 인식하고 그에 관해 대화하라.

⑻ 배우자에게 매력적이 되려고 노력하고 성에 대해 적극적인 태도를 보이라.

다음 세대 준비하기 – 진정 돌볼 수 있는가

신혼기의 가장 큰 관심사는 아기를 갖는 일이다. 자녀를 키우는 것은 정말 힘든 일인 데도 사람들은 그것을 큰 기쁨으로 여긴다. 왜일까? 그 이유는 '사랑'에 큰 기쁨이 따르기 때문이다. 예수 그리스도께서 주신 두 계명에서 알 수 있는 것처럼, 사람됨의 길은 사랑하는 것이다. 사랑은 "목숨을 다하여 주는 것"이요 "내 몸과 같이 존중하는 것"이다.(마 22:37~39) 심리학자 에릭슨(E. Erikson)은 어른(장년기)의 과제를 '돌보는 것'이라고 말하였다. 그에 의하면, 어른이 어른다운 것은 다음 세대를 돌보고 키우는 데 있다. 부모가 되는 것은 참으로 굉장한 일이다. 부모가 되기 전까지는 돌봄을 받아오기만 했다. 그러나 자녀를 낳음으로써 한 세대 위로 옮겨가고, 돌보아야 할 아래 세대를 가지게 된다. 이렇게 돌봄을 주고받으며 세대와 세대가 이어져 가는 것은 커다란 신비이다. 자녀를 가지는 것은 돌보는 위치에 선다는 것을 의미한다. 우리가 하나님으로부터 돌봄을 받는 것처럼 자녀는 부모로부터 돌봄을 받는다. 돌보는 위치에 서는 것은 하나님의 위치에 가까이 서는 것이다. 다시 말하면, 돌보는 행위를 통해서 사람은 신적(神的)인 존재가 된다. 에릭슨은 "돌보지 못하는 어른은 자기에게 빠져버린(self-absorbed) 사람이며, 그런 사람은 고인 물이 썩는 것과 같이 정체되어(stagnated) 있는 사람이다."라고 말하였다.

그런데 우리 부모들은 과연 하나님의 마음을 가지고 자녀를 돌보고 있는가? 우리는 자녀를 키우면서도 여전히 자기에게 빠져 있다. 엄마들이 자녀의 성적표에 그렇게 매달리는 이유는 무엇일까? 아빠들이 자녀의 반항을 수용하지 못하는 이유는 무엇일까? 정말 자녀를 위해서인가? 우리는 자신의 감정, 자신의 소원, 자신의 자존심을 위해 자녀를 어디론가 내몰고 있다.

돌본다고 하는 것은 전적으로 자기를 비울 때에야 이루어질 수 있다. 나의 관심이나 나의 소망대로 상대방을 행동하게 하는 것은 돌보는 것이 될 수 없다. 부모가 자녀를 돌보는 것은 전적으로 하나님 나라를 위해서 해야만 한다. 그것은 마치 예수께서 제자들과 우리를 위해 십자가에 달리신 것과 마찬가지이다.

예수께서는 전적으로 자기를 비우고 우리가 완전한 구원에 이르게 하기 위해, 다시 말하면, 하나님의 사람으로서 완전한 영광에 이르게 하기 위해 자신의 모든 것을 쏟아내셨다. 이처럼 부모가 되는 것은 자기를 초월하고 영적으로 성숙해야만 하는 것이다. 부모가 가지는 관심의 중심은 자녀여야 한다. 자녀를 있는 그대로 하나님의 눈으로 바라보고 하나님의 뜻하심을 따라 키우는 것이 부모의 사명이다.

결국 우리가 자녀에게 기대할 것이라곤 없다. 예수께서 우리를 위해 그러셨던 것처럼, 모든 것을 아낌없이 주고 아무것도 받지 말아야 한다. 그렇다면 우리의 기쁨과 보람은 어디에 있는 것일까? 같이 있는 동안 삶을 나누는 기쁨이 전부이다. 그러므로 자녀와의 관계보다 더 중요한 것이 배우자와의 관계이다. 부모가 된 것보다 앞선 것이 부부가 된 것이기 때문이다. 부부가 서로 삶을 나누는 기쁨을 갖지 못한다면 자녀와의 관계에서도 마찬가지가 되어 버리고 만다. 많은 가정에서 자녀들을 키우느라 부부 관계가 소원해진다. 더 심하게 말하자면, 부부 관계가 소원하기 때문에 자녀에게 쓸데없는 관심을 집중한다. 이런 경우 자녀들은 부모의 결핍된 욕구를 채우는 대상으로 전락한다. 이것은 부모가 자녀를 진정으로 돌보는 것이 아니다. 자기 자신을 위해 자녀를 옆에 두고 있을 뿐이다. 그러므로 부모가 되기 전에 부부가 되어야 하고, 부부가 되기 전에 성숙한 개인이 되어야 하는 것이다.

중년기 가족

어린 자녀 키우기 - 자녀의 마음을 알고 있는가

초등학교 1학년 아이가 친구들과 수영장에 가기로 했다. 튜브, 물안경, 간식 등을 챙기다 보니 어린이들이 흔히 메고 다니는 가방이 턱없이 작았다. 그래서 어른용 가방에다 넣어주었더니 아이가 아빠도 같이 가야 한다고 주장하고 있다. 아빠는 옆집의 어른들이 같이 가니 혼자 가도 안전하다며 아무리 일러도 아이는 막무가내였다. 혹시 엄마 아빠가 따라가지 않는 것이 불안해서 그러는 줄 알고, 어떻게 해야 할지 몰라 당혹해하며 그 이유를 물어보니 "어른 가방을 어린이가 들고 가면 창피해요. 어른이 들고 가야 해요." 하는 것이었다. 그래서 꼭 필요한 것만 어린이 가방에 넣어주니까 아이는 즐거운 표정으로 혼자 집을 나서는 것이었다.

어른들은 얼마나 아이들을 이해하고 있는가? 또는 아이들을 이해하려고 얼마나 노력하고 있는가? 어른들은 아이들의 생각을 잘 묻지 않는다. 자기들이 보아온 대로, 생각하는 대로 판단해 버리고 그대로 아이들에게 강요한다. 그러나 아이들이 무언가 주장하고 요구할 때에는 나름의 이유가 있게 마련이다. 물론 그 이유는 부모가 생각할 때 잘못된 경우가 많을 것이다. 그럴 때에는 고쳐주어야 한다. 우리는 아이들의 입장을 충분히 생각하지도, 정확하게 파악하지도 않고 아이들을 꾸짖거나 강요하는 경우가 얼마나 많이 있었을까? 만일 위의 경우에 우리가 그 아이에게 이유를 묻지 않고 혼자서 어른 가방을 들고 가도록 강요했다면 아이는 어떤 감정을 가진 채 갔을까?

자녀들에게 가장 필요한 것은 존중과 이해이다. 엄격한 훈련과 가르침에 앞서야 하는 것이 바로 이것들이다. 제자들이 예수께 어린이가 오는 것을 막은 데 대해 예수께서는 화를 내셨다.(막 10:13) 그리고 말씀하시기를 "어린 아이들이 내게 오는 것을 용납하고 금하지 말라 하나님의 나라가 이런 자의 것이니라"(막 10:14)라고 하셨다. 어린이에게는 하나님의 나라가 있기 때문에 우리는 어린이의 세계를 존중하며 이해하려고 애써야 한다. 복음서를 보면, 예수께서 어린이들에게 손을 얹어 축복해 주셨다.(막 10:15) 또 어린이를 받아들이면 예수 자신을 받아들이는 것과 같다고 말씀하셨다.(막 9:37) 그리고 어린이를 잘못 가르치는 죄의 크기를 강조하셨다.(막 9:42) 이렇게 하심으로 어린이의 세계를 있는 그대로 존중하고, 있는 그대로 받아들이고 또 격려하는 것이 매우 중요하다는 것을 보여주셨다.

어린이를 존중한다는 것은 생명과 인격을 소중하게 여기는 것이다. 그리고 존중의 출발점은 어린이를 깊이 사랑하고 지속적인 관심을 보이는 것이다. 사랑과 관심을 받고 있지 않다고 느끼는 어린이는 안정된 인격을 갖추지 못한다. 어린이에게 진실하고 지속적인 사랑과 관심을 베푸는 것은 호흡을 위해 공기를 공급해 주는 것과 같다. 부모가 자녀를 존중하는 태도는 어린이가 가지는 느낌, 생각, 의견, 태도 등을 부모의 감정이나 생각에 앞서서 존중하는 데서 나타난다. 부모가 원하지 않는다 하여도 일단 자녀가 갖고 있는 의견이나 감정은 있는 그대로 존중되어야 한다. 그리고 그것을 있는 그대로 표현하도록 격려하여야 한다. 자녀에게 허용되어야 할 것은 부모가 원하지 않거나 싫어한다는 것을 알면서도 자신의 감정과 생각을 표현할 수 있는 기회이다. 만일 이렇게 되지 않는다면, 부모가 자녀를 이해할 수 있는 길을 잃게 된다.

자녀를 사랑하고 존중함에도 불구하고 자녀를 이해하지 않는다면, 반쪽의 존중을 잃게 된다. 자녀의 무엇을 존중할지를 모르기 때문이다. 부모는 늘 자녀와의 눈높이 맞춤에 신경을 써야 한다. 자녀가 무엇을 필요로 하는지 관심을 가져야 하고, 무슨 문제를 갖고 있는지 이해하려고 노력하여야 한다. 무엇보다도 중요한 것은 자녀가 어떻게 느끼고 있는지, 왜 그렇게 느끼는지를 이해하는 일이다. 그리고 그 느낌을 받아주는 것이 중요하다. 왜, 어떻게, 무엇을, 언제 등 단순한 질문을 던지는 것은 자녀를 이해하는 데 지름길이다. 그들은 부모가 묻지 않는다면 잘 말하려 하지 않을 것이다. 어린이를 참으로 존중하고 이해한다면, 해로운 것에 대해 엄격하게 가르칠 것이다. 진정한 엄격성은 존중, 사랑, 이해에서 온다. 그러나 그 엄격성이 존중과 사랑과 이해에 기초하지 않는다면 그것은 부모의 아집과 감정에 불과하지 않겠는가?

사춘기 자녀 키우기 – 자녀를 친구 삼을 준비가 되었나

누가의 복음서를 보면, 부모가 보기에 멋대로 행동한 소년 예수의 이야기가 나온다. 예수의 부모는 해마다 유월절이 되면 예루살렘으로 올라가 그 절기를 지켰다고 복음서는 전한다. 예수가 열두 살 되던 해의 유월절에도 온 가족은 절기를 지키기 위해 예루살렘으로 갔다. 그런데 절기를 다 지키고 집으로 돌아가는 길에 문제가 생겼다. 예루살렘을 떠나 집으로 향한 지 하룻길이 다 되었는데 예수가 일행 중에 없다는 사실을 발견한 것이다. 아마 같은 동리 사람들 사이에 있으려니 하고 크게 신경 쓰지 않았던 모양이다. 또 열두 살이니만큼 어릴 때처럼 돌봐주지 않아도 알아서 하려니 하는 생각도 작용하였으리라 추측된다. 부모는 깜짝 놀라 크게 걱정하며 소년 예수를 찾아 헤매었다. 누가복음에 의하면 사흘 동안 찾아 헤맨 후에야 성전에서 예수를 발견하였다고 한다. 이 사흘 동안 부모의 심정은 어떠했을까?

그런데 사흘 만에 만난 소년 예수는 천연덕스럽게 성전에서 성전의 선생들과 말을 나누고 있었다. 부모의 심정으로는 당장 달려가 머리에 군밤을 쥐어박으며 도대체 무얼 하고 있는 거냐고 꾸짖고 싶었을 것이다. 부모가 애태우며 찾아다니는 것도 모르고 저렇게 천연덕스럽게 앉아 있다니! 그런데 예수의 어머니 마리아는 무조건 꾸짖는 대신 그렇게 한 이유를 묻는다. 그리고 자신들의 심정을 있는 그대로 말한다. "아이야 어찌하여 우리에게 이렇게 하였느냐 보라 네 아버지와 내가 근심하여 너를 찾았노라."(눅 2:48) 이는 현대의 의사소통 이론에서 볼 때 바람직한 대화 방식이다. 우선 부모 입장에서 꾸짖고 혼내기 전에, 소년의 입장에서 그렇게 행동하게 된 이유를 묻고 있다. 그리고 부모의 화난 감정을 표출하는 데 있어, 군밤을 쥐어박거나 구박하는 행동을 하지 않는다. 만약 그렇게 하면 소년은 왜 그런 행동을 했는지 동기나 과정을 솔직히 얘기하기 전에 움츠러들거나 반항심을 갖게 될 뿐이다. 마리아는 자신들이 근심하면서 찾아다녔노라는 사실을 말해줌으로써 소년 예수에게 부모의 감정과 입장을 있는 그대로 알려주고 있다. 이는, 예수가 비록 열두 살밖에 안 되었지만 그의 인격을 존중해 주는 대화 방식이다.

마리아와 요셉이 어린 예수의 인격과 입장을 존중해 주는 태도를 취했을 때, 그는 다음과 같이 매우 엉뚱한 말도 감히 부모에게 할 수 있었다. "어찌하여 나를 찾으셨나이까 내가 내 아버지 집에 있어야 될 줄을 알지 못하셨나이까."(눅 2:49) 그들이 알 리가 있는가? "그 부모가 그가 하신 말씀을 깨닫지 못하더라."(눅 2:50) '아니, 성전이 내 아버지 집이라니! 우리 말고 또 다른 아버지 어머니가 있다는 말인가?'라고 마리아와 요셉은 속으로 중얼거렸을지도 모른다. 어쨌든 마리아와 요셉이 예수의 생각과 행동의 자유를 존중해 주었기 때문에 예수는 이처럼 엉뚱한 행동과 말도 할 수 있었던 것이 아닐까? 우리의 자녀들이 엉뚱한 행동이나 말을 하지 않는다면, 그것은 우리가 그들에게 그것을 허용해 주지 않기 때문일지도 모른다. 그들이 표현하지 않더라도, 그들은 이미 속으로 엉뚱한 생각을 잔뜩 하고 있을지도 모를 일이다.

소년 예수의 갑작스런 행동과 말은 그의 부모를 매우 놀라게 했을 것이다. 예수의 부모는 이해하지 못했을 것이다. 그들에게는 예수가 장남이었기에 아이들이 성장하는 과정에 대해 생소했을 뿐더러 자신의 아들 예수에게 다른 '아버지'와 다른 '집'이 있다는 말이 이해되지 않았을 것이다. 물론 예수의 이 말씀은 그리스도이신 그의 진정한 아버지가 하나님이요, 그의 진정한 집은 하나님 나라를 가리킨다고 이해해야 할 것이다. 여기에서 예수의 이 말씀을 어른이 되어가는 사춘기 자녀들에게 일반화시켜 보면 어떨까? 아이들은 크게 마련이다. 크면서 부모와의 관계가 상하관계에서 수평관계로 점차 바뀌어 간다. 서서히 독자적인 생각과 의지를 가지는 어른으로 도약해 가는 것이다. 부모의 슬하에서 부모에게 복종하는 것이 아니라, 부모와 대등한 인격적 대화를 나누는 관계로 발전해 가는 것이다. 자녀가 점차 자라면서 부모와 대등한 관계를 맺게 된다면, 이제 부모와 자녀는 함께 만인의 영원한 아버지요 어머니이신 하나님을 섬기게 될 것이다. 다시 말하면, 부모와 자녀가 함께 '하나님 아버지 집'에 있게 되는 것이 아닌가?

소년 예수는 자신을 진정으로 키우는 분이 하나님이라는 사실을 그의 부모에게 말해주고 싶었는지 모른다. 오늘 우리 자녀들도 같은 말을 하고 싶어 한다. 우리의 생각과 경험만으로 새롭게 열리는 자녀들의 세계를 다 이해하는 것은 불가능하다. 부모는 자녀들을 자신과 같은 한 사람의 인격체로, 마치 친구처럼 존중하고 받아들여야 한다. 그리고 그들의 세계를 열어가고 이끌어가는 분이 무한한 지혜의 하나님이시라는 것을 깨달아야 한다. 우리가 자녀들을 돌보고 있지만 그들을 진정으로 키우는 분은 바로 하나님이라는 사실을 겸손하게 받아들여야 한다.

아이들이 부모의 권위를 무시하는 것처럼 보일 때, 혹은 부모가 필요하지 않는 것처럼 보일 때, 놀라서는 안 된다. 왜냐하면 그것은 아이들이 잘 자랐다는 증거이기 때문이다. 오히려 기뻐해야 한다. 우리는 그들이 다른 아버지, 즉 하나님을 섬기는 어른으로, 다른 집, 즉 하나님 나라의 어엿한 성도로 바뀌어 가는 것을 축하해 주어야 한다.

사춘기 부모들은 예수의 부모처럼 당황스런 경험을 하게 된다. 갑자기 달라지는 아이, 이유 없이 반항하는 아이, 예상치 못했던 행동과 말을 하는 아이, 어떤 것이라도 부모로서는 이해조차 하기 힘든 것들이다. 그러나 이런 것들이 예수의 부모에게도 예외가 아니었다면 그나마 우리에게 위로가 될까? 사춘기는 부모보다도 자녀에게 훨씬 더 힘든 시기이다. 어린아이 상태로부터 벗어나야 한다는 내적·외적 요구들이 커다란 압박감으로 다가오지만, 어떻게 할지 알지 못하기 때문에 우왕좌왕하는 청소년들은 매일의 삶이 아슬아슬한 줄타기와 같을 수 있다. 열등감에 민감하고, 무력감에 시달린다. 여기에다가 부모가 구박하거나 무시한다고 생각하면 이들은 커다란 상처를 받는다. 우리는 자녀들의 행동과 말이 이해되지 않는다고 할지라도 받아들여야 할 필요가 있다.

때로 자녀가 멋대로 행동할 때, 우리는 꾸짖기 전에 왜 그들이 그렇게 행동할 수밖에 없었는지 이해하려고 노력해야 한다. 또 아무리 이해하려고 해도 이해가 되지 않을 때, 하나님 안에서 이루어지는 신비한 성장과정을 겸손히 받아들이는 믿음을 가져야 한다. 예수는 이 사건 이후 "나사렛에 이르러 순종하여" 부모를 받들었다고 성경은 말한다. 때로 자녀들은 부모가 받아들이기 힘든 말이나 행동을 할 때가 있다. 그러나 그들이 부모를 끝까지 사랑하고 있음을 믿고 기다릴 줄 알아야 한다.

피트만(Frank Pittman) 박사는 사춘기 자녀를 둔 부모들에게 다음과 같이 권고한다.[3]

(1) 그들의 성적(sexual) 관심을 축하하라. 당신이 당혹스러워하면 그들은 그것을 숨길 것이다.
(2) 당신의 10대 자녀에게 충격을 받아도 도망치지 마라. 그들에게 끝까지 귀를 기울이고 정직하게 당신의 사춘기와 비교하라. 사춘기 자녀들이 도망가는 것이 아니라 부모들이 도망가고 있다.
(3) 사춘기 자녀와 가까운 관계를 유지하라. 산이든, 강이든, 어디든지 당신이 권위 부릴 필요 없이 함께 지낼 수 있는 곳으로 그들을 데리고 가라.
(4) 사춘기 자녀를 계속 활동하게 하라. 그들이 멈출 때가 문제이다. 운동과

일은 삶을 구한다.
(5) 규칙들은 명확해야 한다. 자녀와 함께 의논하여 만들어서 그들이 서명하게 한 후 붙여놓고 당신 자신이 지키라.
(6) 사춘기 자녀를 통제하기 위해 벌을 자꾸 더 주려고 하지 마라. 그것은 그들을 통제할 수 없게 만든다. 그들의 행동에 대한 당신의 느낌을 그들이 듣고 알 수 있을 때까지, 그리고 당신이 그들의 느낌을 듣고 알 수 있을 때까지, 그들을 곁에 머물게 하라.
(7) 자녀가 부모의 정당하고 합리적인 말에 귀를 기울이지 않을 때에, 그들이 원하는 것을 주지 마라. 그들과 싸우지 말고, 그들을 굶기라.
(8) 자연적 결과들로부터 자녀를 보호하지 마라. 그들은 그것들을 통해 현실을 배운다.
(9) 쓸데없는 위협을 주지 마라. 감정적으로 반응하지 마라.
(10) 생활방식의 문제를 도덕적으로 다루지 마라. 그들이 이상하게 차려입거나 행동할 때 도덕적으로 다루지 마라.
(11) 당신의 자녀들의 비밀생활을 지나치게 존중하지 마라. 그들이 자기 방에 숨어서 비밀스런 삶을 살도록 방치하지 마라.
(12) 한 쪽 부모 마음대로 결정하지 말고, 자녀 앞에서 다투지 마라. 당신이 꼭 옳아야 하지는 않지만, 꼭 함께 해야 한다.
(13) 만일 당신이 홀어머니로서 10대 아들을 두고 있다면, 당신의 권위를 지키고 당신의 아들로 하여금 자기가 우두머리라고 생각하지 말게 하라. 재혼했다 할지라도 의붓아버지보다는 당신이 권위와 책임을 지키도록 하라.
(14) 그들의 음악을 들으려고 노력하라. 당신은 그 음악과 함께 사는 것을 견딜 수는 없을 것이다. 그러나 그 음악은 사춘기에 있다는 것이 얼마나 두려운 것인지를 이해하는 데 도움을 줄 것이다.
(15) 자녀 때문에 너무 당혹한 모습을 보이지 마라. 자녀가 실수했을 때, 친구, 이웃, 선생 등의 반응을 자녀의 느낌보다 더 중요하게 여기지 마라.
(16) 전날 그들이 잘못한 것을 기억하지 마라. 매일 새로운 관계인 것처럼 시작하라. 사춘기 자녀들은 매우 빨리 변화하며 자신의 변화에 대해 민감

하다.
(17) 당신의 자녀가 몇 살이든지 매일 껴안아 주도록 노력하라.
(18) 당신의 사춘기 자녀가 한 행동에 대해 폭언하기 전에 먼저 상담자와 상의하라. 당신이 특별히 의좋은 부부이거나 좋은 친척들의 도움을 받고 있지 않다면 당신은 상담자가 필요할지도 모른다.
(19) 사춘기 때는 미치는 것이 정상적이며 삶에서 가장 고통스러운 시기이다. 당신은 그 시기를 지나 보았기 때문에 사춘기의 입장에서 볼 수 있으나, 그들은 당신의 입장에서 볼 수 없다. 그들은 당신이 당신의 부모를 사랑하는 만큼 당신을 사랑하게 될 것이다.

자녀 내보내기 – 둥주리가 진정 비어 있는가

ㄱ집사는 40대에 남편을 여의고 수많은 고뇌와 슬픔의 밤을 보내면서 자녀 셋을 꿋꿋이 키웠다. 사회적으로 나름 기반을 잡을 정도가 되었고, 위로 아들 둘은 대학을 졸업하고 결혼까지 하였다. 그런데 왠지 자꾸 허전해지는 마음을 금할 수가 없었다. 남편을 잃고 처음 몇 년간은 정말 못 견딜 것 같은 공허와 슬픔, 두려움 때문에 살 수 있을 것 같지가 않았다. 그러나 눈앞의 세 아이를 보며 정말 기적같이 버텨왔다. 이제 어느 정도 안정을 되찾고 장성한 아이들을 보면 보람도 있고 기쁨도 있지만, 왜 이리 허전한 마음이 찾아오는 걸까? 웃음도 줄고 밤에 잠을 자꾸 설치게 되었다. 함께 살고 있는 막내딸이 애인을 만나고 있다는 얘기를 들은 후부터는 마음이 부쩍 허한 것 같았다. 막내딸이 밤늦게 집에 오는 날이 많아지면서, 애인을 만나려니 하고 이해는 하지만 왠지 마음 한 구석에는 '어미만 집에 혼자 덩그러니 있는 것 알면서 혼자만 놀러 다녀.' 하는 심술궂은 생각이 자꾸 드는 것이었다. 막내딸이 인사드리려 데리고 온 애인은 키도 훤칠하고 착하게 생겼다. 그러나 직장도 대단하지 않고 가난한 것도 영 맘에 들지 않고, 우선 둘이 다정하게 보이는 것이 자꾸 거슬리는 것이었다. 다음 날, 딸에게 그 사람이 마음에 들지 않으니 다른 사람을 찾아보라는 말이 불쑥 입에서 튀어나왔다. 딸은 뜻밖의 말에 당황하여 한동안 말도 못하였다. 그 이유를 조목조목 얘기해 주었으나, 자신이 보기에도 그리 석연한 이유들은 아니었다.

ㄱ집사의 마음을 이해한다. 이제 딸마저 떠나 버린다면 빈 공간에 혼자 남겨진다는 것이 그녀에게는 매우 두려운 일일 것이다. 자녀에게 모든 것을 헌신해 온 여성들에게서 자녀는 자신의 모든 것을 의미한다고도 할 수 있다. 주부인 경우 삶의 대부분을 자녀 양육에 바치기 때문에, 자녀들이 곧 그들의 삶이라고도 할 수 있다. 직장을 다니는 여성들이라도 그들 마음속에서 절대적 부분을 차지하는 것은 역시 자녀들이다. 그러므로 이런 면에서는 주부와 그리 큰 차이는 없을 것이다.

중년을 지나면서 여성들은 두 가지를 한꺼번에 잃는다. 젊음과 자녀. 젊음은 우리에게 희망의 상징이다. 아직 내일이 있다는 것은 불만족스러운 오늘을 견딜 수 있게 하는 힘을 준다. 그러나 내일이 자꾸 줄고 있고, 그 내일이 그리 많이 남아 있지 않다는 것을 알 때 마치 디디고 있는 땅이 흔들리는 것 같은 위기감을 느낀다. 아직 채워지지 않은 삶의 공간과 마음의 공간이 더 이상 채워지지 않는 채로 삶이 마감된다면 하는 생각은 매우 고통스럽고 절망스러운 것이다. 지금까지 살아온 삶 자체가 의미 없고 억울하다는 생각이 엄습해 올지 모른다. '하나님, 나의 삶이 무엇입니까?'라는 물음이 자기도 모르게 마음속에서 솟아나 올지 모른다. 이때 우리는 제2의 사춘기를 맞는다. 어떤 사람은 이를 사추기(思秋期)라 부르기도 한다.

'사추기'란 가을에 오는 방황이란 뜻이다. 사춘기에 청소년들이 '내가 누구인가', '어떻게 살아야 하나' 등을 고민하며 방황하는 것처럼, 중년을 맞은 남녀들은 생의 후반기에 들어서서 지난 인생을 돌아보고 인생의 마감을 내다보면서 '내가 누구인가'를 다시 생각하며 삶의 의미와 방향을 재점검해 보게 된다. 특히 여성들이 인생을 모두 투자해서 정성들여 키워온 자녀가 부모를 나 몰라라 하고 자신의 길을 걸어갈 때, '이제 나는 무엇인가' 하는 물음이 저절로 나오게 된다. 이제라도 여성들은 자신을 다시 정리하고 삶을 다시 꾸려보아야 한다. 자녀들을 키우면서 소원해진 남편과의 관계, 그리고 자녀들마저 떠난 후의 텅 빈 공간은 여성들에게 막막한 절망감으로 다가올지 모른다. 과연 나에게 남은 것이 무엇이 있는가라고 묻게 될지 모른다. 사춘기의 방황은 희망과 함께 시작되지만, 사추기의 방황은 절망과 함께 시작된다.

중년을 맞으면서 나타나는 남자와 여자의 행동 변화 양상은 약간 다르다. 남자는 20대부터 경쟁사회에서 살아남고 무언가를 성취하기 위해 열심히 달려왔다. 일이 중요하고, 성공이 우선적인 목표이다. 그러다 보니 따뜻한 관계나 정서적 충족에는 소홀한 면이 있다. 남성이 중년기에 보다 잘 적응하기 위해서는 강조점의 변화가 필요하다. 젊은 남성들이 추구해 온 개인적 성취 중심의 삶은 이제 관계 및 정서 중심의 삶으로 바뀌어야 할 시점이다. 신체적 힘이 쇠약해지는 중년기의 변화에 적응하기 위해서는 지혜의 가치를 더 중시하고 그 의미를 깊이 인식하는 것도 필요하다. 기력이 쇠퇴하고 젊음의 매력이 줄어든다 할지라도 현명한 판단력과 궁극적 가치에 대한 깨달음이 이를 보상하고도 남는다는 것을 알 필요가 있다. 또한 성적(sexual) 관심사에 그치지 말고 이를 보다 폭넓은 우정의 관계로 확대해야 하며, 일 중심의 고정된 관계에 머물러 있지 말고 정서적으로 친밀한 관계들을 주변 사람들과 발전시키는 것이 필요하다.

여성들의 경우는 이와 반대이다. 여성들은 자라면서부터 관계 및 정서 중심의 삶을 살도록 사회화되어 왔다. 그래서 사춘기에도 내가 누구인가라는 개인적 정체성에 대한 관심이나 갈등이 남성들보다 훨씬 적다. 오히려 여성들은 관계적 친밀성을 발전시키는 측면에 더 많은 관심이 있다. 이는 결혼한 후에도 그대로 이어져서 남편과의 관계, 그리고 자녀와의 관계에 삶의 에너지를 쏟게 된다. 중년이 되어 자녀가 곁을 떠나기까지, 남편이 자신의 삶을 책임져줄 수 없다는 사실을 절실히 깨닫기까지, 여성은 '내가 누구인가'에 대해 정말 심각히 고민할 기회를 많이 갖지 못한다. 남성이 어릴 때부터 고민해 온 문제, '내가 누구인가'라는 문제를 여성은 중년이 되어 비로소 심각하게 고민하기 시작한다.

융(Jung)이란 심리학자는 중년이 '종교적 시기'라고 말한다. 중년에 종교적인 관심이 없거나 종교적 심성을 발전시키지 못한다면 그 사람은 신경증 환자가 된다고 말한다. 그가 이렇게 말하는 이유는 중년이 절망과 함께 시작된다는 사실 때문이다. 남성이나 여성이나 중년으로 접어들면서, 젊음이 사라져 가고, 젊은 시절의 꿈들이 멀어져 가고, 죽음이 가까워 온다는 것을 느낀다. 그러면서 그들은 인생에 대해서 근본적으로 다시 생각하지 않을 수 없게 된다. 이러한 절망과 죽음의 문제에 대해서 종교가 아니고서는 해답을 줄 수 없다. 그러나 인생에 대해 근본적인 물음을 던지고 이에 대해 답을 얻는 것이 어렵기 때문에, 많은 사람들이 눈앞의 것들에 매달린다. 돈, 권력, 젊어지고 싶은 욕구, 외도, 사치 등을 통해 자신의 절망감을 해소하려고 애를 쓴다. 이것이 융이 말하는 신경증이다. 근본적인 문제에 대해 근본적인 답을 얻으려고 하지 않고, 일시적인 것들로 마음을 채우려고 하면, 마음속 깊이에 있는 공허를 메울 길이 없다. 그 공허로부터 정신적 불안이나 행동의 장애 등이 나타나게 되는 것이다.

결국 중년은 잃어버리는 것들에 대해 깨닫는 시기이다. 그러나 바꿔 생각하면, 잃어버리는 것이 나쁘기만 한 것일까? 학자들은 자녀들이 어른이 되어 가정을 떠나는 시기를 '빈 둥지리' 시기라고 한다. 가정의 둥지리가 비게 된다는 것이다. 그러나 둥지리가 비는 것이 과연 나쁘기만 한 것일까? 비지 않으면 채울 수 없다. 잃지 않으면 얻을 수 없다. "가난한 자는 복이 있나니 하나님의 나라가 너희 것임이요."(눅 6:20) 우리가 갖고 있는 것들을 잃어야 한다는 것을 알 때 우리는 영원한 것을 찾게 된다. 가난할 때 우리는 영원한 하나님의 나라에 관심을 갖게 된다. 둥지리가 비어서야 비로소 우리의 관심이 땅에 있지 않고 영원한 하늘에 있음을 보게 된다. 중년의 위기는 종교를 통해서만 극복될 수 있는 것이다. 우리는 살아오던 방식, 생각하던 방식 모두를 바꿔야 한다. 자녀도 아니고, 남편도 아내도 아니고, 성공도 재산도 아니고, 매력도 미모도 아닌 예수께서 보여주신 사랑과 평화의 나라만이 우리의 궁극적 목적임을 깨달아야 한다. 사랑과 평화의 사람이 되어야 하는 이유인 것이다.

ㄱ집사는 갈등 끝에 목사님과 상담을 하였다. 떠나야 할 사람을 떠나보내고 자신의 삶을 다시 찾아야 한다는 목사님의 권면을 듣고 ㄱ집사는 밤새 눈물의 기도를 드렸다. 그리고 딸에게 미안하다는 말과 함께 곧 결혼식을 올리라고 말하였다. 딸은 어머니의 심정을 이미 알고 있었던지 결혼해도 엄마를 외롭게 하지 않겠다고 울먹이며 말하였다. 그 말에 ㄱ집사도 눈물을 흘리고 말았다. 그녀는 막막하지만 일에 더욱 열중하기로 마음을 먹고, 교회 봉사뿐만 아니라 사회 기관에서도 봉사할 일이 있는지 알아보기로 하였다. 특히 성경을 읽고 연구하는 일에 더 많은 시간을 들이기로 마음먹었다. 새롭게 마음을 먹고 보니 딸 보

기에도 떳떳하게 느껴지고, 지난 세월이 새삼스러운 의미로 다가오는 것을 느끼기 시작했다.

노년기 가족

노년기의 새로운 실험 - 두 번째 신혼 만들기

우리나라에서 가족계획이 본격화하면서 자녀의 숫자가 급격하게 줄어들었다. 자녀의 수가 줄어든다는 것은 그만큼 막내가 집을 떠나는 시기가 빨라지는 결과를 가져온다. 이제 앞으로는 자녀를 키우는 기간과 자녀가 떠난 후 부부끼리 또는 홀로 사는 기간이 거의 같아질 전망이다. 부부가 30세에 결혼하여 60세까지 자녀를 키우고, 자녀들을 내보낸 후 90세까지 산다면, 자녀를 키우는 기간과 그 후의 기간이 각각 30년씩 같아지는 셈이다. 가정은 자녀를 키우기 위한 것이라는 종래의 관념에 비추어본다면, 자녀들을 내보낸 후 20년에서 30년의 기간은 어떤 의미를 가지는가 하는 의문이 생길 것이다. 그 시간은 단지 무의미하고 길고 지루한 시간일 뿐인가? 실제로 과거의 부모들은 자녀를 5명에서 10명 이상씩 낳아서 평생을 키웠다. 막내가 결혼할 때쯤이면 수명이 다해서 세상을 떠나는 것이 보통이었다. 과거에는 평균 수명도 짧았기 때문이다. 그러나 이제는 우리나라의 평균 수명이 여성의 경우에는 84세에 이른다. 부모가 60세 전후일 때 막내가 다 자라 가정을 떠나고 나면, 부부끼리 살아야 할 시간이 적어도 20년, 많게는 30년의 시간이 남는 셈이다. 매우 긴 시간이다. 현대의 부부들에게는 이렇게 많이 주어져 있는 시간을 어떻게 보람 있게, 의미 있게 보낼 것인가 하는 과제가 주어진 셈이다.

부부는 그리스도가 성도를 대하듯이, 성도가 그리스도를 대하듯이 서로를 대하여야 한다. 부부 관계의 출발점은 결혼해서 아기를 낳아 잘 키우는 것이 아니다. 부부 관계의 출발점은 그리스도와 교회의 관계처럼, 영원한 사랑과 은혜와 생명의 관계를 이루기 위한 데 있다. 그리스도가 성도들 하나하나가 하나님의 지으신 온전한 아름다움과 생명을 누리며 살아가도록 하기 위해 자신의 모든 것을 바치셨던 것처럼, 부부는 상대방이 삶의 온전한 기쁨과 아름다움을 누리도록 하게 하기 위해 자신을 헌신하도록 부르심을 받는다. 그러므로 부부는 서로에게 그리스도이다. 상대방이 그리스도처럼 나를 사랑해 주기에 나도 상대방을 그리스도로 여기고 섬기는 것이다. 이러한 부부 간의 사랑 속에서 자연스럽게 자녀가 태어나고 건강하게 자라나는 것이다.

요즈음 50~60대 부부의 이혼율이 증가하고 있다고 한다. 그 이유 중 하나가, 그동안 서로에게 —특히 아내가 남편에게— 불만이 많았지만 자식들 때문에 참아 왔다가 자녀들을 출가시킨 후 비로소 자유를 선언하고자 한다는 것이다. 참으로 가슴 아픈 일이다. 자식들 때문에 불행한 결혼생활을 오랜 세월 참아왔다는 것도 슬픈 일이요, 그로 인해서 부부 생활의 남은 시간을 포기할 수밖에 없다는 것도 안타까운 일이다. 이러한 현상은 부부 관계가 자녀 양육 중심으로 이루어져 온 우리 모습의 대표적인 부작용이다. 부부 관계는 자녀만을 위해서 존재하는 것이 아니다. 부부 관계는 그리스도와 교회의 관계처럼 하나님의 사랑을 나누고 누리고 만들어가기 위해서 존재하는 것이다. 그러므로 자녀들이 모두 곁을 떠났다고 해서 부부 관계의 의미가 끝난 것이 아니라, 오히려 부부 관계를 새로이 풍요롭게 만들어가기 위한 기회가 되는 것이다.

50~60대의 부부는 수십 년을 함께 살아왔기 때문에 서로를 너무 잘 알고 있어서 재미가 없다고 말할 수 있을까? 그렇지 않다. 알면 알수록 모르는 것이 사람이다. 우리가 서로에게 진정한 관심을 가진다면 상대방은 늘 새로운 존재로 다가온다. 더욱이 부부가 결혼하자마자 아기를 낳고 그 자녀들을 키우다 보면, 같이 살아온 시간은 길지만, 서로에 대해 깊이 나눌 시간을 많이 갖지 못하기가 쉽다. 남편은 남편대로, 아내는 아내대로 30대, 40대를 지나면서 인생 경험도 깊어지고 사람도 많이 달라졌는데, 막상 남편도 아내도 서로의 달라진 모습을 잘 모르는 경우가 많이 있을 수 있다.

결혼의 전반부는 자녀 중심으로 가정생활이 이루어진다. 그러다가 자녀들이 떠나고 나면, 부부는 갑자기 서로의 얼굴만 쳐다볼 수밖에 없게 된다. 마치 신혼 시절 아직 자녀가 없던 때에, 서로의 얼굴만 마주보고 생활하던 상황과 똑같게 되는 것이다. 자녀들을 중심으로 부부 관계도 이루어져 왔기 때문에, 그 자녀들이 출가하면 부부는 서로를 어떻게 대하여야 할지 갑자기 막연하게 느낄 수도 있다. 노년의 부부도 20대의 신혼 부부 못지않게 서로에 대해 생소할 수 있다. 이제 부부는 서로에 대해 다시 배우며 함께 사는 법을 배워가야 한다. 서로에 대해 다시 탐구하고, 다시 적응해야 한다.

이때쯤 되면, 남편의 은퇴가 가깝거나 이미 은퇴했을 수도 있는 시기이다. 늘 아침이면 나가서 저녁에야 들어오던 남편이 하루 종일 집에 있게 되는 상황은 남편에게도, 아내에게도 새롭게 적응해야 할 커다란 변화이다. 한편 자녀들 돌보는 일에 모든 관심과 시간을 집중했던 아내에게도 자녀들이 떠나버린 후의 상황이 매우 힘들 수 있다. 할 일이 없어져 버린 것은 아내도 마찬가지인 것이다. 이제 아내는 누구를 돌볼 것인가? 출가한 자녀들을 계속 좇아다니며 시간을 보낼 것인가? 자신을 돌보며 자신만의 시간을 가질 것인가? 집에 들어앉은 남편과 함께 시간을 보낼 것인가? 아내의 이러한 변화에 대해서 남편도 새롭게 적응해야 할 필요가 있다.

결국 남편에게도 시간이 많이 남고, 아내에게도 시간이 많이 남는다. 그 많은 시간을 투자할 가장 바람직하고 가치 있는 일은 무엇인가? 제2의 신혼을 만드는 것이다. 물론 부부 각자의 활동, 취미, 종교 등 할 일들이 많다는 것은 좋은 일이다. 그러나 우선순위가 가장 높은 것은 부부 생활이어야 한다. 그렇지 못하다면 그 부부는 심각하게 뒤돌아봐야 한다.

제2의 신혼기 부부는 살아온 이야기들을 나누게 된다. 흔히 노년기의 의미는 지나온 삶을 되돌아보는 것이라고 한다. 살아온 이야기를 나누는 것은 단순히 옛날 얘기를 하는 것이 아니다. 지나온 삶의 경험을 나눈다는 것은 그 자체가 상처를 치유하고, 기쁨을 배가시키고, 새로운 의미를 깨닫게 한다. 그러면서, 마음에 간직해 온 서로의 상처들을 고백하고 어루만지고 용서할 수 있다. 긴 시간 동안에 쌓인 불만이나 분노나 상처가 얼마나 많았겠는가? 그러한 것들을 담담하게 이야기 나눌 수 있다면 얼마나 마음에 위로가 되며 기쁨이 되겠는가?

제2의 신혼기는 부부에게 삶의 깊은 이야기들을 나눌 수 있는 최선의 기회이다. 갓 결혼한 부부의 문제들은 돈, 자녀, 집, 직업 등 실제적 문제들이다. 그러나 제2의 신혼기 부부의 관심사는 이와 다르게 신앙, 죽음, 가치, 삶의 목적 등

깊이 있는 삶의 문제들이다. 인생의 많은 시간을 살고 난 후, 삶을 정리하고 새로운 인생을 꿈꾸면서 제2의 신혼부부는 진정 아름답고 의미 있는 삶이 무엇인가를 생각해 보고 실험해 볼 수 있는 기회를 맞는 것이다.

고부 갈등과 노년 – 홀로 하나님 앞에 서기

한국의 가족은 산업화를 거치면서 세대 간의 갈등을 크게 겪어 왔다. 특히 고부간의 갈등은 그 대표적인 예이다. 한 가족의 예를 들어보자.

시어머니 ㅁ씨는 거동은 하지만 노령으로 매우 쇠약하다. 지난해 남편이 세상을 떠난 후로는 마음 붙일 데가 없고 온 세상이 휑하니 빈 것 같다. 교회에 나가는 것이 유일한 위로이지만 일상에서 오는 허전함은 쉽게 채워지지 않는다. 10여 년 전 아들과 분가하여 남편과 살아왔으나, 홀로된 지금 아들네로 들어가고 싶지만 며느리의 강력한 반대로 아들 집 가까이로 이사하는 것에 만족해야 했다. 어머니를 모시자고 강력하게 주장하지 못한 아들에게 섭섭함이 크지만, 이 문제로 인하여 며느리와 시누이들 사이의 갈등도 심각해졌다.

ㅁ씨에게서 자신을 무시하는 것처럼 보이는 며느리의 행동은 변해버린 세태의 대표적 예이다. 시집와서 숨 한번 크게 못 쉬고 새벽부터 밤늦게까지 발을 동동 구르며 일하고 시어머니의 불호령 속에서 시집살이하던 생각을 하면, 며느리 앞에서 무력한 자신의 모습을 보는 것이 몹시 억울하다. 변해버린 세태가 자신과 같은 노인에게는 불공평한 것처럼 보인다.

며느리 ㄴ씨는 시어머니의 잦은 간섭, 시누이의 불평, 아들의 계속되는 대학입시 실패, 자신을 괴롭히는 잔병 등 불만이 쌓였다. 남편은 장남인 데다 불안정한 사업으로 늘 불안해하는 가운데, 집에 와서까지 아내와 어머니 사이의 갈등으로 스트레스를 받는 것이 몹시 부담스러웠다. 며느리는 남편의 병 때문에 그에게 잘하려고 애쓰지만, 그가 자기 본위적으로 요구하고 억누르려는 행동 때문에 속으로 불만이 가득하다. 그녀는 자신이 평생 남편의 가족을 위해 희생했다고 느낀다. 남편은 대접받기만을 바라고, 권위를 내세우고, 시어머니와 문제가 생기면 시어머니 편만 들고, 조금도 아내 생각을 해주지 않는 것처럼 보인다. 나이가 들면서, 또 세태가 달라지면서 남편이 아내에게 조금씩 수그러드는 것은 사실이지만, 아내가 볼 때 남편은 아직도 자기에게 희생을 요구하고 있다고 느껴진다.

남편 역시 집 생각을 하면 고달프다. 회사 일로 힘들기 때문에 집에 가서 좀 편히 쉬고 싶지만, 집 또한 그리 편안하지 못하다. 아내는 아내대로 요구가 많고, 어머니는 아내에 대한 불만이 크다. 아내가 점점 세게 나오는 것에 대해 이제는 결혼 초기처럼 더 이상 그것을 억누를 수 없다는 것을 깨닫고 있다. 이제는 아내를 억누르기보다 아내로부터 거리를 두는 것이 더 편안하다고 생각한다. 어머니 편을 드는 것만이 해결책이 아니라는 것도 깨닫고 있다. 어머니에게 더 동정과 연민의 정이 가긴 하지만, 어머니도 많이 양보할 수밖에 없다고 생각한다. 그는 자신이 어머니에게도 그리고 아내에게도 잘해줄 수 없는 진퇴양난에 빠져 있다고 느낀다.

이 가족은 각각 자신이 다른 식구에 의해 희생당하고 있다고 느낀다. 시어머니는 '무시하는 며느리'로 인해, 며느리는 '남편과 시집 식구들'로 인해, 남편은 '어머니와 아내의 끊임없는 요구'로 인해 피해를 입고 있다고 느낀다. 이들에게 이러한 피해의식을 안겨준 공통된 배경은, 사회가 급격히 변화하면서 가족 구성원들이 서로에게 잘 적응할 수 있는 여유를 갖지 못한 데 있다. 세대와 세대 사이에, 계층과 계층 사이에, 또는 남자와 여자 사이에 가치관과 기대의 갈등과 혼란이 빚어지고 있는 것이다.

이런 경우에 이들은 자기에게 피해를 주고 있는 다른 가족들도 똑같이 피해를 당하고 있음을 이해하는 것이 중요하다. 특히 고부 갈등의 핵심에는 아들/남편을 사이에 두고 두 여성이 다투는 삼각관계가 놓여 있다. 이 갈등의 해결에는 아들/남편의 역할이 가장 중요하다. 현대 가족에게는 기본적으로 남편-아내의 관계가 안정되어 있어야 조부모와의 관계 및 자녀와의 관계도 건강하게 확대될 수 있다. 그러므로 남편은 아내와의 관계를 최우선으로 여긴다는 확신을 아내에게 심어주는 것이 필요하다. 그 확신이 있다면 아내는 시어머니를 향한 관심과 돌봄에 남편과 함께할 수 있다. 한편 그는 어머니에게는 적당한 거리를 유지하며 일관된 관심을 보임으로써, 어머니로 하여금 아들에게 지나치게 의존하지 않으면서도 아들을 믿을 수 있도록 하여야 한다. 며느리와 시어머니는 아들/남편을 매개로 한 관계이므로, 서로의 역할과 거리를 존중해야 한다.

무엇보다도 노년기를 홀로 맞게 된 ㅁ씨는 하나님 안에서 노년에 필요한 지혜를 얻기 위해 나아가야 한다. 성경의 여러 책 중 전도서는 노년의 책이라고 할 수 있다. 전도서 기자는 이렇게 노래한다.

> 범사에 기한이 있고 천하 만사가 다 때가 있나니
> 날 때가 있고 죽을 때가 있으며
> ……
> 하나님이 모든 것을 지으시되 때를 따라 아름답게 하셨고
> 또 사람들에게는 영원을 사모하는 마음을 주셨느니라
> 그러나 하나님이 하시는 일의 시종을
> 사람으로 측량할 수 없게 하셨도다
> 사람들이 사는 동안에
> 기뻐하며 선을 행하는 것보다 더 나은 것이 없는 줄을 내가 알았고
> 사람마다 먹고 마시는 것과 수고함으로 낙을 누리는 그것이
> 하나님의 선물인 줄도 또한 알았도다
> 하나님께서 행하시는 모든 것은 영원히 있을 것이라
> 그 위에 더 할 수도 없고 그것에서 덜 할 수도 없나니
> 하나님이 이같이 행하심은
> 사람들이 그의 앞에서 경외하게 하려 하심인 줄을
> 내가 알았도다(전 3:1~14)

인생의 고해를 다 겪고 이렇게 노래하는 것이 노년의 아름다움이고 노인만이 가질 수 있는 독특한 힘이 아닐까? 인생의 순간순간마다 굴곡이 있지만 그 속에 있는 선율을 따라갈 때 경험되는 삶의 아기자기함을 노래할 수 있는 노인의 통찰력, 사람으로서 어찌할 수 없는 깊은 좌절감을 계속 경험하면서 결국 영원한 하나님을 바라볼 수밖에 없게 된 영혼의 눈, 선을 행함과 낙을 누리는 삶의 평범한 진리에 대한 깨달음 등은 노인만이 가질 수 있는 지혜의 보고(寶庫)이다.

삶의 기쁨과 슬픔, 좌절과 희망, 안정과 변화, 욕망과 분노 등을 넘어서 한 걸음 물러나 인생을 바라볼 수 있을 때, 비로소 나와 남을 이해하고 용서할 수 있게 된다. 노인이 되는 것은 쉬운 일이 아니다. 한 걸음 물러나야 하기 때문이다. 그러나 대부분의 경우 노인이 되어서도 한 걸음 물러나지 못하여 끌어안고 발버둥질치거나, 물러난 데서 오는 절망감과 좌절감을 가지고 살아간다. 한 걸음 물러나서 인생의 지혜를 얻기 위해서는 우리는 영적인 훈련을 쌓지 않으면 안 된다. 하나님 안에서 자기를 보고 사랑하고 존중하는 훈련, 포기하는 훈련, 영원을 보는 훈련, 상대방을 위해 희생하는 훈련 등 우리가 노인이 되기 위해 준비해야 할 것은 많다. 어떻게 보면, 노인이 되는 것은 평생 준비해야 할 과제이다. 인생의 굴곡을 지나오면서 우리는 아름다운 노년을 향해 가는 것일 수도 있다. 이미 노인이 되었다고 할지라도, 이미 늦은 때라는 것은 없다. 현재 이 시간이 바로 내일을 준비하는 때이기 때문이다.

　노인이 되면 우리는 보통 약해진다. 그래서 자녀들의 말 한 마디에도 상처받고 눈물짓는 것이 우리의 모습이다. 앞의 사례에서 남편이 떠나버린 빈자리에 홀로 남은 ㅁ씨는 아들 가족마저 의지할 수 없다는 것을 발견하면서, 한없이 약해지는 자신을 느낄 것이다. 그러나 한편으로 남편과 사별한 뒤에 하나님께 깊은 기도를 드리면서, 하나님 외에는 누구도 진정한 위로와 안정을 줄 수 없음을 발견할지도 모른다. 그래서 그녀는 아들 가족에게 가졌던 지나친 기대를 내려놓을 수 있을지도 모른다.

　노년기는 인생의 모든 것을 추수하고 정리하는 아름다운 시기이다. 지나간 생의 굽이굽이를 돌아보면서 막힌 관계들을 다시 열고, 자신에 대한 그리고 타인에 대한 용서를 구하고, 삶의 단편들을 모아 지혜를 쌓아가면서 새로운 인생의 차원을 만들어가는 매우 귀중한 인생의 황금기이다. 할머니, 할아버지가 되는 것은 인생의 영원의 문으로 들어가는 경험이다. 세대를 이어가는 인간의 역사에서 선조가 된다는 것은 매우 큰 영적인 의미가 있다. 좋은 할머니, 좋은 할아버지가 되는 것은 앞으로 이어질 자손들의 역사에 길이 남을 가장 큰 재산을 남기는 것이다. 배우자를 보내고, 주변 사람들을 보내고, 그리고 자신의 죽음을 준비하면서, 우리는 삶의 모든 것을 하나님 안에서 바라보고, 하나님 안에서 사랑하고, 하나님 안에서 누리며, 하나님 안에서 놓는다.

1 | Sharon Wegscheider-Cruse, *Coupleship: How to Build a Relationship*(Deerfield Beach, Florida: Health Communications, 1988), 109~110.
2 | Sharon Wegscheider-Cruse, *Coupleship: How to Build a Relationship*, 114.
3 | *Psychology Today*, 1997, May/June.

제5장

가정사역

통합적 목회로서의 가정사역

제5장

가정사역
통합적 목회로서의 가정사역

현재 많은 교회에서 가정사역이라 하면, 부부 세미나 혹은 그와 유사한 프로그램을 가정사역으로 여기는 경우가 많다. 물론 그 프로그램들이 가정사역의 일부이기는 하나 가정사역이란 특정한 프로그램을 넘어서 보다 포괄적인 목회전략이라고 보아야 한다. 가정사역은 교회공동체, 더 나아가 지역공동체에 속한 가정을 양육하고 돌보는 모든 목회적 활동을 가리킨다.

개인과 관계 중심의 목회

포스트모던 영성 – 공동체와 개인의 조화

그리핀(D. Griffin)은 근대 영성의 핵심이 개인주의라고 말하면서, 이를 보완하기 위해 관계성을 강조하는 포스트모던(postmodern) 영성이 필요하다고 말한다.[1] 근대의 개인주의에서, 개인은 자신의 자유를 확인하기 위해 사회, 자연, 과거, 하나님으로부터 자신을 분리시켰다. 이러한 분리를 통해 자신의 이성을 기반으로 합리적인 새로운 사회와 자아를 만들어낸 산업사회의 인간은, 오히려 자신이 만들어낸 합리적인 체계 속에서 반복적인 작업의 노예가 되고, 기계화된 생산과 조직의 부속품이 되어 버렸다. 그럼으로써 결국 자유도 잃어버리고 인격적인 인간관계도 상실할 위기에 놓였다. 포스트모던 영성은 유기체론, 생태학, 양자물리학 등을 근거로 하여 사람과 사람 사이, 사람과 자연 사이의 내적인 관계를 전제한다. 근대 개인주의의 개인은 자기 충족적(self-sufficient) 실체로서, 타인 및 환경과의 관계는 주체의 정체성에 본질적 영향을 주지 않는다. 그러나 이러한 관점은 주체와 타자 사이의 피상적인 관계를 낳고 말았다. 포스트모던 영성은 개인의 주체성을 강조함과 동시에, 개인과 개인 사이의 상호 관계가 각 개인이라는 주체의 본질적 부분을 구성함을 받아들인다. 따라서 타자는 개인적 주체를 위한 도구로 전락하는 것이 아니라, 개인과 개인 사이의 관계성 또는 개인과 환경 사이의 관계성 자체가 개인의 삶의 주요한 가치와 목적이 되는 것이다.

근대 이전의 전통 사회에서는 종교의 제도, 기구, 교리가 개인을 억압하고 통제하는 경향이 강했기 때문에, 근대의 개인은 개인적 주체의 자율성을 주장하게 되었다. 교회의 제도나 교리는 개인의 성장과 양육을 억압하는 도구가 되어서도 안 되지만, 거꾸로 개인의 임의적 판단에 의해서 폐기되어서도 안 된다. 포스트모던 영성에서는 전통적 교리나 공동체가 개인을 억압하고 통제하는 것을 경계하면서도 오히려 교회의 전통과 공동체가 개인을 양육하고 개인의 정체성을 세우며 동시에 공동체의 관계성을 심화하는 데에 기여할 수 있는 통로라고 본다. 그러기 위해서는 제도, 기구, 교리 중심의 목회도 아니요 또는 개인 중심의 목회도 아닌, 교회의 전통과 공동체가 개인의 내적 경험과 사람들 사이의 관계를 지원하고 양육하고 세우는 목회로의 전환이 필요하다.

유동성과 복합성

헤이지와 파워즈(J. Hage and C. H. Powers)에 의하면, 포스트모던 사회에서는 사회적 역할 및 관계의 복합성과 유동성이 늘어난다.[2] 산업사회에서는 역할이 제한되고 한정된 직책의 사람들과 만나고 관계 맺는 것으로 충분하였지만, 포스트모던 사회에서는 훨씬 다양한 사람들과 만나게 된다. 경직된 역할 구조가 유동적 역할 구조로 바뀌면서, 각 사람은 훨씬 많은 부류의 사람들과 자유롭게 정보를 교환하고 협조를 하게 된다. 기독교인도 예외가 아니다. 과거에는 자신이 다니는 교회에서 얻는 정보가 신앙생활의 거의 전부였다고 해도 과언이 아니지만, 정보사회로 진입하면서 자신이 속한 교회 이외에 수많은 경로를 통해 신앙의 내용을 채우게 된다.

한편 대인관계의 성격과 구조 또한 훨씬 유동적이고 복합적으로 변해간다. 한정된 사회적 역할이나 조직의 구조에 따라 대인관계가 규정된다기보다는, 관계를 맺는 당사자들 사이의 관계의 질적 성격이 그 관계에 점점 더 많은 영향을 끼친다. 가족 내의 관계를 보면, 과거에는 사회적으로 경직된 역할이 주어진 구조였다면, 이제는 가족 구성원들 사이의 인격적이고 자유로운 관계성에 의해 모양이 갖춰지는 경향이 늘어나고 있다. 교회 내의 관계도 점차 그런 방향으로 바뀌어 간다. 목회자의 전통적 역할보다는 전인적(全人的) 리더십이 점점 중요해지며, 교인들은 교회공동체 내에서 인격적 관계성과 감화(感化)를 경험하기를 더 바란다. 그러므로 관계를 보다 원활하게 하고 심화시킬 수 있는 자유롭고 건강한 의사소통이 절대적으로 중요해진다. 피상적이고 상투적인 의사소통 유형으로부터 정서적이고 자연스러운(spontaneous) 의사소통 유형으로의 변화가 두드러진다. 그리고 의사소통의 교류도 몇몇 역할 관계들에 한정되지 않고 다양한 역할의 사람들과 자유스러운 교류로 확대된다. 결국 가족이나 교회 등의 조직 구조는 유동적인 성격을 갖게 되고, 사람들의 자발적인 참여와 활동이 강조된다. 이러한 유동적인 구조를 잘 이끌어가기 위해서는 원활한 의사소통 능력, 감정적 교류의 능력, 융통성 있는 타협 및 이해의 능력 등이 요청된다.[3]

목회자는 이러한 과제들을 수행할 수 있도록 스스로를 준비해야 한다. 그리고 앞으로의 가족목회는 가족의 각 구성원들이 새로운 자아와 사회적 능력을 발전시킬 수 있도록 목회의 구조를 개혁하고 목회의 활동을 개발하여야 할 과제를 안고 있다. 조직 중심적, 교리 중심적, 제도 중심적 교회 체제 속에서는, 타인에 의하여 주어진 역할 각본이 중요시되고, 그 각본에 따라 행동과 감정이 강하게 통제되며, 타인에 대한 자아의 순응이 강조되는 경향이 있다. 앞으로의 목회 구조에서는 조직보다는 개인에, 제도보다는 관계에, 교리보다는 신앙적 경험에 중점을 두는 것이 요구될 것이다. 다시 말하면, 교인 개개인의 자율성이 확대되고, 교인들 사이의 참여적이고 자발적인 관계성이 증진되며, 생각과 활동의 틀이 다양하고 유동적으로 넓어지는 방향으로 목회의 구조가 변화되어야 한다는 것이다.

개인과 관계가 중심이 되는 목회 구조의 관점에서는, 가족 안에서의 개인과 관계의 성숙이 중요하게 부각된다. 개인이 관계 속에서 자아를 발견하고 성숙하는 데에서 가족이 가장 기초적인 장(場)을 이루기 때문이다. 산업화되기 이전 사회에서 가족은 생산공동체의 성격이 강하였고, 산업사회에서는 소비공동체 및 정서적 도피처로서의 성격이 강하였다면, 포스트모던 사회에서 가족은 개인과 관계의 성숙을 위한 기본적인 장이 된다. 여기에서 가족은 외부의 더 큰 조직에 종속되어 있는 것도 아니고, 가족 자체가 최종적인 목적이 되는 것도 아니다. 가정은 구성원들이 자발적이고 창조적으로 상호 관계 속에 참여하면서 함께 성숙해 가는 기초적인 단위가 되는 동시에, 다른 가정 및 사회 조직과 수평적이고 유동적인 그물망 관계를 유지해 나가게 된다.

앞으로의 목회는 이렇게 가정을 기초적인 단위로 하여 개인과 관계가 다양한 교회적·사회적 그물망 구조 속에서 성숙해 가도록 돕는 모습이 되어야 할 것이다. 이러한 관점에서 볼 때, 가정사역이란 가족을 위한 몇몇 프로그램을 시행하는 것이 아니라, 교회공동체 속에서 각 가족을 양육하는 데에 목회활동 전체가 초점을 맞추는 것이라고 할 수 있다.

가정사역의 기능

가정사역은 특정 프로그램이 아니라 통합적인 목회사역이다. 라이언과 스미스(K. Brynolf Lyon and Archie Smith Jr.)는 가정사역의 네 가지 주요 기능에 대해 다음과 같이 말한다.[4]

첫째, 교회공동체가 각 가족에게 도덕적·신앙적으로 공동체적 기반이 되어

주는 것이다. 교회는 신뢰, 정의, 책임의 공동체로서, 각 가족은 그 공동체 안에서 자신이 뿌리내리고 있음을 발견하며, 이에 기초하여 개인적·관계적 갈등에서부터만이 아니라 사회적·문화적 위협들로부터 자신을 지켜낼 힘을 얻는다. 이러한 교회의 기능은 가족에게 크게 두 가지를 제공함으로써 이루어진다. 하나는 가족의 의미, 목적, 관계성 등에 대한 관점과 비전을 제공하는 것인데, 이는 설교, 성경공부, 교육 등을 통해서 이루어진다. 다른 하나는 가족을 뒷받침하는 관계적 망(network)을 제공하는 것으로 속회(구역회)나 선교회 등 기존의 작은 공동체들을 활용할 수 있다.

둘째, 가족 관계를 건전하게 유지하고 발전시킬 수 있도록 구체적으로 돕는 것이다. 이것은 일반적으로 교회에서 시행되는 가정사역 프로그램을 통해서 이루어진다. 이 기능은 두 종류의 자원(資源)을 통해 이루어지는데, 하나는 교회 전통에서 이어져 온 도덕적·종교적 자원들이며, 다른 하나는 심리학·상담학에서 연구해 온 관계적·정서적 기술이다. 종교적 자원은 가족들에게 심리학적 자원이 줄 수 없는 깊은 신뢰와 사랑의 샘이 될 수 있으며, 심리학적 관점이 종종 결여하고 있는 영적·윤리적 방향을 제공한다. 성서의 말씀에 대한 믿음과 예배를 통한 헌신의 경험은 심리적 통찰 및 관계적 기술을 발전시키기 위한 토대가 될 것이다. 믿음과 헌신의 토대가 있더라도, 현실적인 가정생활 및 가족 관계에서 부딪치는 어려움을 극복하기 위해서는 구체적인 기술 또한 필요하다. 이 기술들은 심리학·상담학에 의해 제공될 수 있다.

종종 심리학적 저술들이 기독교 신앙에 위협적인 영향력을 준다고 인식하곤 하는데, 이는 심리학적 차원과 종교적 차원의 경계선을 적절히 구분하지 못하는 데서 오는 오해이다. 예를 들자면, 어떤 부부가 진실한 신앙을 가지고 헌신의 삶을 살면서 교회 공동체와 사회 공동체에서 좋은 영향력을 끼치고 있음에도 불구하고, 실제 부부 생활에서는 서로에 대한 기대나 관계 방식의 차이를 극복하지 못하고 적잖은 갈등 가운데 있을 수 있다. 만일 그 부부가 관계 맺는 방식에 있어서 서로 어떤 차이가 있는지, 서로의 성(性)에 대한 기대 차이가 무엇인지, 또 그들이 각각 성장 과정에서 학습한 것들에 어떤 차이가 있는지 등을 이해한다면, 그들은 서로를 훨씬 깊이 이해하게 될 것이고 부부 관계의 질은 훨씬 높아질 것이다. 심리학은 개인의 행동, 정서, 경향, 기대 등을 구체적으로 이해하고자 하는 것으로, 개인의 삶이나 가족 관계에 구체적으로 영향을 미친다. 비유하자면, 우리가 우리 몸의 특성을 이해할 때 몸의 건강을 유지할 수 있는 것과 마찬가지이다. 마찬가지로 우리가 심리학적 특성을 이해할 때 심리적 건강을 유지할 수 있는 것이고, 이는 정상적인 성장, 정서적 행복, 행동의 건전성 그리고 관계적 원활함을 이루는 데에 필수적 요소인 것이다.

그러나 위의 그 부부로 하여금 삶과 관계의 좌절에도 불구하고 희망을 향하여 헌신할 수 있게 하고, 서로의 관계에 대하여 신실성을 지키려는 결단을 하도록 돕고, 그들의 삶을 통하여 교회 및 사회 공동체에 사랑의 기여를 하도록 소명을 갖게 하는 것 등은 종교적 차원을 통해서 가능하다. 신앙을 통하여 그들의 삶은 궁극적 가치를 향하게 되고, 그 궁극적 가치를 중심으로 삶과 관계들은 건강한 질서를 이룬다. 성서의 말씀을 듣고 예배에 참여함으로써 실존적 공허와 불안을 넘어 평화를 발견하고, 그 평화를 기초로 그들은 타인을 위한 봉사에 참여하게 된다.

셋째, 어린이 및 청소년이 건강한 신앙인으로 성장하도록 돕는 것이다. 이는 두 가지 경로를 통해 가능한데, 하나는 직접 어린이와 청소년을 상대로 교육하거나 돌봄을 제공하는 사역이고, 다른 하나는 부모를 도와서 그들이 자녀들을 효과적으로 잘 양육하도록 하는 것이다. 전자는 가정사역적 관점이 통합된 교회학교 사역이라고 말할 수 있다. 여러 가지 면에서 가정사역은 기독교 교육과 밀접한 관련을 갖고 있다. 어린이와 청소년은 각자 자신의 가정에 속해 있기 때문에, 그들을 위한 기독교육의 우선적 장(場)은 바로 가정이다. 그러므로 자녀의 건강한 성장을 위한 부모 교육은 아무리 강조해도 지나치지 않는다.

넷째, 교회는 가정을 하나님의 뜻 위에 세움으로써 그들을 세상으로 파송한다. 각 가정은 스스로 행복하고 건강한 것으로 모든 목적을 이루는 것이 아니라, 세상에 있는 다른 가족들을 돌보고 치유하는 사역을 위해 부름을 받는 것이다.

가정사역의 실천

머니(R. Money)는 이렇게 말한다. "가정사역이란 당신이 새롭게 시작하거나 추가하는 어떤 것이 아니다. 그것은 이미 어느 정도 존재하고 있으며, 단지 교회가 하고 있는 모든 활동 속에 통합될 필요가 있을 뿐이다."[5] 다시 말하면, 예배와 설교를 비롯한 교회의 활동은 이미 간접적으로 가정들을 돌보고 가르치고 있다는 것이다. 특정한 가정사역 프로그램만이 가정사역이 아니라, 목회 자체가 이미 가정사역의 기능을 갖고 있는 것이다. 이러한 점에서 머니는 목회의 모든 활동 속에 가정사역적 목적과 관점이 내재되어 있어야 한다고 말한다.

그는 가정사역의 통합적 접근(wholistic approach)을 제안한다. 그의 제안은 다음 그림에 잘 표현되어 있다. 그는 가정사역의 내용을 크게 네 부분으로 나눈다. 예방(Prevention), 양육(Enrichment), 상담(Counseling), 봉사(Outreach)[6], 이 네 가지 영역은 따로 분리되어 있는 것이 아니라 서로 연결되고 서로 보완함으로써 가족들로 하여금 건강하게 성장하도록 돕는다.

예방

예방은 부부 및 가족으로 하여금 긍정적 성장을 위한 과제를 확인하고 이에 필요한 자원을 개발하도록 돕는 것이다. 크게 말하자면, 예배와 봉사를 비롯한 교회의 모든 활동은 간접적으로 가족을 위한 예방적 기능이 있다고 할 수 있다. 진실하고 깊은 예배를 경험하는 일은 개인의 신앙심을 키울 뿐 아니라, 개인으로 하여금 좌절에 직면할 수 있는 용기를 갖게 하고, 자기중심을 넘어서서 타인을 수용하고 이해하는 방향으로 나아가도록 도울 수 있다. 설교 역시 가족의 삶을 키우기 위한 예방적 교육이 될 수 있다. 따라서 목회자는 특정 프로그램만이 가족을 돕는 것이 아니라, 교회생활의 모든 영역이 가정생활을 위한 교육과 훈련의 기회가 될 수 있음을 염두에 두어야 한다.

예방에 관한 구체적 프로그램의 예를 들자면, 결혼예비상담, 결혼예비 교육, 부모 교육, 재혼부부 교육 등이 있다. 결혼예비상담은 주례를 맡은 목사가 결혼식을 앞둔 예비부부에게 교육 및 상담을 제공하는 것으로서, 이 책의 제7장에서 자세히 다루었다. 결혼예비 교육은 결혼을 앞둔 예비부부들을 대상으로 단체 교육을 하는 것이다. 이것은 주로 교육적 과정이며 그 주제는 결혼에 대한 신학적 이해, 부부의 의사소통, 부부의 성생활, 자녀 교육 등이다. 한편 일반 청년부 회원들에게 생애 주기(life cycle) 과정 중 청년기에서 결혼에 이르기까지 어떤 과제들이 있는지 교육하는 것도 큰 도움이 될 수 있다. 부모 교육은 요즘 지방자치단체나 사회단체에서 시민들을 대상으로 많이 이루어지고 있다. 부모 교육에 관한 전문서적도 많이 출판되어 있고, 부모 교육 전문기관에서 부모 교육 전문가를 키우기도 한다. 부모 교육은 부모로 하여금 아동기나 청소년기의 자녀들이 건강하게 성장하려면 무엇이 필요한지 이해하도록 돕고, 자녀와 건강한 관계를 맺는 방법이나 기술을 가르침으로써 그들이 성장 지향적인 부모-자녀 관계를 맺을 수 있도록 돕는 것이다. 오늘날 재혼이 늘어남에 따라 재혼부부 교육이 중요해졌다. 재혼 가족은 초혼 가족과는 매우 다른 과제와 어려움을 갖고 있기 때문에, 재혼을 준비하는 부부가 이와 관련된 교육을 받는 것과 안 받는 것에는 큰 차이가 있다. 이 책의 제10장을 참조하고 "부록 2"를 사용한다면, 목회자가 재혼 예비부부를 교육하는 데에 크게 어렵지 않을 것이다.

가족으로 하여금 성장의 잠재력을 활용할 수 있도록 돕는 것이 양육이다. 모든 부부와 가족은 아무리 문제가 많아 보일지라도 긍정적 가능성과 잠재력을 가지고 있다. 양육적 목회나 잘 설계된 교육은 많은 가족들을 자기 갱신(更新)의 길로 인도할 것이다. 목회자가 개인과 가족에 대하여 양육적 태도를 가지고 예배와 설교를 제공한다면 그들의 잠재력이 실현되도록 북돋울 것이다. 교회의 소그룹(속회 또는 구역회)은 개인과 가족의 양육을 위해 더없이 소중한 자원이다. 소그룹 지도자들에게는 특별한 교육과 훈련이 필요하다. 목회자는 정기적인 교육을 통하여 소그룹 지도자 자신이 치유와 양육의 경험을 하도록 해야 할 것이다. 그러한 준비된 지도자들은 정기적인 소그룹 모임을 함으로써 개인과 가족들이 건강하게 성장하도록 꾸준한 양육을 제공할 것이다.

양육

양육에 관련된 구체적 프로그램에는 부부 세미나, 부모-자녀 대화 프로그램, 고부 간 대화 프로그램, 노인대학, 아버지학교, 마더와이즈(Mother Wise) 등이 있다. 부부 관계를 심화하고 양육하는 프로그램으로는 전 세계적으로 시행되고 있는 ME(Marriage Encounter)가 있는데, 우리나라에서는 오래전부터 가톨릭교회에서 시행하고 있다. 개신교에서는 교회별로 부부 세미나가 여러 방식으로 이루어지고 있다. 부부 관계 향상 프로그램은 개인적인 성숙, 관계의 성숙, 사회적 관계의 성숙, 영성의 성숙 등을 포괄적으로 함축해야 한다. 이러한 목표를 이루기 위해서 사용되는 방법은 부부간의 정서적인 의사소통, 배우자를 보다 깊이 이해하기 위한 고백과 대화, 성생활에 대한 개방적인 토의, 개방적이고 적극적인 갈등 처리, 차이에 대한 나눔과 상호 인정, 영적인 영역에 대한 나눔 등이 포함될 수 있다. 이 책의 "부록 3"에 부부 양육을 위한 프로그램을 소개해 두었다. 이러한 프로그램은 갈등이 너무 심각하여 치료가 필요한 부부에게는 적합하지 않다. 이 프로그램의 목적은 부부 관계를 활성화하고 서로에 대한 이해를 돕고자 하는 것이다. 이 워크숍을 위해서는 부부가 반드시 함께 참여하여야 한다.

부모-자녀 관계를 향상시키기 위한 프로그램도 일반 사회기관 및 종교기관 등에서 시도되고 있다. 부모와 자녀가 직접 참여하여 서로에 대한 불만과 소망을 나누고, 서로에 대해 보다 깊은 이해를 도모함으로써 의사소통의 물꼬를 트는 시도들이 이루어진다. 자녀의 연령에 맞게 프로그램이 설계되고 진행된다면, 종종 막혀 있거나 갈등 상황에 있는 부모-자녀 관계가 새로운 전기를 맞을 수 있다.

한국의 전통 가족에서 고질적이던 고부갈등은 오늘날 새로운 양상을 띠고 있다. 우선 고부가 한 지붕 아래 사는 비율이 급속하게 줄어들고 있어서, 매일매일 직접 부딪치는 가족은 그리 많지 않게 되었다. 고부 사이의 세력 구도도 달라져 전처럼 시어머니가 며느리에게 전권을 휘두르는 경우는 보기 드물게 되었다. 그럼에도 불구하고 전통적인 역할과 기대가 많은 부분 남아 있어, 고부 사이의 긴장과 갈등은 여전히 양자를 고통스럽게 한다. 이들에게 대화와 이해의 기회를 만들어 줌으로써, 양자가 겪는 피해를 줄이고 보다 성숙한 관계를 만들고자 하는 프로그램들이 여러 기관에서 시도되고 있다.

노인대학은 이미 한국 개신교회의 주요 프로그램으로 자리 잡았다. 노인 인구가 급증하고 자녀와 별거하는 노인들이 많아짐으로 노인의 여가생활 필요성은 주요한 사회문제가 되었다. 노인대학은 이러한 필요성을 겨냥함으로써, 수많은 노인들로부터 환영을 받았다. 한 가지 제안을 한다면, 노인대학이 노인 개개인에게 즐겁고 유익한 시간을 제공해 주는 것으로 그칠 것이 아니라, 그들이 종종 버림받았다고 느끼는 가족 관계를 회복하도록 돕는 것도 필요하다는 것이다.

아버지학교는 한 교회에서 시작되어 한국 사회 전체에 큰 반향을 일으킨 프로그램이다. 이것의 장점은 사회 변화 속에서 남성 또는 가장으로서 위협을 느끼고 있는 한국의 아버지들에게 그들의 정체성을 새롭게 발견하고 가장으로서의 지위를 잘 수행할 수 있도록 도왔다는 점이다. 또한 수료한 아버지들이 연대(連帶, solidarity)함으로 서로에 대한 격려와 지원, 더 나아가 다른 아버지들을 돕는 봉사(outreach)로 확대되어, 한국 사회에서 드물게 보는 일종의 남성(男性) 연대를 만들어내었다. 하나의 가정사역이 사회 전체에 큰 영향력을 행사한 좋은 예라 하겠다. 한 가지 아쉬운 점은 아버지로서의 역할을 강조하다 보니, 전통적인 가부장으로서의 모습이 지나치게 강조되는 것이다. 세계적으로나 국내적으로나 가정 내에서의 남성과 여성의 지위와 역할이 변화되고 있는 현실 속에서, 아버지학교가 자칫 전통적 역할로의 회귀를 도모할까 염려된다. 아버지로서의 역할과 책임을 통해 정체성을 분명히 가지도록 돕는 동시에, 여성 또는 어머니의 역할을 존중하는 것도 함께 강조되어야 할 것이다.

마더와이즈 역시 유사한 한계를 지니고 있다. 최근에 목회자 부인들을 중심으로 마더와이즈 프로그램이 급속도로 확산되고 있다. 이것은 자녀 양육을 하면서 가정 내에 고립되어 있는 많은 어머니들에게 하나의 상호 지원 공동체(self-support group)를 제공해 줌으로써 고립에서 벗어나 서로 격려와 정보를 나눌 수 있도록 한다. 그리고 성경을 함께 공부함으로써 여성으로서, 어머니로서의 정체성을 세워나갈 수 있도록 돕는다. 이 프로그램 또한 어머니를 이해하는 데에서 전통적인 여성 역할에 머물러 있음으로 인해 여성 및 어머니의 새로운 이미지를 통합하는 데 실패하고 있는 것이 아닌가 염려된다. 만일 그렇다면, 변화하는 새로운 사회 환경 속에서 살아가는 여성들이 마더와이즈 프로그램을 통해 갈등과 혼란을 겪게 될지도 모른다.

상담

상담은 이미 해결하기 어려운 갈등에 휩싸인 가족들을 돕기 위한 수단이다. 서로에 대한 불신과 적대감의 골이 매우 깊은 부부에게 예방이나 양육의 시도를 함으로써 어떤 긍정적 전환을 가져오기란 거의 불가능할 것이다. 이럴 때에는 집단을 통한 단기 프로그램이 오히려 잠재해 있던 갈등을 부추기게 될 수도 있다. 이 책의 제6장과 제7장에서 다루는 가족상담과 부부상담은 이러한 가족들을 돕기 위한 가이드가 될 것이다. 목회자의 단기적 상담만 가지고는 충분치 않은 경우도 많기 때문에, 부부 및 가족 상담가에게 위탁해야 할 때가 있을 것이다. 목회자가 상담 전문가에게 위탁하였다고 해서 목회자의 책임이 끝난 것은 아니다. 목회자 및 공동체를 통한 격려, 예배, 교육은 여전히 그들에게 큰 힘이 될 것이다.

특별히 이혼 위기에 있다거나 재혼한 가족에게도 상담의 도움이 절대적으로 필요할 것이다. 이 책에서 이혼 및 재혼에 관련된 제9장과 제10장이 참고가 될 것이며, 필요할 경우 전문가에게 위탁할 수 있을 것이다. 가정폭력 및 성폭력이 연루된 가족의 경우에는 특별한 이해와 돌봄이 필요하며, 상담 전문가의 도움이 필요할 가능성이 많다.(이 책의 제11장 참조) 알코올이나 도박 중독자가 있는 가정의 경우, 중독자에 대한 치료뿐만 아니라 가족 전체에 대한 돌봄과 상담이 필요하다. 왜냐하면 중독자가 갖고 있는 행동 특성 때문에, 가족 관계 전체가 건강하지 못한 억압, 통제, 왜곡의 위협을 받고 있기 때문이다. 중독자 가정에서 성장한 자녀들은 자신의 감정을 억압하고 관계 의존적으로 되기 쉬우며,

자존감이 매우 낮을 가능성이 높다. 그러므로 이러한 면과 관련해서 상담을 통한 치유가 필요할 것이다.

봉사

앞에서 언급하였듯이, 그리스도 안에서 양육 받고 성숙한 가정은 세상을 향해 나아가도록 부름 받는다. 타인을 섬김으로써 그리스도인의 삶은 완성된다. 교회는 사회로부터 고립된 섬이 되어서는 안 되며, 가정사역은 교회 안의 가족들에게 머물러서는 안 된다. 우리가 살고 있는 사회의 많은 가족들도 도움이 절실히 필요하다. 우선 교회에 속한 개별 가족들은 그들이 속한 지역사회, 직장, 친지 등과의 관계 속에서 도움과 돌봄이 필요한 개인과 가정을 향해 손을 내밀 수 있다. 그들은 하나님으로부터 그리고 교회공동체로부터 받은 사랑과 은혜의 힘을 통해 자신을 건강하게 할 뿐만 아니라 이웃을 향한 돌봄과 섬김의 길로 나아갈 수 있다.

그러나 개별 가족이 할 수 있는 일은 제한되어 있기 때문에, 교회 내의 가족이 힘을 모아 지역사회의 가족들을 위한 여러 가지 일을 할 수 있을 것이다. 머니는 이를 진행하기 위한 몇 가지 단계를 제안하고 있다.[7] 우선 지역사회의 필요를 알아보기 위해 그는 설문지와 인터뷰를 제안한다. 이를 위하여 자원자들로 구성된 팀을 만들어야 한다. 그들은 간단한 설문지를 만들어서 지역사회를 대표하는 주민들을 대상으로 어떤 도움이 필요한지 인터뷰를 한다. 이 자료를 요약하고 평가한 후, 필요의 긴급성에 따라 그리고 교회가 갖고 있는 자원의 성격에 따라 프로그램의 우선순위를 정한다. 실시할 프로그램이 정해지면, 이를 실천하기 위한 구체적 계획을 세운다. 그 계획은 교회공동체에 보고되고, 적절한 절차에 따라 시행 여부가 결정될 것이다. 어떤 프로그램의 시행이 결정되면, 여기에 참여한 자원자 가족을 모으고, 필요하다면 적절한 훈련과 교육을 할 수도 있다. 프로그램을 실행하여 지역사회에 도움을 주는 것도 중요하지만, 교인 가족들이 여기에 참여하여 협동적인 섬김의 경험을 갖는 것도 못지않게 중요하다.

우리나라의 교회는 이미 지역사회를 위해 많은 봉사들을 하고 있다. 많은 교회들이 사회복지사업을 통해 청소년, 노인, 가계 곤란자들을 섬기고 있다. 그리고 사회관 등을 운영하며 가정사역 프로그램이나 상담을 제공하는 교회들도 적지 않다. 지역사회의 독거노인에게 음식을 제공하는 사역도 종종 이루어지고 있다. 그 외에도 교회 내의 가정사역 프로그램들을 교인들에게 제한하지 않고 지역사회의 가족들에게 공개하는 것만으로도 좋은 봉사가 될 수 있다.

---

1 | 그리핀, "포스트모던 시대의 영성과 사회 (3)," 〈세계의 신학〉 38호(서울: 한국기독교연구소, 1998 봄), 204.
2 | Jerald Hage and Charles H. Powers, *Post-Industrial Lives: Roles and Relationships in the 21st Century*(Newbury Park, CA: Sage Publications, 1992), 139~140.
3 | 위의 책, 179.
4 | K. Brynolf Lyon and Archie Smith Jr. (Editor), *Tending the Flock: Congregations and Family Ministry*(Westminster John Knox Press, 1998), 7~9.
5 | Royce Money, *Ministering to Families: A Positive Plan of Action*(ACU Press, 1987), 87.
6 | 위의 책, 88~91.
7 | Money, *Ministering to Families*, 161~176.

가족상담

가족 문제에 대한 시스템적 접근

제6장

가족상담

가족 문제에 대한 시스템적 접근

개인적 관점에서 체계(시스템)적 관점으로

다음은 한 청년의 사례이다.

ㄱ군은 부모의 뜻을 잘 따르는 아들로 성장하였다. 형은 자랄 때 부모와 갈등이 많았고, 직장을 다니는 지금까지도 부모와 갈등이 커서 얼마 전 혼자 방을 얻어서 나갔다. ㄱ군은 대학 졸업반을 맞아 진로 문제로 고민하다가 청년부 담당 목사와 상담을 하게 되었다. 그는 형과는 달리 부모의 기대를 충족시켜 왔다. 그런데 대학원에 진학하여 계속 공부하기를 바라는 부모와 달리 그는 무언가 사회생활을 통해 현실에 부딪쳐 보고 싶었다. 그의 부모는 독실한 기독교인이다. ㄱ군에게도 교회생활은 자연스러운 생활환경이 되어 왔다. 목사가 신앙생활과 관련하여 물었을 때, ㄱ군은 '하나님이 멀게 느껴진다.'고 말했다. 진로와 관련하여 대화를 나누는 중에, ㄱ군이 부모의 뜻을 거스르는 것을 크게 부담스러워하고 있음을 알 수 있었다. 그는 그 거역이 하나님의 뜻을 벗어나는 길은 아닐까 하는 두려움도 갖고 있었다.

이 사례에서 등장하는 ㄱ군은 우리가 교회에서 흔히 발견하는 청년이다. 그는 어려서부터 부모의 손을 잡고 교회에 다녔고, 성장하는 과정에서도 착실히 교회생활을 하였을 것이다. 학교생활에서나 가정생활에서 별다른 갈등이 나타나지 않았고, 대체로 부모의 뜻을 잘 따랐을 것이다. 그런데 이런 경우 보통은 청소년기와 청년기를 지나는 어느 한 시점에서 내적인 갈등이 나타나기 시작한다. 빠르면 중·고등학교 시절, 아니면 대학 시절을 지나면서 그러한 갈등이 나타난다. 그 갈등은 처음에 혼자만의 내적 고민으로 시작되지만, 결국에는 부모와의 의견 차이로 드러나게 된다. ㄱ군의 경우에는 그것이 진로에 대한 고민으로 나타났다. 다른 경우에는 이성 관계, 신앙 문제, 친구 관계 등으로 나타날 수도 있다. ㄱ군은 지금까지 부모의 뜻과 크게 부딪치지 않고 성장해 왔다. 그는 부모의 뜻이 대체로 자신에게 맞는다고 느꼈을 것이다. 부모가 제공한 환경은 그에게 별 문제가 없었고, 교회 역시 그에게 당연히 있어야 할 곳으로 여겨졌을 것이다. 그런데 어느 순간, 지금까지 자신에게 당연시되던 것들이 그렇지 않게 느껴지기 시작한 것이다.

체계(시스템)적 문제 인식

왜 그럴까? 이에 대해 사람들은 흔히 사춘기의 갈등이라고 부른다. 또는 성장하면서 있을 수밖에 없는 갈등의 과정이라고 여기기도 한다. 어떤 경우에는 친구들의 유혹이나 사회생활의 갈등 때문이라고 말하기도 한다. 물론 이런 요소들이 다 존재할 것이다. 그러나 우리가 간과하지 말아야 할 관점이 하나 있는데, 그것은 가족이라는 작은 집단이 갖고 있는 체계적(시스템적) 문제이다. 가족이나 부부에게 목회적 돌봄을 베푸는 목회자가 꼭 생각해야 할 관점이 바로 이것이다. 목회자에게 이 관점이 특히 더 중요한 것은 교회공동체 역시 체계적(시스템적) 과정 속에 있기 때문이다. 이에 관해서는 제8장에서 자세히 다룰 것이다. 개인이 집단에 의해 영향을 받는다는 사실은 누구나 잘 알고 있는 사실이다. 그러나 대부분의 경우에는 개인이 '어떻게' 집단의 영향을 받는지를 잘 알지 못한다. 20세기 중반 이후에 발전하여 온 가족상담(가족치료)은 가족 사이의 관계와 개인적 문제 사이의 연관성을 밝혀감으로써 개인의 문제를 해결하려고 노력해

왔다. 이 관점은 집단 체계(시스템)의 과정 속에서 개인의 행동이나 정서를 살펴보려는 것이다.

이러한 관점에서 ㄱ군의 갈등을 살펴본다면, 우리가 겉으로 보고 판단한 것과는 사뭇 다른 문제들이 숨겨져 있음을 발견하게 된다. 위의 사례에서 ㄱ군의 부모는 자녀들에게 독자적 공간을 넉넉하게 허용하기보다는 자신들의 뜻을 자녀들에게 요구하는 경향이 많았을 것이다. 그러한 부모에게 두 형제는 서로 반대의 태도를 보였다. 형은 요구하는 부모에게 반항하여 갈등 관계를 만들었고, 반대로 동생은 부모의 뜻을 비교적 잘 따라서 순응하는 관계를 만들어 왔다. 형은 자신의 뜻을 관철하였을지는 몰라도, 부모와의 관계에서는 심각한 갈등을 경험하였다. 거기에는 한편으로는 강요하는 부모를 향한 분노가 있었을 것이고, 다른 한편으로는 자신이 부모에게 반항한 것에 대한 죄책감이 있었을 것이다. 동생인 ㄱ군은 이와는 대조적인 문제를 안고 있다. 그는 부모의 기대를 충족시킴으로써 부모와 평탄한 관계를 유지해 올 수 있었다. 그러나 그것을 위해 ㄱ군이 희생해 온 것이 무엇이었는지가 지금에 와서야 겉으로 드러나게 되었다. 그는 자신의 원하는 상당 부분을 희생할 수밖에 없었다. 형이 자신의 욕구와 뜻을 버리지 않기 위해 부모와의 평탄한 관계를 희생하였다면, 그는 부모와의 평탄한 관계를 유지하기 위해 자신의 욕구와 뜻을 희생했다고 말할 수 있다. 의식하지는 못하지만, 그에게도 역시 분노와 죄책감이 있을 수 있다. 자신의 욕구와 뜻을 억압하도록 만든 부모를 향한 분노가 무의식적으로 숨어 있을 수도 있고, 더 나아가 부모에게 대항하지 못했던 자신을 향한 분노가 있을 수도 있다. 또한 순응적이기만 한 자신에 대하여 죄책감이 있을지도 모른다.

위에서 ㄱ군은 '하나님이 멀게 느껴진다.'고 고백하였다. 부모와의 관계에서 순응적으로 살아온 그는 하나님과의 관계에서도 그럴지 모른다. 순응(順應)은 성서적인 의미의 순종과는 다르다. 자신의 정체성과 욕구를 분명히 인식한 상태에서 하나님의 더 큰 뜻을 이해하여 —때로는 불분명하게 이해할 수도 있으나— 따르고자 하는 것이 진정한 의미의 순종이라면, 여기에서 말하는 순응은 자신의 정체성과 욕구를 인식하지 못하거나 또는 억압받고 있는 상태에서 상대방이 하자고 하는 대로 그저 따라가는 것을 말한다. ㄱ군은 부모의 뜻에 순응하며 살아온 것처럼, 순응적 신앙생활만을 해왔을 가능성이 많다. 부모나 교회가 가르치는 대로 교회생활을 하는 것이 사춘기 전까지는 필요하지만, 사춘기에 이르러서는 자신의 내적 확신을 얻음으로써 교회의 가르침이 개인적으로 내면화되는 것이 필요하다. 그럴 때 그 신앙은 내적으로 깊이 성숙하고 확신에 찬 신앙생활로 성장할 가능성이 열린다. ㄱ군은 사춘기를 지나면서 나름 개별적인 확신의 경험을 하지 못하였을 가능성이 높다.[1] 그 이유는 순응을 요구하는 부모와의 관계에 익숙한 ㄱ군이 교회생활에도 교회의 외적 요구를 따르기는 하였지만, 하나님과의 개인적 관계를 내면적으로 성숙시키는 데에는 부족했을 가능성이 높기 때문이다. '하나님이 멀게 느껴진다.'는 말 속에는 그럴 가능성이 많이 내재되어 있다.

이중구속

ㄱ군이 현재 놓여 있는 상황을 '이중구속'적 상황이라고 말할 수 있다. '이중구속'(double bind)이라는 말은 베이트슨(G. Bateson)과 그 동료(1956)들이 의사소통 이론을 가족치료에 적용하면서 사용한 말이다.[2] 하나의 메시지가 전달될 때 공개적인 수준(overt level)의 메시지와 암묵적 수준(covert level)의 메시지가 상충하면, 그 메시지를 받는 사람의 입장에서 그것은 이중구속으로 경험된다. 공개적으로 드러난 메시지를 받아들이면 암묵적으로 숨어 있는 메시지를 받아들이는 데 실패하게 되며, 숨어 있는 메시지를 받아들이면 드러난 메시지를 받아들이는 데 실패하게 된다. 결국 두 가지의 상충된 메시지 사이에서 성공적인 메시지 수용은 불가능하게 된다. 그러므로 '이중'으로 '구속'받는 경험을 하게 되는 것이다.

여기에서는 이러한 이중구속의 의미를 확대하여, 관계 구조의 상황에서 내적인 요구와 외적인 요구가 지속적으로 상충될 때, 이것 또한 이중구속적 상황임을 지적하고자 한다. 개인의 내적인 욕구를 따르면 외부로부터의 요구를 수용하는 데 실패하게 되고, 거꾸로 외부로부터의 요구를 따르면 개인의 내적인 감정을 억압하고 무시할 수밖에 없다. 이럴 때 이중구속을 경험하게 된다. 이러한 이중구속적 상황은 결국 자신의 욕구와 타자의 요구를 통합하지 못하는 결과를 초래한다. ㄱ군의 경우에는 부모의 요구를 수용하기 위해 자신의 욕구를 인정하고, 표현하고, 실현하는 것을 희생하였다. 이를 나지(I. Boszormenyi-Nagy)는

'부모화'(parentification)라고 불렀다.³ 부모의 뜻에 자신의 뜻을 맡김으로써 독립된 자기 자신을 실현하지 못한다는 의미이다.⁴

반면에, 형은 자신의 욕구를 실현하기 위해 부모의 뜻을 거역할 수밖에 없었다. 이에 관해서는 보웬(M. Bowen)이 '정서적 단절'(emotional cutoff)이라는 표현을 썼다.⁵ 겉보기에는 그가 부모로부터 거리를 두고 심지어 부모로부터 물리적으로 떠나기도 하지만, 사실상 내면적으로는 부모화된 자녀 못지않게 부모에 대한 심리적 의존을 벗어나지 못하고 있다는 것이다. 겉으로는 자신의 의지를 내세우는 것처럼 보이지만, 실상은 부모에 대한 거부 또는 저항을 통해서만 자신을 확인하는 것이기 때문이다. 즉 표면적으로는 부모로부터 독립되고 개별적이 된 것처럼 보이지만, 그것은 정서적 단절일 뿐 정서적 통합은 아닌 것이다. 진정한 성숙과 독립성은 거부와 고립이라는 형태로 나타나는 것이 아니라, 자신의 내적 욕구와 외부로부터의 사회적 요구를 통합할 수 있는 개방적 자기를 통해서만 가능하기 때문이다.

결국은 ㄱ군과 그의 형 모두 자기와 타자를 통합하는 데 실패하게 된다. ㄱ군의 경우에는 타인과의 관계에서 자신을 받아들이는 데 실패하였다. '부모화'라는 개념에서 보듯이 그는 자신을 받아들이기보다는 자신을 착취당하는 관계 속으로 내어주었다. 결국 부모를 받아들이는 대신 자신을 받아들이지 못한다. 형의 경우는 그 반대이다. 자신을 희생하도록 요구하는 부모에게 반항하여 자신의 요구를 앞세웠다. 그리고 자신을 받아들이는 대신 타인을 받아들이기를 거부하였다. 이렇게 두 사람 모두 통합에 실패하게 된 근본적인 이유는 그들의 부모가 자녀들에게 균형 잡힌 관계를 맺어주지 못하였기 때문이다. 부모는 자녀들로 하여금 자신의 욕구 아니면 부모의 요구 둘 중 하나만을 선택하도록 만들었다. 이러한 이중구속적 상황 속에서 자녀들은 자기 자신과 사회적 관계를 균형 있게 통합하는 데 실패하게 된다.

따라서 이 두 사람의 갈등은 개인적 차원의 문제라기보다는 가족 관계의 맥락 속에서 만들어지고 유지되어 온 문제였다. 가족 및 부부 상담은 이와 같이 가족 관계의 맥락 속에서 개인의 문제를 이해하고 치유하고자 하는 접근이다.

가족상담의 첫 번째 과정 - 접촉

ㄱ군의 이야기에서 우리는 그가 현재 경험하고 있는 갈등을 개인적 문제로만 치부할 수 없음을 보았다. 그의 갈등을 해결하려면 그가 가족 관계적 맥락 속에서 어떤 딜레마를 겪고 있고, 그 딜레마 속에서 그가 대처해 온 것이 어떤 결과를 초래했는지 이해해야만 한다. 그의 형의 문제 또한 마찬가지이다. 이제 ㄱ군의 가족을 어떤 과정을 거쳐 도울 수 있는지 살펴봄으로써, 가족상담의 구체적 과정을 서술하고자 한다.

모든 상담은 접촉으로부터 시작한다. 물론 목회자의 경우에는 이미 알고 있는 교인과 상담하게 되는 경우가 많을 것이다. 그러므로 목회자는 설교를 하든지, 심방을 하든지, 또는 가벼운 대화에 이르기까지 이미 교인들과 수없이 접촉하고 있는 셈이다. 이러한 접촉의 결과로 교인들은 목회자에게 어떤 인상이나 느낌을 갖게 될 것이고, 이것을 가지고 목회자와 상담 관계를 시작하게 될 것이다.

목회자와 교인이 상담 관계를 시작할 때, 이미 서로 알고 있는 내용 중에는 장점도 있고 단점도 있을 것이다. 목회자가 주의를 잘 기울인다면, 이미 알고 있는 관계를 활용하여 더 효과적인 돌봄과 치유를 베풀 수 있을 것이다. ㄱ군의 가족을 예로 들어보자. 목회자는 이미 그 가족을 알고 있기 때문에 부모의 성격이나 대인관계 스타일을 짐작해 볼 수 있고, 자녀들의 신상에 대해서도 알고 있을 것이다. 이러한 정보는 목회자로 하여금 그 가족을 이해하는 데 도움을 줄 것이다. 교회생활을 통해서 늘 접촉하고 있기 때문에, 목회자는 그 가족이 도움을 요청하기 전에 문제를 알아차리고 도움을 줄 수도 있고, 상담 이후에도 계속적인 돌봄을 베풀 수 있을 것이다.

물론 단점도 있다. 그것은 교회에서 이루어지는 여러 만남이 상담이라는 긴밀한 정서적 관계를 방해할 수 있다는 것이다. 이와 관련해서는 목회자가 사전에 몇 가지 주의를 기울인다면 충분히 예방할 수 있다. 우선 상담 관계에서 나눈 모든 대화에 관해서 비밀유지가 될 것임을 미리 내담자(상담 받는 사람)에게 주지시키는 것이 중요하다. 그리고 목회자 스스로 자신의 약점과 문제들을 적절히 개방하는 태도를 보여준다면, 내담자가 나중에라도 자신의 문제를 목회자에게 털어놓은 것에 대해 지나친 수치심을 갖지 않을 것이다. 그리고 상담을 진행하는 동안에는, 그 상담 관계가 다른 교인들에게 알려지지 않도록 주의해야 한다. 이러한 주의 사항들을 잘 지킨다면, 교인들에 대한 목회상담은 곤경에 빠진 교인들을 효과적으로 도울 수 있는 좋은 기회가 될 것이다.

공감적 관계

그러면 ㄱ군이 청년부 담당 목사를 찾아 상담을 요청하였을 때, 담당 목사는 이 상담을 어떻게 시작하는 것이 좋을까? 일반적으로 어떤 가족이 목회자를 찾아 가족 전체를 상담해 주기를 요청하는 경우는 거의 없을 것이다. 왜냐하면 가족 관계에 문제가 있다고 할지라도 상담을 요청하는 것은 가족 중의 한 사람인 경우가 대부분이기 때문이다. 가족 관계에 문제가 있을 때, 그 문제가 두드러지게 드러나는 사람은 대부분 가족 구성원들 중 일부이다. ㄱ군 가족의 경우, 우선 ㄱ군의 형에게 문제가 드러났으나, 부모도 그리고 그 자신도 이를 상담 현장으로 가져오지는 않았다. ㄱ군이 대학을 졸업할 때가 되어서야 ㄱ군에게 문제가 드러났고 —그의 문제는 오랫동안 잠재되어 있었다고 보아야 한다— 그는 다행히 이를 상담 현장으로 가져왔다. 아직도 부모는 자신들의 가족 관계에 문제가 있다는 사실을 인식하지 못하고 있을 것이며, ㄱ군의 형이 겪고 있는 갈등에 대해서도 부모와의 관계와 연관성이 있다는 사실을 알지 못할 것이다. ㄱ군이 청년부 담당 목사에게 상담을 요청했을 때에도 그는 자신의 갈등을 자신의 개인적 문제로 인식하고 있었을 것이다.

ㄱ군이 목사에게 상담을 요청했을 때, 목사는 우선 ㄱ군과의 개인상담을 시작하게 된다. 그 개인적인 만남은 상담적 접촉의 시작이다. 목사는 ㄱ군의 이야기를 들으면서 사실은 간접적으로 ㄱ군의 가족과 접촉을 시작하고 있는 것이다. ㄱ군이 그동안 경험한 대인 관계의 기본적 성격은 그의 부모가 그에게 제공한 관계이다. 그런데 ㄱ군이 목사와 경험하는 상담 관계는 그에게 또 하나의 중요한 대인관계 경험이 될 것이다. 특별히 ㄱ군이 자신의 내적인 문제를 털어놓을 때 목사가 어떤 식으로 반응해 주느냐 하는 것은 ㄱ군에게는 결정적으로 새로운 경험이 될 것이다. 따라서 목사가 ㄱ군에게 그의 부모가 하는 것처럼 요구

하기보다는 ㄱ군의 감정을 이해하려 하고 그의 이야기를 들어주고 수용해 준 다면, 목사는 ㄱ군에게 또 하나의 중요한 관계를 제공해 주는 것이다. 어떤 면에서 목사는 ㄱ군에게 일시적으로 가족 관계와 유사한 관계를 제공해 주는 것이다.

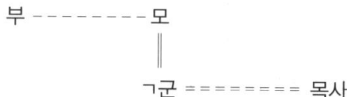

위의 그림을 보면, 담당 목사가 ㄱ군에게 제공하는 관계는 ㄱ군이 속해 있는 가족 관계에 중대한 변화를 가져온다. ㄱ군의 가족의 경우에, 일반적으로 어머니와 ㄱ군의 관계는 상당히 밀착되어 있을 가능성이 높다.[6] 그동안에는 ㄱ군의 정서적 에너지는 어머니와의 강력한 정서적 연대(위의 그림에서 ‖로 표시됨)에 많이 투입되어 있었다. 그런데 현재 ㄱ군은 대학 졸업반을 맞아 그의 정서적 에너지를 그의 개인적 미래로 쏟을 수밖에 없는 상황이 발생하였다. 어머니와의 강력한 정서적 연대가 이제는 그에게 하나의 부담으로 다가온 것이다. 이것이 바로 ㄱ군이 현재 겪고 있는 갈등의 본질이다. 그런데 만일 목사가 ㄱ군의 어머니와 달리, 자신의 미래를 향하여 에너지를 투입하고자 하는 ㄱ군의 마음을 수용하고 격려해 준다면, ㄱ군은 일종의 새로운 부모상(象)을 만나는 셈이다. 그렇다면 위의 그림에서 나타난 바처럼, ㄱ군과 어머니 사이의 강력한 정서적 연대는 변화를 맞게 된다.

여기에서 우리는 상담의 중요한 하나의 포인트를 보게 된다. 목사는 지금 ㄱ군과의 첫 번째 면담에서 그의 이야기를 수용적 태도로 들어주고 있을지 모른다. 그는 아직 ㄱ군의 문제가 무엇인지 확실히 알지 못하며, 더욱이 그의 가족 관계가 갖고 있는 문제에 대해서도 잘 모른다. 그럼에도 불구하고 ㄱ군의 갈등하는 마음을 공감하고 수용해 주는 것 자체가 이미 ㄱ군의 가족 관계에 변화를 주기 시작하는 것이다. 이처럼 처음에 상담자가 내담자와 접촉을 시작할 때에 이미 내담자의 내면에 변화가 일어날 뿐만 아니라 그가 속해 있는 가족 관계에까지도 변화를 주고 있는 것이다.

그러므로 목회상담자는 첫 번째 면담을 시작할 때부터 이미 치유와 변화가 시작되고 있다고 생각해야 한다. 변화는 상담자가 새로운 것을 가르치고 그것을 통해 내담자가 새로운 것들을 배워야만 시작되는 것이 아니다. 사실상 더 근본적인 변화는 목회상담자가 내담자에게 어떠한 관계를 제공해 주느냐에 달려 있다. 목회상담자가 내담자에게 제공해 주는 관계는 처음의 접촉으로부터 시작된다. 역기능적(逆機能的)[7]인 가족 관계는 보통 개인과 세대(世代) 사이의 적절한 경계(境界)를 설정하지 못할 때 발생한다. 미누친(S. Minuchin)은 이 경계를 'boundary'라고 부른다. 그에 의하면, 개인과 개인 사이 또는 세대와 세대 사이에 적절한 독립성과 적절한 연대성이 균형을 이룰 때 그 경계는 적절하고 건강하다. 그러한 가족 관계 속에 있을 때, 그 가족 구성원들은 비교적 건강하고 기능적(機能的)인 삶을 살게 된다. 목회상담자는 처음 내담자를 접촉할 때, 내담자가 어떤 개인적 갈등을 갖고 있는지 또는 그의 가족이 어떤 갈등 관계를 갖고 있는지 모른다고 할지라도, 첫 번째 만남에서부터 치유 과정을 시작할 수 있다. 그것은 바로 내담자에게 적절하고 건강하며 치유적인 관계를 제공하는 것이다. 미누친에 의하면, 그것은 경계가 적절하게 설정되어 있는 관계이다. 경계가 적절하게 설정되어 있는 관계란 내담자의 연령, 심리적·사회적 기능 수준 등에 맞게 적절한 독립성과 연대성을 제공해 주는 것이다.

ㄱ군이 만난 목사는 그를 만났을 때 우선 그가 찾아오게 된 동기와 상황에 대한 이야기를 주의 깊게 들어주었다. ㄱ군의 말을 들을 때, 반박하거나 평가하지 않고 우선 그의 상황과 마음을 이해하는 데 주안점을 두었다. 이러한 태도는 ㄱ군의 독립성을 인정해 주면서도 그에게 공감적 관계성을 제공해 준다. 이와 같은 상담 관계는 그간 내담자에게 부모가 이렇게 균형 잡힌 관계성을 제공해 주지 못했으므로, 처음 접촉에서부터 이미 치유를 시작하는 것이다.

재명명

가족상담에서 상담자가 어떤 관계를 제공해 주느냐는 것만큼 중요한 것이 어떤 관점을 제공해주느냐 하는 것이다. 앞에서 언급한 바처럼, ㄱ군의 갈등은 그의 가족 관계와 밀접한 관련이 있다. 부모와 그가 맺고 있는 관계의 패턴(pattern)을 이해하지 못한다면, 현재 그가 겪고 있는 갈등의 성격을 충분히 이해하기 어렵다. 그러므로 상담자는 내담자가 문제를 가지고 올 때, 그것이 그가 속해 있는 가족의 관계 패턴과 관련이 있을 가능성을 항상 염두에 두어야 한다. 상담자가 문제를 개인의 문제로 한정시키지 않고, 보다 확대된 가족 관계의 관점에서 보는 것을 재명명(再命名, relabeling)이라고 부른다.

ㄱ군이 목사를 찾아왔을 때, 그는 자신의 갈등을 자신만의 문제로 생각했을 것이다. 만일 그가 부모에게 자신의 갈등을 말했다면, 부모는 ㄱ군이 쓸데없는 고민을 하고 있다고 생각했을 것이다. 이러한 생각은 모든 문제를 개인적 관점으로 보는 것이다. 그러나 목사가 ㄱ군의 문제를 시스템적 관점에서 본다면 이해가 매우 달라진다. ㄱ군은 '규정된 환자'(identified patient)라고 볼 수 있다. '규정된 환자'란 드러난 증상을 갖고 있어서 본인이나 가족이 '환자는 이 사람이다'라고 규정하고 있다는 의미이다. 그래서 사람들은 그 사람이 문제라고 생각하고 그 사람의 문제를 고치려고 한다. 상담자 역시 이러한 관점을 가지고 이러한 오류를 범할지도 모른다.

목사는 ㄱ군의 말을 들으면서 그의 갈등이 가족 관계의 갈등과 관련이 있을지 모른다는 가능성을 열어놓았다. 그 가능성이 점차 분명하게 드러나면서, 목사는 그의 갈등이 단순히 개인적 문제가 아닌 가족 관계의 맥락과 연관이 있을 수도 있음을 조심스럽게 언급하기 시작하였다. 이렇게 문제의 관점을 개인의 문제로부터 가족의 문제로 전환하게 되는 것을 재명명이라고 하는데, 이러한 전환은 중요한 결과를 가져온다.

첫째, 그것은 '규정된 환자'에게서 '문제는 바로 너야'라는 규정을 벗겨 준다. 이러한 재명명은 ㄱ군이 가질 수 있는 지나친 죄책감을 경감시켜 줄 수 있다. ㄱ군은 자신이 부모의 뜻을 거스른 것에 대해 큰 부담을 가지고, 거기에 문제의 초점을 맞추고 있을 것이다. 그러나 ㄱ군의 문제는 부모의 뜻을 따를 것이냐 아니냐에 있는 것이 아니라, 부모와 ㄱ군 사이에 적절한 'boundary'가 있느냐, 다시 말하면, 그들 사이에 적절한 독립성과 연대성의 균형이 있느냐 하는 데 있다. 가족 체계(family system)적 관점으로 보면, ㄱ군 가족의 진정한 문제는 가족 관계에 있어서 독립성과 연대성의 균형을 회복하는 것이다.

둘째, 문제를 가족의 문제로 재명명하게 되면, 가족이 문제의 소재를 정확히 파악하게 된다. 즉 위의 사례에서 문제가 가족 관계라면, ㄱ군의 문제를 아무리 개인적 관점에서 접근한다고 할지라도 진정한 문제에 도달하지 못한다. 문제를 재명명하는 것은 문제의 소재를 정확히 인식하게 함으로써 변화의 계기를 삼는 것이다.

셋째, 재명명의 과정을 통하여 가족 전체가 치료 과정에 참여하도록 하는 동기를 유발할 수 있다. 즉 치료는 규정된 환자만이 받는 것이 아니라, 가족 전체가 함께 참여해야 할 과정임을 주지하게 되는 것이다. 그렇다고 해서 목사가 ㄱ군의 가족 전체를 상담실로 불러야 한다는 뜻은 아니다. ㄱ군이 재명명의 과정을 통해서 문제를 재인식하게 되면, 그가 부모 또는 형과 관계 맺는 방식이 달라질 것이고, 이로써 다른 가족들도 ㄱ군의 변화의 과정에 참여할 수밖에 없다. 목사와의 만남을 통하여 ㄱ군 개인이 변화하는 것 같지만, 그 한 사람의 변화가 시작되면 다른 가족들도 그 변화의 영향을 받을 수밖에 없는 것이다.

가족상담의 두 번째 과정 – 탐색

앞의 접촉 단계에서는 두 가지 중요한 과제를 이루게 된다. 첫째는 내담자 또는 내담자 가족과 신뢰 관계를 형성하는 것이다. 둘째는 문제에 대해 개인적 관점에서 체계적 관점으로 전환하는 것이다. 상담 과정에서 두 가지 기초를 세운 뒤, 본격적인 탐색의 과정에 들어가게 된다. '탐색'이란 문제를 새로운 관점에서 보다 깊이 이해하고 평가하는 과정을 일컫는다. 문제를 정확하게 이해한다면, 변화와 해결의 과정을 바르게 밟아나갈 수 있다. 여기에서는 가족 구조(family structure)에 초점을 맞춰 탐색 및 평가의 과정을 설명하고자 한다.

구조적 가족치료(family therapy)의 선구자인 미누친은 가족 관계에는 어떤 구조가 존재한다고 말한다. 그에 의하면, 가족의 구조라는 것은 가족 구성원들이 서로 어떻게, 언제, 누구와 관계를 맺느냐 하는 반복적인 상호 교류의 패턴(repeated transactional patterns)이다.[8] 가족 구성원들이 서로 관계 맺는 방식이 일정한 형태로 반복될 때, 이러한 방식은 웬만한 상황 변화에도 불구하고 별로 달라지지 않고 지속된다. 이 지속적인 관계 방식을 구조(structure)라고 부른다. 가족의 구조라는 반복되는 관계 패턴이 건강하지 못한 상태로 지속되면, 그 구조 속에 놓여 있는 가족 구성원 개인들에게 어떤 '증상'이 나타날 수 있다는 사실에 미누친은 주목한다. 그 증상들을 경감시키려면, 개인들이 놓여 있는 구조, 즉 반복되는 가족 관계 패턴이 바뀌어야 한다. 그러므로 구조적 가족치료의 접근에서는 개인들의 문제를 해소하기 위해서 가족 구조의 변화를 시도하는 것이다.

경계(boundary)

미누친은 경계라는 개념을 통해 가족 구조를 설명한다. 미누친은 가족 체계의 성격을 설명할 때, 구성원들 사이의 관계가 얼마나 가까운가, 아니면 얼마나 먼가라는 공간적 관점을 사용한다. 여기에서 우리는 경계라는 개념이 불러일으킬 수 있는 오해를 조심해야 한다. 오해의 소지란, 경계라는 개념이 구분하는 것을 강조하니까 친밀하고 가까운 것은 나쁘다고 생각하는 것이다. 그러나 경계를 말하는 것은 친밀한 관계 속에서의 분화를 말하는 것이다. 미누친이 말하는 경계라는 개념은 가족의 사랑의 친밀한 관계를 전제하고 있다.

사실상 가족 관계란 사회의 어떤 관계들보다도 친밀하게 결속되어 있는 관계이다. '하나님은 사랑이시다'라는 말은 하나님은 관계적이라는 말이다. 피조물과의 관계에서 하나님은 피조물 각자가 아름답게 성장하도록 끊임없이 돌보시고 우리에게 모든 것을 내어주시기에, 우리는 하나님이 우리를 사랑하신다고 말한다. 가족 관계는 피조물을 향한 하나님의 사랑의 관계를 가장 닮았다. 그러므로 가족 관계는 원형적인 사랑의 관계, 즉 원형적으로 친밀한 관계인 것이다. 다만 친밀한 관계가 소위(所謂) 의존적(dependent)인 관계와 동일한 것은 아니다. 독립성이 결여된 의존성은 실제 관계에서 사랑의 실현을 가로막는다. 왜냐하면 상대방이 나의 욕구를 채워주기를 기대하는 것이 의존성이기 때문이다. 따라서 진정한 사랑의 실현을 위해서는 필수적으로 의존성을 극복해야 한다.

따라서 기본적으로 친밀성으로 연결되어 있는 가족 관계에서 미누친은 적절한 경계가 필요하다고 역설한다. 적절한 경계가 혼란스러워질 때, 가족 관계는 건강한 기능을 잃게 되고 친밀성 자체가 오히려 위협을 받게 된다. 적절한 경계는 가족 구성원들 사이의 친밀성이 건강하고 적절하게 기능하기 위해 필요한 것이라고 말할 수 있다. 그런 의미에서 경계는 친밀한 관계의 분화 정도를 말한다. 경계는 가족 구성원 각자가 친밀한 관계 속에서도 분화된 기능을 갖도록 보호하기 위해 필요하다. 그 경계들이 적절하고 분명하게 세워져 있을 때, 가족 구성원들은 부적절한 침해를 받지 않고 자신의 기능을 수행할 수 있다. 경계는 "누가 어떻게 참여하는가를 정의하는 규칙"이다. 경계란 가족 구성원들이 서로에게 적절하게 참여하도록 함으로써, 각 구성원들이 건강하게 기능하도록 돕는 것이다.

경계라는 개념이 가져올 수 있는 또 하나의 오해는 경계가 공간적 거리만을 의미한다고 생각하는 것이다. 물론 경계라는 개념이 공간적 구분을 포함하기는 하지만, 공간적 거리보다는 훨씬 더 넓은 내용을 담고 있다. 경계는 기능적 분화라는 의미에 가깝다고 할 수 있다. 부부가 비록 한 침대에서 잔다고 할지라도 각자의 생각과 정서가 분명히 표현되고 서로 존중된다면, 그 부부는 부부 사이에 분명하고 건강한 경계가 존재한다고 말할 수 있다.

경계가 얼마나 분명한가 하는 것은 구조적 가족치료에서 가족의 기능을 평가하는 기준으로 사용된다. 가족이 기능적인가 아니면 역기능적인가 하는 것은 구성원들 사이의 경계가 적절한가 아니면 부적절한가에 의해 평가된다. 경계가 적절하다는 것은 구성원들 사이에 기능적 분화가 적절히 이루어져 있어서 각자가 건강하게 기능하도록 돕고 있다는 뜻이다.

역기능적 경계는 크게 두 가지이다. 한 가지는 경계가 너무 경직되어 있는 것이고, 다른 한 가지는 경계가 너무 무너져 있는 것이다. 사람과 사람 사이 또는 조직과 조직 사이에 경계선이 너무 경직되게 막혀 있고 그리하여 서로 사이에 소통과 참여가 잘 이루어지지 못한다면, 그것은 서로로부터 이탈되어(disengaged) 있는 것이다. 이때 관계 당사자들은 자율적인 기능을 할 수 있을지는 모르나, 상호 의존, 상호 교류, 상호 지원 등은 잘 이루어지지 못하고 잘 협력하지 못하게 된다. 반대로 만일 제대로 있어야 할 경계가 너무 결여되어 지나치게 밀착된(enmeshed) 관계를 가지면, 관계 당사자들은 지나친 소속감과 의존으로 인해 기능적 자율성을 잃게 된다.

그러므로 건강한 경계란 관계의 당사자들이 각기의 분화된 기능을 잘 수행할 수 있도록 자율성이 주어져 있을 뿐만 아니라, 서로의 필요를 충족시켜 주고 서로 교류하는 상호성도 존재해야 하는 것이다. 미누친에 의하면, 결국 자율성과 상호성이 적절한 균형을 이룰 때에, 관계 당사자들은 각기의 분화된 기능을 잘 수행하는 동시에 이를 위해 필요한 상호 보완과 지원을 주고받을 수 있다. 자율성과 상호성이 조화를 이루는 경계를 가지는 것이 관계의 건전성의 척도이며, 그것은 곧 관계 당사자의 정신 건강으로 이어진다. 다시 말하자면, 지나치게 밀착되어 있거나 지나치게 이탈되어 있는 것은 건강하지 못하며, 적당히 밀착되고 적당히 이탈되어 있는 상태, 즉 밀착과 이탈이 균형을 이루는 상태가 건강한 상태라고 말할 수 있다.

그런데 가족의 발달 단계에 따라서 그 균형의 특징은 달라진다. 어머니-자녀 관계는 자녀가 어릴 동안에는 밀착된 관계에 있으며, 그 밀착된 관계는 자녀 양육을 위해서 필수적이다. 그러나 자녀가 성장해 가는 데도 어머니가 밀착된 관계를 고집한다면 그것은 역기능을 하게 될 것이다. 자녀가 성장하면 어머니는 점차 자녀가 독립하도록 허용해야 하며, 어머니-자녀 관계는 덜 밀착된 관계로 변화하게 될 것이다. 즉 어떤 밀착이나 이탈의 상태 자체가 기능성의 척도가 되는 것이 아니라, 그 상태가 그 가족의 발달 단계나 사회적 상황 속에서 얼마나 적절한가 하는 것이 기능성을 판가름하는 척도가 되어야 하는 것이다.

또 한 가지 고려할 사항은 문화적 요소이다. 서구 문화는 우리 문화에 비해 가족 구성원들 사이의 독립성을 강조하는 편이다. 따라서 서구인의 잣대로 본다면, 우리 문화의 가족 관계는 너무 밀착되어 있다고 말할지도 모른다. 한 예로 부모와 입시생의 관계를 들 수 있다. 입시생을 위해 부모는 지나치게 간섭하며 입시생은 너무 의존적이라고 볼 수 있다. 물론 이 관계가 건강하다고만 볼 수는 없다. 그렇다고 해서 그것을 모두 역기능적인 밀착이라고 치부해 버리는 것도 정확한 평가라고 말하기는 어렵다. 우리의 입시 문화에서 나타난 하나의 특징적인 면이 있기 때문이다. 전체적으로 우리의 가족 문화는 서구의 가족에 비해 더 두드러지게 밀착적이다. 그것은 우리의 정(情)의 문화, 가족주의, 수직적 가족 구조 등에서 기인한다. 우리 문화 속에서 가족 관계를 평가할 때 우리는 이와 같은 면을 고려해야 할 것이다.

세대 간 경계의 탐색

ㄱ군 가족의 경계 문제를 살펴보자. 앞에서도 언급하였지만, ㄱ군과 어머니 사이에는 강한 정서적 유대가 형성되어 있다. 많은 경우, 부부 사이에 정서적 욕구가 충분히 채워지지 않을 때에, 그 욕구가 자녀에게로 향하게 된다. ㄱ군의 어머니도 부부 사이에 크게 갈등이 있지는 않을지 모르나, 남편에게서 충분히 채워지지 못한 친밀감의 욕구가 자녀들에게로 향하게 되었을 가능성이 높다.

사실상 부부와 자녀는 서로 다른 세대이기 때문에, 기능적으로 분명히 구분되어 있어야 한다. 부부 세대의 필요나 기능은 그 자체 내에서 이루어져야 한다. 부부의 친밀감의 욕구는 부부 관계 속에서 채워져야 하며, 부모와 자녀의 관계는 부모의 채워지지 못한 친밀감의 욕구를 채우기 위한 대용품이 되어서는 안 된다.

부부의 기능은 크게 두 가지로 구성되어 있다. 첫째는 부부 사이의 친밀한 관계 유지이다. 부부는 성인(成人)으로 만나 평생의 동반자로 삶을 함께 이루어간다. 그들은 서로 친밀한 관계를 나눔으로써 인격적 기쁨과 성숙(成熟)을 공유한다. 부부 사이의 성숙한 관계 유지를 위해 필요한 과제로서 미누친은 상호 보완(complementarity)과 적응(mutual accommodation)에 대해 말한다.[9] 상호 보완이란 모자란 것을 서로 채워주는 것이며, 적응은 서로 다른 것을 맞추어 가는 것이다. 채워주고 맞추어 주는 것은 부부가 서로로부터 분화하지 않고는 제대로 할 수 없는 과제이다. 분화되지 않고 지나치게 의존적일 때, 부부는 채워준다고 하면서 실제로는 서로 자신의 욕구를 채우려 하게 되며, 맞추어 준다고 하면서 실제로는 상대방으로 하여금 자신에게 맞추도록 강요하게 된다. 부부 각자가 자신의 생각, 정서, 의지, 행동 등을 분명히 인식하고 표현할 뿐만 아니라, 상대방의 생각, 정서, 의지, 행동 등을 존중할 수 있을 때에, 비로소 부부는 서로를 창조적으로 보완하며 서로에 대한 적응을 통해 함께 성장해 가게 된다.

부부의 두 번째 기능은 부모로서 자녀들을 함께 돌보는 것이다. 문제는 부부와 부모는 동일한 사람들이기 때문에, 부부로서의 기능과 부모로서의 기능이 서로 혼란을 일으키는 것이다. 부부로서의 기능은 부부 사이에 이루어지고 충족되고 해결되어야 하는데, 그것이 제대로 기능하지 못하면, 그 갈등과 결손이 부모로서의 기능에 영향을 미치게 된다. 가족 관계의 문제와 갈등은 대체로 여기에서 기인한다.

특히 전통적인 한국 가족의 경우에는 부자(父子) 관계에 부부 관계가 종속되어 있으므로, 현대에도 부모로서의 책임감이 부부 사이의 친밀감을 압도하는 경우가 매우 많다. 가정주부들의 가정 내 가장 중요한 관심사가 자녀 교육과 진로 문제이다. 이 문제가 최대의 관심사인 이유는 자녀들 각자를 위한 관심 때문만이 아니라, 부모 자신의 사회적 지위를 자녀로 하여금 잇게 하거나 또는 부모의 낮은 사회적 지위를 자녀를 통하여 높이고자 하는 목적 때문이기도 하다.

산업화 과정에서 가족은 대가족 중심에서 부부 중심의 핵가족(conjugal family)[10] 형태로 변해가는 경향이 있다. 아버지-아들의 수직적 구조를 중심으로 한 대가족은 농업 사회에 유리하며, 부부 중심의 수평적 구조를 갖는 핵가족이 산업사회에 유리하기 때문이다. 산업사회는 부부 관계가 가족 운영의 중심이 되도록 요청하고 있다.

부부 중심의 가족 구조가 되기 위해서는 과거의 수직적 의사소통이 수평적 의사소통으로 변화되어야 한다. 수직적 의사소통 구조 속에서 보통 남편은 권위주의적으로 경직되어 있고, 아내는 수동적이다. 부부 중심의 가족 구조에서는 부부의 정서적 유대와 친밀감이 기초가 되어 남편-아내의 축을 중심으로 가족의 운영 및 결속이 이루어져야 하는데, 이를 위해서는 위와 같은 수직적 의사소통 구조는 효과적이지 못하다. 부부 중심의 핵가족에서는 남편과 아내의 역할이 거의 같은 비중으로 분화되어 있어서, 남편과 아내 사이의 자유로운 수평적 대화가 없이는 효과적인 가족 운영이 불가능하다. 미누친의 구조적 가족치료는 부부 관계의 강화에 가장 우선적인 강조를 두고 있는데, 이는 현대 사회의 요청에 가족이 부응할 수 있도록 돕는 것이라고 볼 수 있다.

한편 자녀 세대 역시 나름의 과제와 기능을 갖고 있다. 자녀들은 물론 부모로부터 돌봄을 받지만, 부모와 어느 정도 독립된 경계를 유지해야 한다. 왜냐하면 자녀들이 성장하여 사춘기를 지나면서 그들은 성장해 가는 자신을 실험하고 학습할 수 있는 독립된 공간을 가질 필요가 있기 때문이다. 그들은 형제와 자매 사이에서, 자신들의 친구들 사이에서 자신의 독립된 인격의 발달을 실험하고, 독립된 타인들과 협력하고 경쟁하며 친구 관계를 맺는 연습을 해나가야 한다. 그러려면 부모 세대로부터 어느 정도 독립된 경계가 필요하다.

ㄱ군의 가족은 부모 세대와 자녀 세대 사이의 경계가 건강하게 형성되어 있지 못하다. 부부 사이의 정서적 충족이 부족함에 따라, 어머니는 세대와 세대 사이의 경계선을 넘어서 ㄱ군과의 정서적 친밀감을 추구하게 되고 말았다. 물론 부모와 자녀 사이의 정서적 친밀감은 언제나 있게 마련이지만, 부모가 자녀에게 제공하는 정서적 친밀감은 자녀가 성장함에 따라 그 나이에 맞게 제공되어야 하는 것이다. 그러나 부모가 자녀와 맺는 정서적 친밀감이 자녀의 필요를 넘어서서 부모 자신의 필요에 따라 이루어지면, 자녀가 성장함에도 불구하고 그 친밀감은 고착되어 버린다. ㄱ군이 대학 졸업반이 되었음에도 여전히 부모의 요구에 의존해 있는 것은, 그의 부모가 그와의 정서적 친밀감에 의존되어 있기 때문이다. 그리하여 부모 세대와 자녀 세대 사이의 경계선은 무너지고, ㄱ군의 가족 구성원들은 자신의 분화된 기능을 수행하는 데 장애를 겪고 있는 것이다. ㄱ군의 가족의 구조를 약간 극단적으로 그려본다면 다음과 같이 표현할 수 있다.[11]

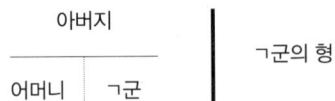

아버지와 어머니는 부부/부모 세대이기 때문에 ㄱ군의 어머니는 아버지와 같은 공간에 있어야 하지만, 세대 간의 경계선을 넘어 ㄱ군과의 정서적 밀착에 고착되어 버렸다. 그리하여 아버지는 ㄱ군과 어머니로부터 정서적으로 이탈(disengaged)되었다. ㄱ군의 형은 부모의 정서적 압력으로부터 벗어나기 위해 자신을 가족 전체로부터 분리시켰다. 결국 어머니와 ㄱ군은 지나친 정서적 밀착 관계에 빠지고, 아버지와 ㄱ군의 형은 이탈되어 고립 상태에 빠지고 말았다. ㄱ군과 어머니의 정서적 밀착은 여러 가지 결과를 낳을 수 있다. 우선 ㄱ군이 경험하는 것처럼 그가 자신의 독립된 삶의 공간을 발전시키는 데 장애를 가져다준다. 처음에는 어머니가 부부 관계로부터 친밀감이 충족되지 않음으로 말미암아 ㄱ군과의 정서적 밀착을 발전시켰지만, 일단 그 밀착된 관계가 고착되면 그것은 다시 부부 사이의 거리를 강화시키게 된다.

가족상담의 세 번째 과정 – 변화

미누친에 의하면 치료는 가족 체계의 구조를 바꾸는 것이다. 즉 가족 구조를 재구성(restructuring)하는 것이다. 미누친의 경우에, 가족치료는 보통 가족 전체—적어도 핵가족 전체—를 상담실에 오도록 하는 것으로부터 시작한다. 그렇게 하는 이유는 가족 구성원들 사이의 교류를 전체적으로 봄으로써 정확하게 가족의 구조를 파악하기 위함이다. 또 상담하는 과정에서도 가족 전체가 있는 자리에서 개입하여야 구조 변화가 온전할 수 있다고 보기 때문이다. 그러나 개인을 상담하면서 가족 체계(시스템)의 관점에서 문제를 접근하는 것도 가족상담이라고 할 수 있다. 왜냐하면 한 사람이 변화하면 가족의 구조에 변화를 가져오기 때문에, 다른 가족 구성원들도 변화하지 않을 수 없기 때문이다. 상담자는 그 한 사람의 변화를 촉진하며 그 변화가 유지될 수 있도록 도움으로써, 가족 전체에 어느 정도의 긍정적 변화를 가져올 수 있다.

미누친의 가족 구조 재구성 과정의 핵심은 경계 설정(marking boundaries)이다. 경계 설정은 경계의 침투성(permeability)의 정도가 알맞게 되도록 만드는 것이다. 즉 각 개인 사이에, 그리고 각 세대 사이에 적당한 경계가 이루어지도록 하는 것이다. 다음의 예를 들어보자.

40대의 부부와 고등학생 아들, 중학생 딸로 구성되어 있는 가족이 큰 문제나 갈등 없이 살고 있었다. 그런데 아버지가 갑작스런 사고로 세상을 떠났다. 남은 세 명의 가족은 이 충격을 받아들이기가 너무 힘들었지만 각자 적응하려고 애를 썼다. 엄마는 자식들 때문에 산다고 생각하면서 하루하루 고통스런 나날을 보냈고, 자녀들에게도 충격의 여파는 매우 컸다. 엄마는 생활을 위해 해보지도 않은 식당일을 시작하여 밤늦게 집으로 돌아왔다. 집에서는 아들이 가장 노릇을 하며 집을 지켰다. 그런데 얼마 후 딸이 가출하는 사건이 발생하였다. 엄마는 제일 먼저 목사에게 전화를 하였다. 목사와 엄마는 며칠

후 딸을 찾아 겨우 집으로 돌아오게 할 수 있었다. 목사는 집으로 돌아온 딸을 개인적으로 만나 가출하게 된 이유를 물었다. 그녀의 대답은 엄마와 오빠가 미워서 그랬다는 것이다. 집에 있어봐야 오빠가 때리고 괴롭혀서 집에 오기 싫었다고 말하였다. 목사는 다시 엄마를 만나 딸의 이야기를 전하고 어찌된 일이냐고 물었다. 엄마의 말은, 남편이 죽은 뒤 식당에 나가면서 집에 있는 두 아이, 특히 딸아이가 걱정되어서, 아들에게 동생을 마치 아빠가 된 것처럼 생각하고 엄하게 돌보도록 지시했다는 것이다. 밤늦게 집에 돌아온 엄마에게 딸이 오빠가 자기를 때린 것이나, 오빠가 잘못했다는 것을 말하면, 엄마는 무조건 오빠 편을 들고 오빠의 말을 잘 들으라고 말했다는 것이다. 아들에게 아빠의 권위를 주려고 했다는 것이다. 목사는 그 일이 있은 후 그 집에 더 관심을 가지고 아이들만 있을 때 심방하여 대화도 나누고, 가능하면 딸의 고민을 들어주려고 노력하였다. 목사는 엄마에게, 아들이 아직 고등학생이니 아빠의 짐을 지우지 말고, 오빠나 동생이나 가급적 동등하게 대하라고 권하였다. 그 후 딸은 큰 문제없이 생활에 적응하였다.

여기에서 목사가 대처한 방식이 가족의 구조에 대한 분명한 인식을 바탕으로 한 것은 아니지만 구조적 관점에서 볼 때 적절한 개입이었음을 알 수 있다. 남편이 갑작스럽게 세상을 떠났을 때, 엄마에게는 세상이 무너지는 것 같은 너무나 큰 충격이었을 것이다. 그러나 자라는 자녀 둘을 볼 때, 삶을 추스르고 일하러 나가지 않으면 안 되었다. 밤늦게까지 집에 남겨진 두 아이를 생각하면 너무나 마음이 안 놓였을 것이다. 그나마 고등학생인 아들이 믿음직스러웠을 것이다. 그래서 텅 빈 가장의 자리를 그에게 지우고 싶었을 것이다. 그녀는 믿었던 남편의 자리를 아들이 채워주기를 무의식중에 바랐을 것이다. 그래서 아들에게 무리한 짐을 지웠다. 동생을 아빠처럼 돌봐주고 챙기도록 하고, 아들을 가장처럼 대우하였다. 딸이 오빠를 오빠처럼 대하는 것을 가로막은 것이다. 이들의 관계 패턴을 그림으로 그려본다면 다음과 같을 것이다.

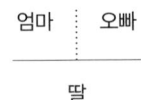

오빠가 가장의 자리로 올라감으로써 부모 세대와 자녀 세대 사이의 경계가 혼란스러워졌다. 엄마와 오빠 사이는 엄마-자녀 사이에 필요한 어느 정도의 분명한 경계 대신에 지나치게 밀착된 모습을 보이고 있다.12 갑자기 오빠가 없어지고 —오빠가 아빠처럼 권위를 부리니까— 딸은 혼자 남겨지고 고립된 채로 남아 있게 되었다. 딸은 엄마-오빠의 연대로부터 이탈되어 있다. 딸이 가정에서 안정감을 느끼지 못하고 결국 가정 자체로부터 이탈—가출을 통해—한 것도 무리는 아니다.

이 가족의 구조를 재구성하기 위한 방안은 오빠가 제자리로 돌아옴으로써, 부모 세대와 자녀 세대가 본래의 모습을 회복하는 것이다. 목사가 개입함으로써 오빠가 가장의 자리를 지키는 짐을 벗게 되고, 오빠-동생의 자녀 세대가 제자리를 찾아가게 되었다. 이로써 세대 간의 위계의 혼란이 없어지게 된다. 지금은 임시로 목사가 아빠의 자리를 어느 정도 대신함으로써 일단 가족 구조의 균형을 이루고 있지만, 궁극적으로는 엄마가 부모 세대의 짐을 혼자 다 져야 할 것이다. 이 일은 엄마에게 무척 힘든 일이다. 힘들기 때문에 자녀를 부모 세대로 끌어들인 것이다. 그러나 결국은 엄마가 혼자서 지고 가야 할 짐이다. 엄마가 이 일을 잘 감당할 수 있도록 목사가 도운 것처럼 교회 전체가 여러 가지 모양으로 도움을 제공하는 것이 필요할지도 모른다.

다시 ㄱ군의 가족에게 돌아가 보자. ㄱ군의 가족은 새로운 경계 설정이 필요하다. 대개의 경우 가족의 경계 혼란이 일어나는 데 있어서 주요 영역은 부부 관계이다. 만일 상담자가 가족 전체를 만날 수 있는 기회를 가진다면, 먼저 부부 관계의 영역에 대해서 관심을 갖는 것이 필요하다. 부부를 도와 그들 사이에 오랫동안 누적되어 온 정서적 거리를 좁힐 수 있는 방안을 찾아보고, 또한 그들 사이의 보다 효과적인 의사소통을 돕는다면, 어머니는 ㄱ군에게 향해 있는 정서적 애착을 점차 줄여갈 수 있을 것이다. 그렇게 되면 ㄱ군은 부모에 대한 정서적 애착과 의존을 점차 내려놓고 보다 독립적인 방향으로 움직여 가게 될 것이다. 물론 그 과정에서 상담자는 어머니와 ㄱ군의 관계에서는 상호 의존성을 줄여나가는 한편 부모와 ㄱ군의 형과의 관계에서도 대화와 협력을 촉진하는 방향으로 도울 것이다. 결국 이러한 상담적 도움이 성공한다면 ㄱ군의 가족은 다음과 같은 구조를 갖게 될 것이다.

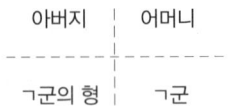

위의 그림에서 나타난 선에는 경계와 틈새가 공존(共存)하고 있다. 그것은 관계에 상호성과 독립성이 균형을 이루고 있음을 상징한다. 부부 사이에도, 부모 세대와 자녀 세대 사이에도, 그리고 형제 사이에도 경계는 균형을 이루고 있다. 적절한 분화와 상호 친밀한 관계성이 균형을 이루고 있는 것이다. 특별히 주목할 것은 앞의 ㄱ군의 가족의 그림과 달리 어머니가 부모 세대의 위치로 제자리를 잡았다는 사실이다. 그리하여 부모 세대는 하나의 관계 단위로서 상호 협력할 수 있는 위치를 확보하였고, 한편 ㄱ군과 형은 자녀 세대로서 자신들의 미래를 향해 독립적으로 움직여 나갈 수 있는 공간을 확보하였다. 특히 ㄱ군의 형은 자신을 고립시킬 필요 없이 가족의 관계 속에서 심리적·관계적 안정을 다시 얻게 되었다.

만일 상담자가 ㄱ군과만 만날 수 있는 상황이라도 이와 같은 경계 설정을 위한 개입은 어느 정도 가능하다. 우선 상담자는 ㄱ군으로 하여금 점차 자신의 감정과 의견을 가족 관계에서 표현하도록 도울 것이다. 그러한 도움은 ㄱ군으로 하여금 자신의 독자적 공간을 넓혀 나가도록 돕게 된다. 그렇게 되면 어머니는 ㄱ군의 시도에 대해 저항하는 모습을 보이겠지만, ㄱ군이 일관되게 그러한 태도를 견지할 때, 어머니는 자신의 부부 관계로 조금씩 눈을 돌리게 될 것이다. 그리고 ㄱ군과 어머니 사이에 일어날 수 있는 작은 갈등은 그동안 지나치게 견고하게 만들어졌던 ㄱ군-어머니 사이의 동맹을 약화시키고, 이는 그동안에 형성되어 온 가족 구도를 흔들어놓게 될 것이다. 이 과정에서 부부 관계는 새로운 전기(轉機)를 맞을지 모르며 ㄱ군의 형이 가족 관계에 더 관심을 갖도록 자극할지 모른다. 어쨌든 상담자가 ㄱ군으로 하여금 자신의 독자적 공간을 확대하는 방향으로 돕는 것은 ㄱ군 자신의 분화를 도울 뿐만 아니라 가족 구성원 전체에게 어느 정도의 영향을 주는 것이 사실이다.

1 | 파울러(James Fowler)는 청소년기에 인습적(conventional) 신앙을 넘어서서 개별적(individuative) 신앙으로 나아가지 못하는 경우가 상당히 많음을 지적하고 있다.
2 | Lynn Hoffman, *Foundations of Family Therapy*(New York: Basic Books, 1981), 20.
3 | Ivan Boszormenyi-Nagy and Barbara R. Krasner, *Between Give and Take: A Clinical Guide to Contextual Therapy*(New York: Brunner/Mazel Publishers, 1986), 124.
4 | 나지에 의하면, 여기에는 부모에 대한 자녀의 '보이지 않는 충의'라는 엄청난 애착이 담겨 있다. '보이지 않는 충의'란 자녀가 자신을 낳고 키워주는 부모에게 갖는 무조건적 애착으로서, 이 때문에 부모가 자녀에게 자신의 욕구를 희생하도록 요구할 때에 자녀는 이를 따르는 경향을 갖게 된다.
5 | Murray Bowen, *Family Therapy in Clinical Practice*(Northvale, NJ: Jason Aronson, Inc, 1985), 382~384.
6 | 자녀가 정서적으로 부모에게 밀착되어 있을 때에는, 부모 중 한 사람이 이를 원하기 때문이다. 일반적으로는 어머니가 자녀와의 밀착된 정서적 관계를 원하는 경우가 많다.
7 | 가족 관계의 원래의 건강한 기능을 촉진하는 것을 '기능적'(機能的)이라고 부른다면, '역기능적'이란 이를 역행하는 것을 말한다.
8 | Salvador Minuchin, *Families & Family Therapy*(Cambridge, MA: Harvard University Press, 1974), 161~162.
9 | 위의 책, 53.
10 | 구드(William Goode)는 'nuclear family' 대신에 'conjugal family'라는 말을 사용하는데 이는 핵가족 구조의 기본적 특성이 부부 중심적(conjugal)이기 때문이다.
11 | 미누친은 지나치게 밀착된 상태를 점선으로, 지나치게 이탈된 상태를 굵은 선으로 표시한다.
12 | 여기에서 '분명한' 경계라는 것은 지나치게 밀착된 것도, 지나치게 이탈된 것도 아닌, 적절한 상호 교류와 상호 독립이 균형을 이루고 있는 상태를 가리킨다.

제7장

부부상담

부부에 대한 양육과 상담

제7장

부부상담
부부에 대한 양육과 상담

결혼예비상담

　결혼예비상담(premarital counseling)은 결혼을 앞둔 예비부부를 3~4회 가량 상담함으로써 결혼생활을 잘 준비할 수 있도록 도와주는 일이다. 교회에서는 보통 주례할 목회자가 상담하는 것이 관례이다. 결혼예비상담이 중요한 이유는, 대가족 제도가 해체되고 핵가족화되면서 한 가정을 이끌어갈 부부의 책임이 막중해졌기 때문이다. 특히 정보화 사회에서는 결혼의 제도적 성격보다는 관계적 성격이 강조되기 때문에 두 사람이 원만하고 풍성한 관계를 만들어갈 수 있도록 교육받는 것이 더욱 중요해졌다. 그러므로 상담에서는 성, 취미, 여가, 재정, 자녀 양육, 친족 관계 등과 관련된 부부간 역할과 의사소통을 중점적으로 다룬다. 이때에는 부부간의 수평적 관계와 각 배우자의 자발적이고 주체적인 참여와 의사소통이 매우 중요한 전제가 되어야 한다.
　결혼 주례를 부탁하러 온 예비부부가 있으면, 목회자는 이같이 말할 수 있다. "저는 주례를 하기 전에 예비부부와 세 번 정도 만나 결혼생활에 관해 대화를 나누는 것을 원칙으로 합니다." 목회자가 이같이 말한다면, 대개의 예비부부들은 동의할 것이다. 주례를 허락하기 전에 먼저 이러한 의사를 밝히고, 세 번의 만남을 위한 약속 시간을 정한다. 다음은 결혼예비상담을 위한 과정이다.[1]

첫 번째 만남

목회자는 예비신부와 예비신랑을 각각 따로 만난다. 목회자가 한 사람을 만나는 동안 다른 한 사람은 다른 방에서 "부록 1"의 〈설문지 II〉를 작성한다. 목회자는 두 사람을 위하여 설문지를 2개 준비한다.

첫 번째 만남은 목회자가 예비부부 각자와 익숙해지고 친밀한 관계를 맺을 수 있는 기회이다. 개인적 면담에 앞서 목회자는 〈설문지 I〉을 각자 그 자리에서 직접 작성하도록 한 뒤 면담에 들어간다. 목회자가 먼저 다룰 내용은 서로 어떻게 만났는지, 어떻게 결혼을 약속하게 되었는지의 경위를 간략하게 묻는 것이다. 이런 질문을 하는 목적은 일반적인 이해를 위한 것이기도 하지만, 결혼하게 된 경위가 정상적인지, 혹은 어떤 문제는 없는지를 알아보기 위한 것이다. 많지는 않겠지만 비정상적이고 일방적으로 결혼을 약속하게 되었다든지, 또는 결혼에 대한 확신이 없는 경우도 있을 수 있다. 목회자가 판단하기에 준비가 안 된 결혼이거나, 비정상적인 경위로 결혼에 이르게 되었다면, 결혼을 보류하도록 하거나 적어도 주례를 보류할 수는 있을 것이다.

한편 〈설문지 I〉의 내용을 토대로 자신들이 결혼할 준비가 되었는지 물을 수 있다. 또한 상대방이 결혼 상대자로서 적합하다고 생각하는 이유를 물을 수도 있다. 만일 이러한 준비가 부족하거나 적절하지 않다면 이에 대한 대처가 필요할 것이다.

그리고 양가 부모가 결혼을 허락하였는지, 양가 부모와의 관계는 어떠한지를 다루는 것도 결혼을 준비하는 데 매우 중요하다. 여기에 문제가 있다면, 적절히 처리하도록 권면하여야 할 것이다.

첫 번째 만남을 마치면, 목회자는 그들이 작성한 〈설문지 II〉를 받아 보관해 둔다.

두 번째 만남

두 번째 만남은 작성된 〈설문지 Ⅱ〉를 가지고 시작한다. 두 번째 만남에서 나눌 대화의 주제는 〈설문지 Ⅱ〉의 '가' 항에 설명된 것이다. 특히 결혼 후의 재정적인 계획, 여성 취업 문제, 자녀 계획 등의 구체적 사항에 대하여 얼마나 합의했는지를 다루는 것이 두 번째 만남의 주요 목적이다.

우선 결혼을 준비하면서 비용 문제가 원만하게 처리되고 있는지 알아보는 것이 필요하다. 많은 경우, 결혼 비용과 관련된 갈등이 신혼생활에 큰 부담이 되고 있기 때문이다. 결혼 후의 예상 수입 및 그 수입의 구체적 원천에 관해 이야기 나누고, 이 문제에 그들이 합의하고 인지하고 있는지를 확인하여야 한다. 이어서 재정을 어떻게, 누가 관리할 것인지를 알아보는 것이 중요하다. 여기에서 의견 차이가 예리하게 드러날 수 있다. 만일 여성이 취업할 계획이라면, 이에 대해 두 사람 사이의 합의가 어떠한지 확인할 필요가 있다. 남편이 아내의 취업에 대해 어느 정도 이해하고 협력할 것인지를 다루어야 한다. 주택이나 자동차 등 주요한 재산에 대한 계획도 물어볼 수 있다.

자녀를 몇 명이나, 그리고 언제 가질 것인지에 대한 두 사람의 계획을 알아보는 것도 필요하다. 많은 경우 이 문제에 관해 분명한 합의가 되지 않았을 수 있기 때문이다. 한편 부모를 모시는 문제, 부모와 어떤 관계를 유지할 것인가, 부모에 대한 재정 지원 문제 등도 매우 민감한 문제이다.

또한 교회생활에 관한 두 사람의 의견 차이가 없는지도 다루어야 한다. 종교생활은 자라난 배경에 따라 서로 다르고 예민한 문제이므로 앞으로의 결혼생활에서 주요한 갈등 요인이 될 수 있다. 그 외에도 취미생활이나 친구관계에서 갈등이 없는지 알아봐야 한다. 마지막으로 신체적 접촉이나 성적인 내용에 있어서 문제나 갈등이 없었는지 확인해 보아야 한다. 그동안 이에 대한 문제가 있었다면, 신혼기의 성생활에 갈등이 나타날 소지가 많다. 목회자는 성에 대하여 두 사람이 적절한 이해와 태도를 갖고 있는지 확인하고, 필요하다면 간단한 교육을 해도 좋을 것이다.

세 번째 만남

세 번째 만남의 주제는 두 사람 사이의 의사소통이다. 의사소통이 중요하게 다루어져야 하는 이유는, 부부 사이에 의사소통이 적절하게 이루어져야 앞으로 살면서 닥칠지 모를 난관을 함께 극복할 수 있는 가능성이 훨씬 높아지기 때문이다. 〈설문지 II〉의 '나' 항이 여기에서 다룰 내용이다.

설문지의 1번부터 5번까지의 내용은 두 사람이 대등하게 의견을 개진하고 서로의 의견을 존중하는 가운데 대화가 이루어지는지 묻는 것이다. 만일 의견 교환이 일방적으로 이루어지고 있다면, 목회자는 이를 지적해야 한다. 한 사람의 감정이나 생각이 무시된다면, 이러한 패턴이 장기적으로 부부 관계에 어떻게 부정적인 영향을 미치는지를 얘기해 주어야 한다. 목회자는 이런 예비부부에게는 상호간의 건설적인 의사소통을 위한 도서를 추천해 줄 필요가 있다.

설문지의 6번부터 15번까지의 내용은 두 사람이 서로 감정이나 의사 표현을 얼마나 정확하게 하고 있는지를 묻는 것이다. 목회자는 두 사람에게 서로의 의사소통이 어떻게 이루어지고 있는지 자각하게 하여야 한다. 대부분의 사람들은 자신의 감정이나 의사를 얼마나 그리고 어떻게 표현하고 있는지, 상대방의 의사를 얼마나 그리고 어떻게 받아들여 소통하고 있는지를 정확하게 파악하지 못한다. 감정이나 생각을 제대로 표현하거나 또 그것이 받아들여지지 않을 때에 그것이 두 사람의 관계에 어떤 영향을 미치는지 알아봄으로써, 표현의 중요성을 자각하게 할 수 있다. 상대방에게 자신을 표현할 때에, 공격적이 아니라 나를 이해시키는 방식으로 하도록 돕는 것도 필요하다.

설문지 16번부터 20번까지의 내용은 말다툼을 어떻게 하는지를 묻는 것이다. 우선 목회자는 말다툼은 부부 사이에 불가피하고 때로는 필요하기도 하다는 사실을 주지시킬 필요가 있다. 문제는 어떻게 싸우는가 하는 것이다. 서로를 공격하고 서로에게 상처를 주는 방식이 아니라, 자신의 감정과 생각을 상대방에게 이해시키는 방식으로 말다툼을 하도록 도와야 한다. 만일 폭력을 행사하는 징후가 보인다면 목회자는 이를 심각하게 다루어야 한다. 필요하다면 개인상담을 하도록 해야 할지도 모른다. 폭력을 행사하는 사람에 대한 상담뿐만 아니라, 폭력을 당하고 있는 사람에게도 적절한 도움을 주어야 한다. 상대방의 폭력은 어떠한 경우라도 받아들이지 않도록 말해주어야 한다.

설문지 21번부터 22번까지의 내용은 관계의 문제가 얼마나 파괴적으로 또는 건설적으로 해소되고 있는지를 묻는 것이다. 관계의 문제가 악순환의 과정을 밟고 있다면 목회자는 두 사람으로 하여금 이 문제를 자각하게 하고, 이를 바꿀 수 있는 방안을 모색하여야 한다. 23번부터 24번까지의 내용은 애정 요구와 표현의 문제를 다루고 있다. 만일 여기에 불균형이 있다면 그 요인을 잘 밝혀보아야 한다.

목회자는 신혼부부를 위하여 부부 사이의 대화에 관한 도서나 성생활에 관한 도서 등을 선물로 선택한다면 매우 적절할 것이다.

마지막으로 목회자는 결혼 예식을 위한 구체적인 준비, 예식을 진행할 때 주의 사항 등에 관하여 논의한다. 그리고 필요한 경우에, 신혼여행에서의 첫날밤에 대하여 적절한 성교육을 한다면 큰 도움이 될 것이다.

부부상담

주례에 앞서서 결혼예비상담을 꼭 하는 어떤 목회자는 상담을 마치기 전에 예비부부에게 한 가지 약속을 받는다고 한다. 그것은 만일의 경우 그들이 이혼을 생각하게 된다면, 이혼에 앞서 반드시 주례 목사를 찾아오겠다는 약속이다. 이러한 경우가 아니라도, 교인들 가운데 부부 갈등 속에서 목회자에게 도움을 요청하거나, 또는 심방하는 가운데 부부의 문제가 드러날 수도 있다. 목회자는 전문 부부상담가가 아니기 때문에, 이 한계를 분명히 인식하고 부부 문제에 개입하여야 한다. 이런 경우에는 부부를 전문 상담가에게 위탁하여 도움을 받도록 해야 할 것이다. 그러나 목회자가 부부의 문제에 전혀 관심을 표하지도 않고, 그것에 관해 대화도 하지 않을 수는 없다. 전문가에게 위탁한다 할지라도 목회자가 보여주는 관심과 진심어린 권고가 교인들에게는 중요한 의미를 가진다. 이런 면에서 목회자는 부부 문제에 대하여 어느 정도의 이해를 갖는 것이 필요하다.

긍정적 부부 관계를 위한 원칙

부부 문제를 이해하기 위해서, 최근에 많이 읽히는 고트맨(John M. Gottman)의 저서는 큰 도움이 될 것이다.[2] 그에 의하면, 부부의 상호 작용을 관찰하면 그들의 결혼생활이 앞으로 원만할 것인지, 아니면 이혼에 이를 것인지 거의 예측이 가능하다는 것이다. 그는 부부 관계의 갈등을 증폭시키는 다음과 같은 네 가지 위험인자가 있다고 말한다.[3] (1) 비난: 불만을 단순히 표현하는 대신에 상대방의 성격이나 능력의 결함을 비난하는 것, (2) 모욕: 상대방을 인격적으로 비하하는 것, (3) 자기변호: 합리화나 변명 등을 통해 자신의 문제를 부인하고 상대방의 잘못만을 지적하는 것, (4) 도피: 무시, 침묵, 무반응 등을 통해 논쟁으로부터 회피하는 것. 이러한 부정적 상호 작용에 의해 지배당하는 부부의 경우에는, 그들 중 한 사람이 대화를 회복시키고자 시도한다고 할지라도 상대방에 의해 묵살당할 가능성이 높다. 따라서 그들은 계속적으로 서로에게 상처를 주면서 관계의 악화일로를 걷게 되고, 그들 중 상당 부분은 이혼에 이르게 된다는 것이다.

고트맨은 부부 관계가 회복되기 위해서는 위와 같은 위험인자를 없앨 뿐만 아니라 긍정적인 요인들을 만들어가야 한다고 말한다. 이를 위해 그는 일곱 가지 원칙을 제안하고 있다. (1) 서로의 삶에 대한 깊은 이해, (2) 상대방을 배려하고 존중하는 마음, (3) 일상 속에서 상대방을 진정한 마음으로 대함, (4) 상대방의 의견을 존중함, (5) 해결할 수 없는 서로의 차이를 받아들이고, 해결 가능한 문제를 해결하기(해결 가능한 문제를 다루는 과정을 고트맨은 다음과 같이 말한다. ① 부드러운 말로 시작한다. ② 갈등으로부터 회복 시도를 주고받는다. ③ 서로 흥분하지 않는다. ④ 타협한다. ⑤ 상대방의 실수에 대해 관대하게 대한다.), (6) 막다른 골목에 놓인 문제를 방치하지 않고 서로의 꿈을 이해하기(서로 도저히 받아들일 수 없는 문제에 직면했을 때, 그 문제의 배경이 되고 있는 각자의 인생의 꿈을 나눔으로써 이해의 길이 열린다.), (7) 함께 공유할 인생의 의미를 발견함.

고트맨의 제안이 특별한 것은 아니다. 그러나 중요한 것은 우리가 일상 속에서 얼마나 의식을 갖고 노력을 기울이는가 하는 것이다. 이러한 의식을 일깨우는 데에 신앙과 교회의 역할이 크다. 구체적 기술은 심리학적 연구들로부터 배운다 할지라도, 그 기술을 삶 속에 적용하기 위해서는 부부 관계의 소중함을 깨닫고 서로에 대해 헌신하는 태도가 필요하다. 교회는 말씀과 예배를 통해서 그런 태도를 기를 수 있도록 도와야 할 것이다.

부부상담의 목표와 과정

목회자가 부부상담을 시행할 때에는 주의가 필요하다. 우선 부부 각 사람이 심리적으로 비교적 정상적인 생활을 하고 있고 그들의 문제점이 목회자의 상호조정을 통하여 다루어질 수 있는 범위 안에 있어야 한다. 부부 중 한 사람이라도 심리적으로 심한 부적응 상태에 있다면 전문가에게 보내는 것이 안전하다. 또한 목회자는 부부에게 상담 내용에 대한 비밀유지의 원칙을 상기시켜야 한다. 목회자의 비밀유지 약속은 상담 과정에서 부부로 하여금 가급적 솔직하게 자신들의 문제를 내놓을 수 있도록 도울 뿐만 아니라, 상담 후에 부부로 하여금 목회자에 대한 신뢰를 유지할 수 있도록 돕는다.

부부상담에서 상담의 대상은 부부 각자가 아니라 부부 관계임을 명심해야 한다.[4] 두 사람이 만나서 부부 생활을 할 때에 그 관계 속에서 일어나는 현상은 부부마다 독특하며 그 현상을 이해할 때에만 그 부부의 문제를 다룰 수 있다. 스튜어트(Charles W. Stewart)는 목회자의 부부상담의 목표를 다음과 같이 제한한다.[5] (1) 부부 관계의 현재 문제들을 다룬다. (2) 부부가 상호 감정과 의사를 소통하도록 돕는다. (3) 각자의 성격과 같이 바뀔 수 없는 것들에 대해서 적응하도록 돕는다. (4) 부부가 합의할 수 있는 목표들을 설정하도록 돕는다. (5) 부부 각자가 자신에 대한 기대 및 배우자에 대한 기대를 서로 이해하고, 서로 타협하고, 서로 적응하도록 돕는다.

목회자에게 상담을 요청할 때에 대개 부부 중 한 사람에 의해 이루어질 것이다. 부부가 모두 교인인 경우에는 부부가 상담에 참여하도록 권유하는 것이 좋다. 만일 부부 중 한 사람만 교회에 출석하고 배우자가 상담에 참여하기를 거부할 경우에는, 상담을 요청한 사람과 상담을 할 수밖에 없다. 그렇더라도 상담의 내용이 부부 문제일 경우에는 목회자는 여전히 주된 상담의 대상은 내담자가 아니라 그가 제기하는 부부 문제임을 기억하여야 한다. 다시 말하면, 상담자는 상담에 참여한 그 사람의 편이 되어서는 안 되며, 오히려 내담자로 하여금 자신의 배우자를 더 객관적으로 이해할 수 있도록, 그리고 배우자를 대하는 방식에서 더 건설적인 방향으로 바뀌어 갈 수 있도록 도와야 한다.

부부가 함께 상담에 참여할 경우에도 부부상담의 초기 면접은 목회자가 각 사람을 따로 만나는 것이 좋다. 목회자와 개인 면담에서 부부 각자는 배우자와의 언쟁으로 비화될 염려 없이 부부 관계에서 자신이 경험하고 있는 내면의 이야기들을 말할 수 있을 것이다. 이와 같은 개인 면담은 목회자가 부부 각자와 신뢰관계를 수립할 수 있는 좋은 계기이기도 하다. 상담자는 각자의 이야기에 대해 판단하거나 비판하지 않고 공감적인 태도로 들어주는 것이 좋다. 이러한 이해와 공감을 바탕으로 목회자는 부부가 한자리에 나오도록 초청한다. 첫 번째로 할 일은 부부와 함께 다룰 당면 문제를 정하는 것이다. 만일 여러 가지가 있다면 우선순위를 정할 수 있을 것이다. 우선적으로 다룰 문제를 정했으면, 그것에 대해 부부 각자가 경험하고 이해하는 바를 이야기하도록 한다. 이 과정에서 논쟁으로 비화될 가능성이 높은데, 이때 상담자는 한 사람이 이야기하는 동안 상대방은 경청하도록 하는 규칙을 정해야 한다. 논쟁으로 비화되는 것을 막는 또 하나의 방법은 부부로 하여금 적절한 의사소통을 통해 '명료화'(clarification)하도록 돕는 것이다. 부부 사이의 부적절한 의사소통은 서로에 대한 오해와 부정적 감정만을 키우게 된다. 상담자는 서로에게 적절한 질문과 충분한 자기표현을 하도록 도움으로써 부부가 상대방의 생각과 감정을 이해하도록 돕는다.

이러한 과정에서 당면 문제를 중심으로 격화되었던 감정들이 누그러지고, 부부는 서로에 대한 부정적 태도에서 이해하는 태도로 점차 나아가게 된다. 이제 부부는 관계 개선을 위해서 서로 합의할 수 있는 목표를 설정할 준비가 되었다. 이 과정에서도 적절한 의사소통 방법이 필요하기 때문에, 상담자는 부부로 하여금 의사소통의 기술을 습득하도록 도와야 한다. 목표가 합의되면 그것을 이루기 위한 구체적 방안을 의논하게 된다. 여기에서 상담자는 부부가 앞으로 실천한 방안을 매우 구체적으로 정하도록 도와야 한다. 예를 들어서 가사노동을 분담하기로 하였다면, 남편이 언제, 무엇을, 어떻게 분담할 것인지 상세하게 정할 필요가 있다.

마지막으로 부부 관계의 보다 장기적인 관계 개선을 위해서 부부로 하여금 서로에 대한 역할 기대를 타협하고 조정하도록 한다. 역할 기대란 아내는 아내로서의 자신의 역할에 대한 나름의 이해가 있을 뿐만 아니라, 남편에게는 이러이러한 역할을 해줄 것을 기대하는 것이 있음을 가리킨다. 남편 역시 마찬가지이다. 아내와 남편의 역할 기대는 대개 어긋나게 마련이다. 이 차이를 조정하는 과정에서 의사소통마저 제대로 이루어지지 않는다면 부부 관계는 파국으로 치닫게 된다. 상담자는 부부의 기본적인 역할 기대의 차이가 어떻게 부부 관계의 갈등에 기여하는지를 명료화한 뒤, 부부로 하여금 그 역할 기대들 중 타협될 수 없는 것과 타협될 수 있는 것을 구분하도록 돕는다. 타협될 수 없는 것들에 대해서는 서로 받아들이도록 도와야 하며, 타협될 수 있는 것들에 대해서는 건설적인 타협이 이루어지도록 도울 수 있을 것이다.

사례

ㄱ부인은 남편의 계속되는 사업 실패를 견딜 수 없어 상담실에 찾아왔다. 그녀는 상담자에게 남편을 치료할 수 없겠느냐고 물었다. 상담가는 남편이 상담실로 올 수 있냐고 물었다. 그녀는 고개를 저었다. 상담자는 그녀에게 남편을 변화시키기 위해 노력해 보지 않았느냐고 물었다. 그녀는 남편에게 수없이 말했다고 하였다. 답답한 아내가 그러한 남편을 향해 얼마나 많이 설득하고, 화내고, 빌고 했을까? 그래서 남편이 변화하였는가라고 상담자는 물었다. 그녀는 또다시 고개를 저었다. 아마도 남편은 아내로부터 더 멀리 벗어나려고만 하였을 것이다. 상담자는 그녀에게 현재 힘든 점이 무엇이냐고 물었다. 그녀는 언제 남편이 망해서 거리로 나앉게 될지 몰라서 불안하다고 했다. 상담자는 생활비에 대해서 물었다. 그녀는 남편이 결혼 후 생활비를 거른 적은 없다고 했다. ㄱ씨는 이혼을 고려중이라고 하였다. 상담자는 이혼의 이유를 물었다. 남편이 계속 그렇게 허황된 일을 벌이니 불안하고 답답해서 살지 못하겠다고 그녀는 말하였다.

그녀는 남편의 요구로 돈을 여기저기서 빌렸다고 했다. 그리고 자꾸 남편을 위해 돈을 빌리는 것이 두렵다고 그녀는 말했다. 상담자는 ㄱ씨가 남편의 요구에 따라 돈을 자꾸 빌려서 남편에게 주는 것에 대해 우려를 표시하였다. 싫다고 말해도 남편이 자꾸 요구하기 때문에 어쩔 수 없었다고 ㄱ씨는 대답하였다. 상담자는 ㄱ씨에게 남편의 그 요청을 들어주지 않으면 어떤 일이 발생하겠느냐고 물었다. 남편이 귀찮게 계속 요구할 것이라고 그녀는 말했다. 그래도 듣지 않으면? 그러면 남편도 어쩔 수 없을 것 아니냐고 그녀는 대답했다.

상담자는 그녀가 남편을 당장 바꾸려 하기보다는 자신이 할 수 있는 일이 무엇인지 생각해 보도록 권유하였다. 우선 남편의 요구에 따라 돈을 빌리는 일은 중단하기로 하였다. 일단 생활하는 데에는 지장이 없으니, 남편의 문제보다 자기 자신의 일에 대해 관심을 가져보라고 상담자는 권유하였다. 상담자는 ㄱ씨에게 그녀의 꿈을 물었다. 그녀는 교회에서 주일학교 교사로 봉사하고 있었다. 그녀는 어릴 때부터 교사가 되고 싶었고 어린이를 가르치는 데 많은 보람을 느끼고 있었다. 그녀는 최근에 기독교교육을 공부하고 싶은 생각이 들었다고 하였다. 상담자는 그 생각을 실현시킬 수 있는 가능성에 관하여 논의하였다.

ㄱ부인과의 상담에서 상담자가 관심을 가진 것은 분화(differentiation)였다. 분화란 지나치게 타인에게 의존하는 태도로부터 벗어나 자신의 삶에 대해 책임적 태도를 갖는 것을 말한다. 보웬(Murray Bowen)은 부부 사이에 건설적으로 갈등이 처리되지 못하는 기초적 이유가 부부 각자가 분화되지 못했기 때문이라고 본다. 그에게 치료란 부부 각자의 분화를 촉진함으로써 부부 사이의 갈등이 보다 합리적으로 처리되도록 돕는 것이다. 자기의 분화(differentiation of self)를 위해서는 타인에게 집중되어 있는 정신적 에너지(psychic energy)를 회수하여 자기 자신의 내면에 관심을 가지도록 하여야 한다. 분화가 낮은 사람들의 특징은 자아의 경계(ego boundary)가 분명하게 만들어져 있지 않다는 것이다. 그러므로 그런 사람들은 타인에게 의존적인 경향이 있다. 자기 자신의 삶의 영역과 타인의 삶의 영역을 분명하게 구분하지 못한다. 자신의 문제와 갈등을 배우자에게 투사하며, 동시에 배우자의 문제를 자기 것으로 만들어 고민한다. 치료자는 타인 지향적인 사고 경향을 줄이도록 함으로써 타인에 대한 의존적 상태로부터 벗어나도록 돕는다. 상대방을 공격하고 상대방을 변화시키려는 데 쏠려 있는 정신적 에너지의 방향을 바꾸어 자기 자신을 변화시키는 데 사용되도록 치료자는 이끌어간다.

자기 자신의 변화의 과정에는 다음과 같은 것들이 포함된다.[6]

(1) 자신에 대한 배우자의 공격과 비난에 대하여 반발하지 않고 귀를 기울이는 방법을 발견한다.
(2) 변화될 수 없는 현재의 상태를 바꾸려고 노력하는 대신에, 있는 그대로 받아들이고 살아가는 방법을 발견한다.
(3) 자기 자신의 생각과 신념을 분명히 정의하며, 배우자의 생각과 신념을 공격하지 않는 방법을 발견한다.
(4) 현재의 문제를 만들고 유지시키는 데 자기 자신이 공헌하고 있는 부분을 자각한다.

외도에 대한 이해와 상담

통계

미국의 경우, 킨제이보고서(Kinsey et al., 1948, 1953)에 의하면 40세까지 남자의 반, 여자의 4분의 1이 적어도 한 번의 외도 경험을 한 것으로 나와 있다. 남자는 비교적 결혼 초기에, 그리고 여자는 비교적 나중에 외도하는 경향이 보고되고 있다. 그러나 남자 여자 모두는 대부분의 경우 산발적이거나 한 번에 그친다고 한다.[7] 1990년대에 미국에서 이루어진 연구에 의하면, 남성과 여성의 외도 경험의 빈도는 훨씬 낮게 나타난다.(남성 20~25%; 여성 11~15%)[8] 미국인의 대부분이 외도는 잘못이라고 생각함에도 불구하고 외도는 여전히 상당한 빈도로 발생하고 있었다. 우리나라에서 시행된 2003년의 통계에 의하면,[9] 남성의 42.2%, 여성의 19.9%가 배우자 이외의 애인을 사귄 경험이 있었고, 혼외 성경험의 경우에는 남성 67.7%, 여성 12.3%가 긍정적으로 응답하였다. 남성의 외도 상대는 대부분 유흥업소 여성인 반면, 여성의 경우에는 60%가 지속적인 애인이라고 응답하였다.

외도가 이혼의 법적 이유가 되는 경우는 많지 않으며, 이혼의 20% 이하의 경우에만 외도가 결부되어 있다고 한다. 강조되어야 할 사실은, 외도가 이혼의 원인이 되는 경우보다는, 외도가 이미 악화된 결혼 관계의 징후인 경우가 더 많다는 것이다.

외도의 원인

헨리 버클러(Henry A. Virkler)는 사람들이 일반적으로 외도에 대해서 믿고 있는 열두 가지 신화(神話, myth)를 적고 있다.[10] 외도에 대한 사람들의 일반적인 생각이나 믿음은 대부분 사실과 다르다고 그는 강조한다. 그래서 그는 사람들의 그러한 믿음을 신화라고 부른다. 그 신화들 중 몇 가지를 언급해 보자. 첫째, 사람들은 보통 외도가 욕망 때문에 시작된다고 믿지만, 그것이 주요한 동기가 되는 경우보다는 그렇지 않은 경우가 더 많다고 한다. 욕망이 결부되지 않은 외도는 없다고 할지라도, 보다 중요한 동기는 친근감에 대한 동경이라는 것이다. 또 다른 신화는 신앙(信仰)이 외도를 예방하거나 멈추게 할 수 있다는 생각이다. 신앙 이외의 요소들이 우리 삶에 결정적인 영향을 미치고 있다는 사실을 기억할 필요가 있으며, 정서적 애착의 정도가 강한 경우에는 종교적 호소가 영향력을 가지지 못하는 경우가 많다. 셋째로, 또 하나의 중요한 오류는 외도하는 사람의 배우자는 남편이나 아내로서 적합한 사람이 아니라는 생각이다. 그리고 외도하는 사람이 자신의 배우자보다 더 육체적으로 매력적인 연인을 선택한다는 생각이다. 그러나 실제로는 대부분 그렇지가 않았다. 외도가 발생하는 것은 개인적인 문제가 아니라 대개 관계적인 문제에서 비롯되기 때문이다.

먼저 외도의 개인적인 원인을 살펴보자. 헨리 버클러는 성격 장애와 관련하여 반복적이고 파괴적인 외도가 일어날 수 있다고 말한다.[11] 그는 여성의 경우에 히스테리성 성격장애(histrionic personality disorder)와 경계성 성격장애(borderline personality disorder)를 들고 있고, 남성의 경우에는 자기애성 성격장애(narcissistic personality disorder), 히스테리성 성격장애 및 반사회적 성격장애(antisocial personality disorder) 등을 들고 있다. 이러한 성격장애의 일반적 특징은 친밀감에 대한 두려움을 갖고 있으면서도 인정받고 싶은 욕구가 강하여, 이를 외도라는 편벽된 형태로 표출시킨다는 것이다. 교회에서 목회자에게 비정상적으로 애착을 가지고 접근하는 여성들에게 성격장애적인 요소를 갖고 있는 경우가 종종 있다. 이런 경우에는 일반적인 방법으로 대처할 경우 교회적으로 문제의 요인이 될 수 있으므로, 성격 장애에 대한 이해를 갖고 현명하게 대처해야 한다.[12] 한편 습관성 외도, 포르노, 매춘 등의 왜곡된 성행동에 정서적·생리적으로 깊이 몰두되어 있는 성중독의 경우가 있을 수 있다.

가정 또는 개인의 생활 주기에 따라 외도에 노출되기 쉬운 때가 있을 수 있다. 예를 들면, 여성이 임신 및 육아에 몰두해야 할 경우에, 남편이 정서적으로 소외감을 느낄 수 있다. 또 사회에서 심각한 스트레스나 실패를 경험할 경우, 이에 대한 출구로 외도가 선택될 수도 있다. 특히 중년기의 위기는 남성이나 여성 모두에게 어떤 새로운 모험이나 탐색에 대한 호기심을 자극할 수 있다. 부부가 중년을 맞을 때에, 부부 사이의 성(性)과 사랑을 새롭고 보다 성숙한 방식으로 설정함으로써, 성생활의 계속적인 활력을 유지시키는 것이 필요하다.

케네디(E. Kennedy)는 외도의 원인에 대한 한 연구보고서를 인용하여, 외도를 할 때 외도자가 의식하고 있는 이유가 있는 반면, 의식하지 못하고 있는 이유도 있음을 지적한다.[13] 의식하고 있는 이유로는 성적인 불만족(응답자의 70%, 남성이 여성보다 두 배가량 더 많이 지적하고 있음), 호기심(응답자의 50%), 보복하려는 의도(40%), 권태감, 인정받고 싶은 욕구 등이 보고되고 있다. 의식하지 못하고 있지만 외도의 더 중요한 이유로 꼽히고 있는 것들 가운데 다음의 것들이 있다. 우선, '내면의 어린아이'(inner child)의 보살핌 받고 싶은 욕구가 있다. 돌봄을 받고 싶은 어린 아이와 같은 욕구가 부부 관계 속에서 충족되지 못할 때, 이를 갈구하여 외도를 시도한다는 것이다. 이어서 배우자 또는 부모에 대한 분노감, 남성성을 증명하고 싶은 동기, 미숙한 인격, 배우자의 동성애적 경향 등이 지적되고 있다. 외도하고 있는 개인이 의식하고 있든지, 의식하지 않고 있든지, 대부분의 동기들이 관계적인 것과 관련이 있는 것을 알 수 있다. 정도의 차이는 있을 수 있으나, 대개의 외도에 있어서 부부 사이의 관계적인 요소가 중요한 요인일 가능성을 우리는 염두에 두어야 한다.

외도가 외도자의 개인적인 인격이나 상황에 그 원인이 있는 경우가 있을 수 있으나, 더 많은 경우는 부부 사이의 관계적인 문제와 관련되어 있다. 유흥가에서 남자들의 성행위가 빈번하게 일어나는 한국의 문화 속에서, 남자의 일시적인 성적 일탈이 모두 부부 관계와 관련되어 있다고 말하는 것은 물론 어폐가 있을 것이다. 그러나 배우자 이외의 이성과 지속적으로 외도할 경우에는 그 배후에 부부 관계의 어떤 갈등이나 침체가 관련되어 있을 가능성이 높다. 부부 관계와 관련되어 있다는 것은 배우자에게 잘못이 있다는 말이 결코 아니다. 부부 두 사람 사이의 관계의 갈등이나 침체가 외도라는 문제로 표출될 수 있다는 말이다.

헨리 버클러는 여성과 남성의 욕구의 차이를 다음과 같이 비교하고 있다.[14]

여성의 우선적인 욕구	남성의 우선적인 욕구
1. 애정	1. 성적인 충족
2. 대화	2. 재창조적인 동반자 의식
3. 정직성과 개방성	3. 매력적인 배우자
4. 재정적인 지원	4. 가사일의 지원
5. 가정 헌신	5. 존경

특히 위에서 두드러지는 것은 남성의 성적 욕구와 여성의 애정 욕구의 대비이다. 이를 인식하고 서로에 대하여 배려할 때 부부 관계는 서로에게 보다 만족스러울 수 있을 것이다. 이와 비슷한 대비로 남성의 일에 대한 관심과 여성의 대화에 대한 관심이 있다. 남성은 일의 추진과 문제 해결에 우선적 관심이 있다면, 여성은 서로 이야기를 나누는 것 자체에 큰 의미를 둔다. 부부가 이러한 차이에 서로 조화를 이룰 수 있다면 부부 관계는 큰 진전이 있을 것이다.

한 예를 들어보자. 주부로서 가사(家事)만을 돌보던 아내가 직장생활을 시작하여 성공적인 경력을 쌓아가자 그녀의 남편이 외도를 시작하였다. 이 사례에서 아내는 그간 주부의 삶에서 그리고 정체된 부부 관계 속에서 무언가 채워지지 않는 욕구가 있었다. 정체된 삶으로부터 어떤 출구를 찾고자 했던 아내가 직장생활이라는 출구를 먼저 찾아 나섰다. 어떻게 보면, 아내가 직장생활과의 외도를 먼저 시작했다고 말할 수 있을지 모른다. 남편 역시 정체된 부부 관계로부터 어떤 출구를 찾고자 하는 공동의 소망에 무의식적으로 동의하고 있었기 때문에, 아내가 직장생활을 시작하는 것을 허락하였을지 모른다. 그런데 아내의 직장생활은 그들의 부부 관계에 활력을 더해주는 데 실패하였고, 아내가 직장 일로 바빠질수록 두 사람의 관계는 더욱 멀어져 갔다. 남편은 아내가 직장생활을 함으로써 가정에 소홀해지는 데 대하여 불만을 갖게 되었고, 또 하나의 출구로 남편의 외도가 시작되었다.

내피어(A Y. Napier)는 "외도는 부부에 의해서 만들어진다(Arranged)."라고 말한다.[15] 종종 부부가 외도를 함께 계획할 뿐만 아니라, 외도의 기간 및 심지어 발각의 과정까지 함께 계획한다고 그는 말한다. 그가 이렇게 말하는 것은 외도를 부부 체계의 한 현상으로 보기 때문이다. 부부 체계가 어떤 갈등이나 침체에 빠져 있을 때, 그 하나의 타개책으로 외도를 부부가 함께 계획한다는 것이다. "쉘 위 댄스"(Shall We Dance)라는 영화는 이러한 과정을 잘 보여준다.

이 영화는 일본의 한 중년 회사원이 직장 동료들과 회식 중 9시가 되자 뒤도 안 돌아보고 집으로 돌아오는 장면으로 시작된다. 철저하고 엄격한 자기 관리로 10여 년간의 직장생활을 통해 개인 주택까지 마련한 그가 이렇게 집으로 돌아왔을 때, 아내는 "회식인데 벌써 집에 왔어요?"라는 말로 그를 맞는다. 그는 아내를 제대로 쳐다보지도 않은 채 피곤하다고 자기 방으로 올라가 버린다. 다음날 그는 새벽에 일어나 혼자 밥을 차려 먹고는 피곤한 얼굴로 출근한다. 그의 아내와 딸은 뒤늦게 일어나 아침을 먹으며 대화를 나눈다. 아내는 딸에게 아빠가 가끔은 좀 늦게 들어오는 날도 있으면 좋겠다고 말한다. 이어서 남편이 댄스 강습소의 선생을 좋아하게 되는 장면이 나온다. 그는 결국 댄스강습소에 나가며 늦게 들어오기 시작한다. 아내가 말한 대로 이루어진 것이다. 물론 무의식적으로 이루어지는 과정이다.

위의 영화에서 보는 것처럼, 엄격한 한 회사원이 10여 년의 결혼생활에서 부부 관계의 정서적인 침체에 빠지게 되었고, 그것은 무의식중에 부부 모두에 의해 감지되고 있다. 아내는 틀에 박힌 가정생활과 부부 생활로부터 어떤 변화가 있기를 기대하면서, 아빠가 늦게 들어오기도 했으면 좋겠다고 말했을 것이다. 어떤 변화에 대한 욕구는 아내만이 아니라 남편도 마찬가지로 갖고 있었을 것이다. 그러한 공동의 욕구가 남편의 외도로 표출되었다고 말할 수 있다.

내피어에 의하면, 부부의 이러한 무의식적 의도는 외도를 통해 관계를 깨뜨리기 위한 것이라기보다는 부부 관계의 침체를 깨고 새로운 의사소통과 관계의 계기를 만들고자 함이다.16 그러므로 외도가 발생했을 때, 상담자의 역할은 그 일에 대해 도덕적이고 감정적으로 접근하기보다는, 어떻게 하면 부부가 이 일을 통해 진실하고 건설적인 의사소통을 하게 할 것인가, 또 그럼으로써 어떻게 관계의 새로운 차원으로 나아가도록 도울 것인가를 고민하여야 한다. 물론 외도로 인하여 부부 사이에 생채기 난 감정적 상처를 가볍게 취급해서는 안 된다. 그러나 부부는 이러한 감정적 상처에도 불구하고 부부 관계를 새롭고 활력 있게 만들기를 바랄 수 있다는 가능성을 우리는 받아들여야 한다.

피해 배우자의 상담

목회자나 기독교인이 외도를 하면 사람들은 보통 그 상황에 대해 객관적으로 분석하기보다는 도덕적 판단과 분노부터 한다. 외도를 도덕적으로만 접근할 때, 외도자가 자기의 잘못을 인정한다 할지라도, 부부 관계의 회복의 실마리를 찾는 데는 어려움이 있을 것이다. 현재의 위기에 결부되어 있는 요인들을 정확히 분석하여 대처할 때, 부부 관계가 회복될 가능성을 구체적으로 찾을 수 있다.

바로니와 켈리(D. Banoni and B. Kelly)는 아내가 남편의 외도를 알았을 때 보통 다음과 같은 여섯 단계의 감정을 거친다고 말한다.17

(1) 부인: 너무 충격적인 소식을 들었을 때 사람들이 보이는 첫 번째 반응은 그 사실을 부인하는 것이다. 이는 너무 위협적인 사실을 받아들이는 것이 자신에게 너무 충격적이기 때문에 자신을 보호하기 위한 것이다.

(2) 공포: 남편의 외도가 사실로 다가와 그것을 현실로 받아들여야 할 때, 아내는 그것에 대해 분노하는 한편, 가정의 안정을 상실한다는 데 대하여 극도의 두려움을 느낀다. 대부분의 아내들이 가정의 안정이 자신의 정체성의 주요한 부분을 차지하기 때문에, 그것을 잃을지도 모른다는 현실은 매우 큰 두려움으로 다가온다.

(3) 슬픔: 상실이 더욱 현실로 다가옴에 따라 두려움은 극도의 슬픔을 동반한다. 슬픔이라는 느낌은 상실에 대하여 사람이 느끼는 자연스러운 감정이다. 본인이나, 또한 상담자는, 이 슬픔 속에 빠지는 것을 지나치게 경계할

필요가 없다. 슬픔에 빠져 대처 능력 자체를 잃어버리는 것은 피해야 하겠지만, 슬픔의 느낌 자체는 자연스러운 것으로 받아들여야 한다. 슬픔을 충분히 느낄 때 우리는 상실을 극복할 수 있기 때문이다.

(4) 자책: 격정적인 감정이 어느 정도 누그러지면 허무감과 자책이 밀려들 수 있다. 자신의 행동들을 후회하고, 자신의 모습이 초라하게 느껴진다.

(5) 분노: 자책과 분노는 동전의 양면이다. 삶에 대한 절망감의 이면에는 자신에 대한, 특히 외도한 배우자에 대한 분노가 깊게 깔려 있다. 여기에서 많은 사람들이 관계를 끝내버리기 쉽다. 그리고 배우자에 대한 분노에 사로잡혀 여생을 마치게 될 수도 있다. 여기에서 보다 냉정해지고 현실과 자신과 배우자를 보다 객관적으로 바라보아야 할 필요가 있다.

(6) 수용: 현실을 인정하고, 자신의 삶을 주체적으로 바라보고 행동하는 단계이다. 여기에까지 이르는 데 몇 주가 걸릴 수도 있고, 몇 달이 걸릴 수도 있다. 가능하면 배우자가 빨리 이 단계에서 행동할 수 있을 때 보다 바람직하게 대처할 수 있을 것이다.

양유성은 상담 초기에는 부부를 각각 만나는 것이 필요하다고 말한다.[18] 각각의 배우자는 배우자 앞에서 표현하기 어려운 것들을 마음속에 갖고 있을 가능성이 높고, 또 현재의 상황에서 상담자와 의논하고자 하는 내용이 매우 다를 수 있기 때문이다. 이때에 상담자는 피해 배우자로 하여금 상담실에서는 마음속의 깊은 분노와 상처를 충분히 털어놓게 하되, 현실에서는 그러한 감정을 적절히 다룰 수 있도록 도와야 한다. 양유성은 비합리적 상상에 사로잡히거나 강박적 사고에 빠지는 것을 경계하며, 피해 배우자로 하여금 분노와 절망에 빠뜨린 사고의 내용을 찬찬히 살펴볼 것을 권유한다.[19]

버클러는 피해 배우자가 하지 말아야 할 일들을 다음과 같이 지적한다.[20] 이러한 행동은 현실을 직시하고 타개해 나가는 데 장애가 되기 때문이다.

(1) 현재의 위기로 말미암아 자신의 개인적인 삶과 결혼생활 전체를 통찰할 수 있는 능력을 잃어버리지 마라. 상담자는 배우자가 외도의 충격으로 인하

여 자살 등의 극단적인 행동을 할 가능성을 타진해 보아야 한다.
(2) 배우자의 설명을 듣기를 거부하지 마라. 이성을 잃고 난동을 부리는 것 또한 해결에 도움이 되지 않는다. 죄책감을 안겨주거나 협박하는 것은 상대방으로 하여금 건설적인 대화에 참여하는 것을 막는다.
(3) 배우자가 만나는 외도의 상대를 찾아가 공격하지 마라. 그 외도의 상대 생각에 몰두하는 것은 가능한 한 피해야 한다.
(4) 무력한 의존심에 주저앉지 마라. 자기를 파괴하는 행동이나 허물어지는 모습을 배우자에게 보이는 것은 더욱 상대방을 멀어지게 만들 수 있다. 바로니와 켈리는 자신을 고립시키지 말 것, 식음을 전폐하지 말 것, 술을 너무 마시지 말 것 등을 권유한다.[21]
(5) 보복 외도나 다른 방법으로 앙갚음을 하려 하지 마라.
(6) 재결합을 어렵게 만들 수 있는 성급한 행동을 하거나, 즉각적인 최후통첩을 하지 마라.
(7) 외도하면서 무슨 일이 있었는지 상세히 알려는 반복적인 질문을 하지 마라.
(8) 배우자의 행동을 통제하려고 하지 마라.

배우자의 외도에 직면했을 때, 피해 배우자는 감정에 빠져 성급하게 결정하기 전에 일단 시간을 두고 상황을 정리해 보는 것이 필요하다. 버클러는 배우자가 할 수 있는 선택을 다음과 같이 정리한다.[22] 배우자는 다음 중 한 가지를 선택할 수 있을 것이다. 물론 다음의 선택 이외의 방법도 있을 수 있을 것이다.

(1) 배우자와 머물기로 선택할 수 있고, 성관계를 유지하며 결혼 관계의 긍정적인 면에 초점을 맞춘다.(외도를 인정하는 것은 아니며 시간을 갖고 문제 해결을 하려는 시도)
(2) 배우자와 머물기로 선택하고 긍정적인 면에 초점을 맞추나, 외도가 정리될 때까지 성관계는 유보한다.
(3) 명시된 어느 때까지 외도를 계속할 것인지, 중단할 것인지 결정하도록 배우자에게 요구하고, 그 이후에 결혼 관계에 대해 의논하기로 한다.

(4) 일정 기간 동안 별거하며 결혼 관계에 관해 숙고하기로 한다.
(5) 일단 목회자 또는 상담자에게 상담을 받으면서 앞으로의 문제를 의논하기로 한다.

어떠한 선택을 하든 중요한 것은 어느 정도의 기간을 두고, 생각하고 정리할 시간을 갖는 것이다. 이 기간 중 상담을 한다면 매우 큰 도움이 될 수 있다. 상담자가 도와야 할 첫 번째 과제는 피해 배우자가 받은 감정적 상처를 표현하도록 돕는 것이다. 외도에 직면하여 받은 충격, 절망, 슬픔, 분노, 죄책감 등을 쏟아 놓고 공감받음으로써 배우자는 현실에 직면할 수 있는 용기를 얻게 된다. 그리고 그로 하여금 시간을 가지고 현재의 문제를 해결해 나가도록 함께 계획을 세울 필요가 있다. 구체적인 계획이 있을 때 배우자는 보다 객관적으로 현재의 문제를 볼 수 있는 여유를 얻게 된다.

중요한 것은 외도한 배우자에 대한 배신감과 분노 등의 감정에 휩싸여 극단적인 행동이나 결정을 하지 않도록 돕는 것이다. 바로니와 켈리에 의하면, 혼외 성관계의 경험이 있는 남성들 중 80%가 아내를 떠나지 않았으며, 그들이 이혼한 경우에도 15%만이 그 '다른' 여자와 결혼하였고, 이혼한 남자의 80%는 할 수 있다면 전 아내와 재결합하고 싶어 한다고 보고한다.[23] 결국 외도가 배우자를 떠나고 싶어 하는 신호가 되는 경우는 그리 많지 않은 것이다. 또한 위에서 언급한 것처럼, 많은 경우에 외도가 침체된 결혼생활을 타개하기 위한 몸부림이라면, 주변에서 외도를 마치 결혼의 끝인 것처럼 호도하는 것은 바람직하지 않을 것이다.

외도자의 상담

많지는 않지만, 외도가 결혼 관계를 끝내고자 하는 동기에 의해 이루어질 수도 있기 때문에, 상담자는 외도자가 그런 의지를 갖고 있는지 확인할 필요가 있다. 그러나 외도자가 의식적으로 그러한 동기를 갖고 있다고 하더라도, 무의식적 차원에서는 배우자에 대하여 신경증적인 승리감을 맛보기 위해 외도를 시작했을 가능성도 배제해서는 안 된다.[24] 예를 들면, 성장기에 아버지로부터 거부를 경험한 여성이 이에 대한 무의식적 방어로서, 자신의 외도를 시작했을 수도 있다. 즉 남편으로부터 거부당하기 전에 먼저 남편을 거부하며 승리감을 맛보는 것이다. 물론 이러한 것은 무의식적 차원에서 이루어지기 때문에, 의식적 차원에서는 결혼 관계에 대한 실망감으로서 나타날 수도 있다.

외도는 자신의 주체성을 찾고, 자신의 진정한 감정을 탐색하고, 자신의 깊은 감정을 누군가에게 의사소통하고 싶은 데 그 동기가 있는 경우도 있다.[25] 그러므로 외도한 사람에게 죄를 지적하고 도덕적으로 문책하기만 하는 것은 그의 내면의 깊은 좌절감과 소망을 외면하게 되는 결과를 낳을 수 있다. 상담자는 우선 외도한 사람이 어떤 동기로 또는 어떤 경로로 외도를 하게 되었는지 질문하며, 이에 대한 그의 대답을 진지하게 경청해야 한다. 비록 그의 행동이 신학적으로, 도덕적으로 잘못되었다고 하더라도, 그러한 행동을 하게 된 그의 나약함, 좌절감, 바람 등에 대하여는 공감해 주어야 한다. 중요한 것은, 그가 자신의 주체성 및 깊은 감정 등을 모색하려는 동기가 잘못된 것이 아니라, 그것을 모색하는 방법이 잘못된 것이라는 점이다. 상담자는 그에게 이것을 지적해 주는 것이 필요하다. 그리고 보다 건설적인 방법을 함께 찾아가려는 의지를 보일 때, 외도자는 상담자를 신뢰할 것이다.

외도가 내면적 주체성을 모색하고, 깊은 감정을 표현하고 싶은 데서 출발하거나, 또는 부부 관계의 문제가 외도로 표출되었다고 하더라도, 실제로 외도는 매우 위험스럽고 정당하지 못한 방법이다. 상담자는 외도가 부부 관계에 어떤 위협을 주며, 배우자에게 어떤 상처를 안기는가를 현실적으로 인식시켜야 한다. 그리고 외도자가 이혼을 무릅쓰려고 할 경우, 외도가 반드시 이혼으로 결론이 날 필요가 없고 보다 건설적인 회복의 방법들이 있음을 주지시켜야 할 것이다.

부부상담

앞에서도 언급한 것처럼, 많은 경우에 외도는 부부 관계의 문제가 표출되는 여러 가지 방식 중 하나이다. 그러므로 외도를 외도라고 하는 하나의 문제에 초점을 맞추고 접근하는 것이 부적합한 경우가 많다. 즉 부부 관계라고 하는 보다 일반적인 문제로 넓혀서 접근할 때 외도의 문제를 진정으로 풀어갈 수 있는 열

쇠를 발견하게 되는 수가 많다. 만일 외도의 문제가 부부 관계의 문제로부터 비롯되었을 가능성이 예측되는 경우에, 상담자는 부부 두 사람을 하나의 단위로 생각하고, 부부 관계를 상담의 대상으로 삼아야 한다.[26] 외도의 문제와 연관하여 부부가 서로에게 갖고 있는 감정을 정직하고 건설적으로 의사소통하도록 도와야 한다. 여기에서 주의할 것은 외도라고 하는 표면적 문제에 대하여 부부가 서로를 공격하고 방어하는 상호 파괴적인 언쟁이 유발되는 것을 억제하는 것이다. 이렇게 될 경우, 부부가 서로에게 진정으로 말하고 싶은 내용은 뒤로 숨어 버리고, 서로에게 상처만을 더 깊이 남기는 싸움의 악순환이 계속되게 된다. 상담자는 이를 경계하면서, 부부가 상대방을 공격하는 대신에, 자신의 감정과 생각과 소망을 정직하게 표현하도록 도와야 할 것이다.

이러한 과정에서, 부부에게는 그동안 효과적으로 서로 의사소통하지 못했던 깊은 좌절감이나 슬픔, 분노 등이 표출될 수 있다. 그러나 이러한 것들이 정직하게 표현된다면 더욱 심한 갈등이나 절망을 유발시킬 수 있다. 여기에서 상담자는 이러한 상황을 필요한 것으로 인식하고, 그러한 인식을 부부와 함께 나누어야 한다. 진정한 갈등이 표면화되지 않으면, 진정한 해결도 없는 것이다. 상담자는 부부에게 이러한 위기를 극복하고 보다 새로운 관계로 발전할 수 있다는 믿음을 주어야 한다. 깊은 감정들이 나누어지고 서로에게 솔직해질 때, 부부 관계에 획기적인 전기가 찾아오는 것을 우리는 보게 된다. 거기에서 이루어지는 새로운 신뢰의 회복은 부부로 하여금 그들의 관계에 재헌신하도록 이끈다.

상담자는 부부가 보다 활력 있는 관계를 발전시키고 유지할 수 있는 구체적인 계획을 세우도록 도와야 한다. 예를 들면, 부부만의 대화의 시간을 어떻게 가질 것인가, 또는 성생활에서의 구체적인 개선 등이다. 특히 외도는 성생활과 밀접한 관련이 있을 수 있으므로, 상담자는 부부가 성생활에서 어떤 문제가 있는지 알아보는 것이 필요하다. 만일 그들에게 지속적인 성장애가 있었다면, 적절한 성상담이 필요할지도 모른다. 많은 경우에 부부가 성생활에 대하여 솔직한 대화를 나누고 필요한 지식을 습득하게 될 경우 성생활의 문제들이 상당 부분 개선될 수 있다.

용서

　외도 이후에 부부가 관계를 회복하였다고 할지라도, 외도로 인한 마음의 상처가 쉽게 가시지는 않을 것이다. 배우자의 외도로 인한 마음의 상처를 치유하지 못한다면, 부부 관계에 어려움이 가시지 않을 것이다. 용서는 상대방의 잘못이나, 공격에 대한 보복이나, 증오가 관계의 회복으로 이끌지 않음을 인식하는 데서 출발한다. 마음의 상처, 분노, 소외의 감정 등을 관계 회복을 위하여 건설적으로 처리해 나가는 과정에서 용서가 올 수 있다. 용서를 성급하게 요구해서도 안 되고, 용서해야 한다고 스스로 자책해서도 안 된다. 부정적 감정이 충분히 표현되고 수용될 때에만 용서는 진정으로 이루어진다. 이 과정에서 부정적인 감정은 무시되거나 망각되는 것이 아니라, 오히려 관계의 장애를 극복하기 위한 도구로 사용되어야 한다.[27] 부정적인 감정이 공격이나 보복을 위해 사용되지 않도록 하면서, 관계로부터 입은 상처들을 건설적으로 표현하는 것이 필요하다. 부정적 감정을 나누는 것은, 깨어진 관계의 현실을 부부가 함께 직면하기 위해서 필요한 것이지, 상대방을 공격하기 위해서가 아닌 것이다.

　용서하는 사람은 과거에 얽매이는 것이 아니라, 미래를 함께 어떻게 새롭게 만들어갈 것인가에 관심을 갖는다. 과거의 상처는 새로운 미래를 만들기 위한 경험적 자료로 활용되어야 한다. 그러므로 단순히 과거의 잘못을 용서하고 묻어둔다는 것은 진정한 용서가 되기 힘들다. 과거의 잘못은 '구속(救贖)적인 기억'(redemptive remembering)을 통하여 새로운 미래로 이어져야 한다.[28] 용서하는 사람은 용서를 통하여 상대방에게 과거의 잘못에 대한 보상을 탕감해 준다. 그러나 그것으로 끝나서는 안 된다. 용서 속에는, 상대방에 대하여 미래의 행동이 책임 있는 행동이 될 것을 기대하는 마음이 담겨 있다. 용서받는 당사자는 이 책임에 대하여 환기할 필요가 있다.

1 | Charles W. Stewart, *The Minister as Marriage Counselor: A Role-Relationship Theory of Marital Counseling and Pastoral Care*(Nashville: Abingdon Press, 1970), 50~78.
2 | 존 M. 고트맨 & 낸 실버, 임주현 옮김, 「행복한 부부 이혼하는 부부: 행복한 결혼생활을 위한 7가지 원칙」(문학사상사, 2002).
3 | 위의 책, 42~51.
4 | Stewart, *The Minister as Marriage Counselor*, 79.
5 | 위의 책, 82~83.
6 | Murray Bowen, "The Use of Family Theory in Clinical Practice," R. J. Green and J. L. Framo, *Family Therapy: Major Contributions*(Madison, Connecticut: International Universities Press, 1981), 301~311.
7 | Larry. L. Constantine, "Jealousy and Extramarital Sexual Relations," *Clinical Handbook of Marital Therapy*, ed., N. S. Jacobson and A. S. Gurman(New York: The Guilford Press, 1986), 412.
8 | 양유성, 「외도의 심리와 상담」(학지사, 2008), 25~26.
9 | 위의 책, 27.
10 | 헨리 버클러, 「외도상담」(서울: 도서출판 두란노, 1997), 18~22.
11 | 위의 책, 24~28.
12 | 교인들의 성격장애에 대한 이해와 이와 관련된 목회적 문제에 관해서는 웨인 오츠가 저술한 「그리스도인의 인격 장애와 치유」(에스라서원 간)을 참고하시오.
13 | Eugene Kennedy, *Sexual Counseling*(New York: The Seabury Press, 1977), 84~85.
14 | 버클러, 「외도상담」, 76.
15 | Augustus Y. Napier, *The Family Crucible*(New York: Bantam Books, 1978), 154.
16 | 위의 책, 160.
17 | Diane Baroni and Betty Kelly, 최해정 옮김, 「나는 이혼하고 싶지 않다」(제3기획, 1994), 23~30.
18 | 양유성, 「외도의 심리와 상담」, 298.
19 | 위의 책, 321~329.
20 | 버클러, 「외도상담」, 203~220.
21 | Baroni and Kelly, 「나는 이혼하고 싶지 않다」, 31~32.
22 | 버클러, 「외도상담」, 197~198.
23 | Baroni and Kelly, 「나는 이혼하고 싶지 않다」, 15.
24 | Kennedy, *Sexual Counseling*, 94.
25 | 위의 책, 95.
26 | 위의 책, 94.
27 | Garland and Garland, *Beyond Companionship*, 120~121.
28 | 위의 책, 122.

제8장

가족 시스템으로서의 교회공동체

치유적 목회 지도력을 향하여

제8장
가족 시스템으로서의 교회공동체
치유적 목회 지도력을 향하여

두 개의 가족

프리드만(E. H. Friedman)은 교회공동체 또한 하나의 가족임을 강조하면서, 목회자는 두 개의 가족, 즉 자신의 가족 그리고 교회공동체 가족에 연관되어 있다고 말한다.[1] 그는 자신의 저서 *Generation to Generation*(세대에서 세대로)에서 어떻게 교회공동체가 마치 하나의 가족처럼 움직이는지 그리고 목회자가 교회공동체 가족을 어떻게 치유적으로 이끌어가야 하는지를 서술하고 있다. 이 장(章)에서는 주로 그의 저서를 참고하면서, 목회자가 교회공동체 가족의 지도자로서 어떻게 효과적으로 기능할 수 있는지를 다루어 보고자 한다.

한 목회자의 이야기로부터 시작해 보자.

김 목사는 목사 가정의 장남으로 태어나 부모의 뜻을 따라 신학을 공부한 후 목회자가 되었다. 그는 부모의 권유에 따라 목회자 사모로서 적합한 여성과 결혼하였고, 곧 자녀도 출산하였다. 그는 목회에 전념하였고 그에 따라 교회도 성장하였다. 그의 아내는 남편과의 정서적 교류가 많지 않았기에, 목회자 사모의 역할 외에는 자녀 양육에 전념하였다. 이 가정은 부부 사이에 정서적 균형이 성립되어 있기는 하지만, 문제는 이 균형이 두 사람이 서로 정서적 친밀감을 나누는 방식으로 이루어져 있지 않다는 데 있었다. 그러니까 김 목사는 교회와 그리고 목회 활동과는 정서적으로 깊이 연결되어 있는 반면, 그의 아내는 자녀 양육 속에서 깊은 정서적 친밀감을 발견하고 있었다. 부부는 서로 소원한 관계였지만, 각자가 깊이 친밀감을 경험하는 영역을 따로 갖고 있기 때문에 표면적으로는 갈등이 표출되지 않고 있었다.

10여 년 후 갈등은 김 목사의 가정과 교회에서 동시에 표출되었다. 엄마와 정서적으로 깊이 연루되어 있던 큰아들이 사춘기에 접어들면서 반항하기 시작하였다. 그는 학교에서 문제 학생들과 어울리게 되면서 성적이 급격히 떨어졌다. 더 이상 엄마 혼자의 힘으로 다루기 어려워지자 그동안 거의 신경 쓰지 않았던 김 목사가 가정 문제에 관심을 가지지 않을 수 없었다. 그는 한편으로 아들을 훈계하고 다른 한편으로 아내와 의논한다면 아들의 문제를 극복할 수 있으리라 생각했다. 그런데 의외로 아들은 자신에게도 반항하는 태도를 보였다. 그는 놀라지 않을 수 없었다. 그리고 아내조차 그에게 수많은 불만을 쏟아놓았다. 그는 자신의 가정이 이처럼 혼란과 충돌에 빠지자 큰 충격을 받았다. '도대체 내가 무엇을 잘못했단 말인가? 열심히 목회를 해왔을 뿐인데….' 그는 그동안 소홀히 해왔던 가정에 좀 더 신경을 쓰기로 결심하였다.

그런데 이번에는 교회에서 갈등이 터졌다. 교회의 여선교회 임원들 중 한동안 알력이 있던 두 권사 사이에 싸움이 다시 촉발되었다. 그동안 이 문제는 김 목사가 교인들에게 마음을 쏟는 동안 겨우겨우 무마되어 왔지만, 이제 김 목사가 관심을 가정으로 돌리자 억눌려져 있던 갈등이 다시 표면화된 것이다. 김 목사는 오랫동안 그들에게 사랑과 관심을 주어 왔기 때문에, 그들을 만나 설득하면 무마되리라고 기대하였다. 그런데 놀랍게도, 그들을 만난 김 목사는 그들로부터도 자신에게 쏟아놓는 불만을 접하게 되었다.

김 목사는 커다란 당혹감에 사로잡혔다. '도대체 내가 무엇을 잘못했단 말인가? 부모님의 뜻을 따라 목사가 되었고 목회에 성심을 다했는데.' 이제 와서 가정도, 교회도 이렇게 혼란에 빠지고 사람들이 자신에게 불만을 토로하는 것을 접하면서 김 목사는 깊은 절망감을 느끼지 않을 수 없었다.

위의 이야기는 실제 있었던 사례들을 조합하여 만든 가상의 이야기이다. 왜 김 목사에게 이런 일들이 닥쳤을까? 김 목사가 정말 잘못했을까? 아니면 그가 구체적으로 어떤 잘못된 행동을 했기에 이런 일들이 생겼다기보다는, 가족 내에서 그리고 교인들과의 관계 맺는 방식에서 기인한 것은 아닐까? 프리드만은 우리에게 과정(process)과 내용(content)을 구분하기를 권한다.[2] 김 목사의 행동 하나하나가 '내용'이라면 사람들과 관계 맺는 방식은 '과정'이다. 아들이나 아내가 또는 교회의 두 권사가 김 목사에게 하는 불평의 말들이 '내용'이라면, 김 목사가 그들과 맺고 있는 삼각관계는 '과정'이다.

이 책의 제6장에서 언급한 체계(시스템)적 관점에서 보면, 현재 김 목사의 상황은 그가 지난 10여 년 동안 맺어온 관계 방식들이 한계에 부딪친 데서 온 것이다. 목회 초기에 김 목사 부부가 형성했던 정서적 균형은 김 목사는 교회에, 그리고 그의 아내는 자녀에게 관심을 집중함으로써 가능하였다. 그러나 거기에는 많은 위험성이 있었다. 우선 김 목사가 교회와 교인들에게 정서적 에너지를 집중하는 것은 겉으로는 목회에 열정을 기울이는 것처럼 보일지 몰라도, 한편으로 보면 김 목사가 부부 관계를 통해 채워야 하는 정서적 욕구를 교인과의 관계를 통해 충족시킨 것일 수도 있다. 교인들 가운데에 가족이나 배우자를 통해 채워지지 못하는 정서적 욕구를 갖고 있는 사람들이 김 목사의 강렬한 목회적 관심에 열정적인 지지를 보냈을 것이다. 결과적으로 김 목사와 그 교인들은 함께하는 목회적 활동을 통해 개인적 정서적 욕구들을 충족시킬 수 있는 것이다. 이와 같이 상호 의존적인 관계에서는, 한쪽이 어떤 이유로 인해 물러나게 되거나 갈등이 발생할 때, 상호 비방이나 상호 단절로 이어지는 경우가 많다.

김 목사의 아내와 자녀와의 상호 밀착된 관계에서도 같은 위험성이 존재한다. 아들이 어렸을 때에는 두 사람의 상호 의존적인 관계의 문제가 드러나지 않는다. 왜냐하면 아들에게는 어머니의 강렬한 양육적 관심이 필요하기 때문이다. 그러나 아들이 사춘기에 접어들면 이제 어머니와의 의존적 관계를 점차 벗어나고자 한다. 이러한 것을 감지한 엄마는 아들과의 강한 정서적 유대를 잃지 않기 위해, 아들을 향한 요구와 간섭을 늦추지 않게 된다. 이것은 아들의 더 강한 반감을 야기해서, 두 사람 사이의 상호 밀착된 정서가 서로에 대한 반감과 증오로 대치하게 된다. 여기에는 아래의 그림과 같이 두 개의 병리적인 삼각관계가 존재한다.

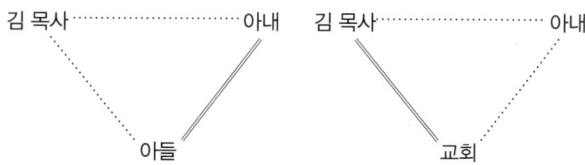

왼쪽 그림에서는 아내와 아들 사이의 정서적 밀착이, 오른쪽 그림에서는 김 목사와 교회 사이의 정서적 밀착이 표현되어 있다. 이 두 가지 정서적 밀착은 모두 김 목사와 아내 사이의 정서적인 소원(疏遠)함을 대체하기 위해서 두 사람이 각각 형성한 밀착 관계이다. 다시 말하면, 두 사람이 부부 관계의 친밀감을 통해서 충족시켜야 할 정서적 욕구가 각각 교회 및 아들과의 관계를 통해 채워지고 있는 셈이다.

치유적 태도 및 전략

현재 김 목사가 당면한 문제는 이와 같은 삼각관계들이 한계에 봉착함으로써 일어난 것이다. 목회자가 가정이나 교회 내에서 어떤 갈등 상황에 직면할 때, 프리드만은 다음과 같은 요인들을 살펴보라고 권면한다.[3]

(1) 목회자 가족에게 일어난 최근의 변화: 출생, 죽음, 질병, 새로운 학업이나 직업 등
(2) 교회의 주요 제직의 가족에게 일어난 최근의 변화
(3) 교회 구성원에게 일어난 최근의 변화 : 문화적, 지역적, 연령적 변화 등
(4) 목회자 구성원에게 일어난 최근의 변화 : 부목사나 전도사의 이임이나 취임 등
(5) 교회에 영향을 미치는 교단이나 사회의 변화들

이러한 변화들이 기존의 관계적 균형을 흔들어 놓음으로써, 드러나지 않고 숨어 있던 갈등의 소지가 표면으로 드러나게 될 수 있다.

가정과 교회 내에서 김 목사가 경험한 것과 같은 갈등이 일어날 때, 목회자는 대개 과정보다는 내용에 초점을 맞추어 대처하는 경향이 있다. 즉 갈등의 배후에 있는 삼각관계와 같은 것들을 살펴보기보다는, 당장 목회자 자신에게 닥쳐오는 저항이나 불평들을 직접 고치려고 시도하는 것이다. 그런데 이러한 접근은 김 목사의 경우에서 보았듯이 관계적 갈등에 더 불을 붙이는 결과가 되기 쉽다. 따라서 목회자는 한 걸음 물러서서 현재 갈등의 배후에 어떤 관계적 문제들이 놓여 있는지 살펴보는 것이 필요하다.

프리드만은 내용이 아닌 과정의 문제에 대처하기 위한 다섯 가지 전략을 제시한다.[4] 첫째는 가족 관계 및 교인들과의 관계로부터 한 걸음 물러나서, 상황을 객관적으로 보도록 노력하는 것이다. 현재의 갈등 관계에 정서적으로 휘말리게 되면, 과정의 문제를 다룰 수 없다. 가급적 객관적 태도를 유지하면서도 한편으로는 그 관계들로부터 도망치지 말고 머물러 있어야 한다는 것이 두 번째 조언이다. 이를 'Nonanxious Presence'라고 부른다. 'Nonanxious'라 함은 정서적으로 휘말리지 않고 객관적 태도를 견지하라는 것이고, 'Presence'라 함은 그러면서도 관심을 유지하고 대화를 계속 이어나가라는 것이다. 이것은 분화(differentiation)된 태도이다. '분화'란 관계성 속에서 자신의 독립성 및 정체성을 유지하는 능력이다. 분화된 태도의 특징은, 한편으로는 자신의 입장을 분명히 정하고 이를 견지하는 것이며, 다른 한편으로는 관계를 계속 유지하는 것이다. 여기에서 유연성과 유머(playfulness)가 많은 도움이 된다. 유머는 우리로 하여금 갈등에 휘말리지 않으면서도 자신의 입장을 표현할 수 있도록 도움을 준다. 세 번째 전략은 목회자가 갈등 해결의 모든 책임을 혼자서 짊어질 필요가 없다는 것이다. 예를 들어 김 목사의 경우, 아들의 문제를 해결하기 어려우면 상담가의 도움을 요청할 수 있고, 두 권사의 불만과 관련해서도 다른 교인들의 도움을 통해 그들에 대한 관심을 표현할 수 있는 것이다. 넷째로, 문제 상황에서 목사가 모든 에너지를 거기에만 쏟는 것은 정서적으로 탈진하기 쉬우므로, 목사는 오히려 자신이 잘할 수 있고 즐겨할 수 있는 일에 집중하는 것이 좋다. 다섯째로,

갈등을 일으키는 교인들의 가정에 치유적으로 접근할 수 있는 방법을 찾으라는 것이다. 일례로 그들 가정의 주요 행사(추도식, 결혼식, 대심방 등)에서 가족 내의 갈등 관계에 대한 치유를 모색할 수 있다. 또는 심방 대신에 가족 전체를 교회로 초대하여 목사와 함께 가족 간의 대화를 시도할 수도 있다.

교회 공동체를 체계(시스템)적 관점에서 이해하려고 한 또 한 사람의 저자인 리처드슨(R. W. Richardson) 역시 이러한 관계적 문제에 어떻게 접근할 수 있는지 몇 가지 제안을 하고 있다.[5] 우선 목회자는 자기에게 초점을 맞추라고 권한다. 사실상 이것은 치유적이고 건강한 관계를 맺는 데 핵심적인 것이다. 목회자가 탈진하는 이유 중 하나는 타인들의 기대에 맞추려는 노력 때문이다. 목사는 가족 내의 또는 교회 내의 다른 사람들이 무엇을 하는지, 자신에게 무엇을 기대하는지, 그리고 그들이 과연 변할 것인지에 대해 노심초사하기 쉽다. 목사가 자신의 통제력을 회복하는 길은 오히려 내가 그들에게 어떻게 반응하고 있는지에 관심을 두는 것이다. 이렇게 하는 것의 이점은, 한편으로 타인들을 통제할 수 없다는 무기력감으로부터 놓여날 수 있으며, 다른 한편으로 관계에 있어서 내가 할 수 있는 것이 무엇인지에 대해 책임적 태도를 가질 수 있다는 것이다. 목회자가 관계에 있어서 자신의 통제력을 회복하는 또 하나의 길은 상대방에 대한 나의 기대를 내려놓는 것이다. 상대방이 나에게 갖는 기대만이 비현실적인 것이 아니라, 내가 타인에게 갖는 기대 또한 비현실적일 수 있다. 상대방이 그래야만 한다고 생각하는 대로 그들이 움직여 주지 않을 때, 목회자는 무기력과 탈진에 빠질 수 있다. 상대방이 변하기를 기대하는 대신에, 나의 기대와 상대방의 기대가 어떻게 병리적 관계 구조를 만들어가는지 살펴보고 그 구조로부터 스스로 빠져나오도록 노력하는 것이 필요하다. 이렇게 될 때, 목사는 타인에게 방어적이거나 공격적인 반응을 덜 하게 될 것이며, 보다 객관적인 태도를 견지할 수 있을 것이다.

많은 목회자들이 빠지기 쉬운 함정은 '과도한 일'(overfunctioning)이다. 목사는 자신에게 관심을 가지기보다는 타인에게 관심을 가져야 하고, 자신을 즐겁게 하기보다는 타인을 즐겁게 하고, 자신을 희생하여 타인을 구원해야 한다고 생각하기 쉽다. 물론 이러한 생각이 잘못된 것은 아니다. 문제는 이 생각을 실천하는 데 목회자가 교인들을 의존적으로 만들 수 있다는 점이다. 진정한 사랑은 타인으로 하여금 사랑을 실천할 수 있는 독립된 인격으로 성장하도록 돕는 것이지, 의존적인 사람을 만드는 것은 아니다. 너무 많은 일들에 대해 책임지고 자신을 희생하려는 태도 속에 목회자 자신의 의존적 태도가 숨어 있지는 않은지 살펴보아야 한다. 혹시 그러한 자기희생적 태도를 통해 사람들의 인정을 받고자 하는 것은 아닌지 스스로 물을 필요가 있다. 목사의 이러한 태도는 교인들과 정서적으로 의존적 밀착 관계를 만들게 되며, 관계에 있어 병리적 삼각관계들을 만들게 될 가능성이 높다. 이렇게 될 때, 목사의 가정이나 교회에 어떤 작은 불균형이라도 생기면 쉽게 갈등이 촉발하고 마는 것이다.

김 목사의 이야기로 다시 돌아가 보자. 김 목사는 부부 관계에서 깊은 친밀감을 경험하지 못한 채, 목회에 '과도하게' 몰입하여 왔다. 여기에서 '과도하다'(overfunctioning)는 것은 자신과 교인들 사이에 건강한 경계선을 설정하지 못하였다는 뜻이다. 교인들로 하여금 정서적으로 목사에게 지나치게 의존하도록 허용함으로써, 자신 또한 교인들과의 관계에서 '과도하게' 정서적으로 몰입하여 온 것이다.

좌절감 속에 있던 김 목사는 상담가의 도움을 받아 자신의 관계 방식에 대해 깨닫게 되었고, 관계에서 건강한 경계를 설정하기를 시도하게 되었다. 우선 가족상담을 통해 부부 사이의 친밀감을 점차 회복하게 되었다. 그리고 아들과의 관계에서 부부가 협력하여 건강한 경계선을 설정하고, 김 목사가 아들과 대화하는 시간을 점차 늘려갔다. 아들은 엄마와의 의존적 밀착 관계로부터 벗어나자, 점차 학교생활에서 안정을 찾아갔다. 두 권사 사이의 갈등이 김 목사에 대한 불평으로 번지는 상황에서 그는 이에 대해 방어하거나 공격하지 않고, 자신의 일상적 목회 활동을 차분히 해나가는 한 편, 두 권사를 각각 개인적으로 만나 그들에 대한 자신의 관심을 표명하고, 그들이 김 목사의 목회 활동에서 도와야 할 부분을 명확히 전하였다. 그리고 그는 더 이상 그들 사이의 갈등에 개입하지 않았다. 그가 자신의 입장을 분명히 정하고 정서적으로 개입하지 않자, 두 권사 사이의 갈등도 점차 누그러졌다. 다음 그림은 김 목사와 두 권사 사이의 삼각관계를 표현한 그림이다.

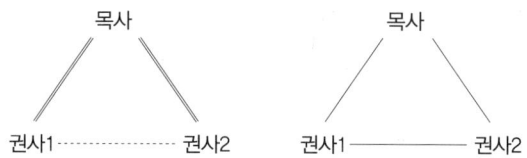

　왼쪽 그림은 김 목사가 두 권사 각자와 의존적 밀착 관계를 맺고 있음을 보여준다. 김 목사가 그러한 밀착 관계로부터 점차 분화된 관계로 나아가는 과정은 당분간 불만과 갈등을 불러일으킬 수 있으나, 두 권사 사이의 갈등이 본래 김 목사를 향한 관심 끌기 경쟁과 관련되어 있었기 때문에, 김 목사가 분화된 관계를 견지하게 되면 그러한 갈등의 불씨는 점차 가라앉을 것이다. 오른쪽 그림은 일정 기간이 지난 후 김 목사와 두 권사가 어느 정도 분화된 관계를 갖게 됨으로써 병리적 삼각관계가 해소된 상황을 보여준다.

분화된 리더십

　프리드만은 리더십의 유형을 세 가지로 나눈다. 카리스마(Charisma)적 리더십, 합의(Consensus)적 리더십, 분화된 리더십(Leadership through self-differentiation).[6] 한국 문화에서는 교회 리더십이 주로 카리스마적 형태를 띤다. 카리스마적 리더십은 리더를 통한 열정과 힘의 집중과 목표 지향적인 추진력 등의 장점을 갖고 있다. 수직적 관계에 익숙한 한국 문화에서는 특히 카리스마적 리더십이 효과적이다. 강한 은사를 갖고 있는 목회자가 강력한 리더십을 발휘하면 교인들은 대개 수동적으로 그에 따르는 경향이 있다. 그런데 이러한 리더십이 갖고 있는 약점은 교인들이 리더의 인격과 은사에 의존하기 때문에, 리더의 인격이나 역량에 한계가 드러날 때에 분란(紛亂)이나 실망을 불러일으켜 조직이 와해된다는 것이다. 그리고 리더가 '과도하게 기능'(overfunctioning)하기 때문에, 따르는 사람들은 시키는 대로 할 뿐인 수동적 존재가 되기 쉽다는 것이다. 이 경우에 리더와 따르는 사람들의 관계는 정서적으로 의존적 밀착 관계에 빠진다. 따라서 리더가 교체되면 조직은 혼란에 빠진다. 한국의 교회에서 그동안 논란이 많았던 소위 '세습'이 관행처럼 이루어진 것은 리더의 교체에 따른 혼란을 줄이는 데 어느 정도 효과적이었기 때문이다. 합의적 리더십은 카리스마적 리더십과는 반대로 공동체의 의지를 강조한다. 이는 회중 사이에서 합의된 의견이 도출되어 추진되는 것을 존중하는 장점이 있기는 하지만, 민주적 과정에 장애가 발생하면 쉽게 혼란에 빠지고 분열될 소지가 있다.

프리드만에 의하면, 한 조직이 건강하게 기능하려면 리더십의 역할이 가장 중요하다.[7] 리더는 조직의 관계 문화를 창조하는 사람이다. 프리드만은 분화된 리더십이야말로 효과적 리더십을 발휘할 뿐만 아니라 리더의 탈진, 즉 정서적 소모를 막을 수 있는 방법이라고 우리에게 제안한다.[8] 분화된 리더십은 카리스마적 리더십처럼 리더의 역할의 중요성을 강조하지만, 리더의 은사나 역량보다는 교회 시스템 안에서의 그의 위치를 강조한다. 리더는 전체 공동체를 책임지는 것이 아니라, 리더십의 위치를 책임지는 것이다.

한편 분화된 리더십은 합의적 리더십과 마찬가지로 공동체 구성원들의 개인적 정체성을 존중하지만, 공동체 구성원들의 의견이나 요구에 지나치게 의존하지는 않는다. 분화된 리더십은 한편으로 공동체가 통합된 미션(mission)을 수행하도록 이끌어가고, 다른 한편으로 공동체 구성원 개인들이 성장하도록 돕는다. 이를 위해서 리더는 공동체 내에서 리더로서의 자신의 위치를 분명히 설정하는 한편 공동체 구성원들과는 분화된 관계를 유지한다. 분화된 관계란 타인들과의 의사소통을 유지하면서도 자신의 입장을 분명히 견지하는 것이다. 이는 타인을 조종하거나 변화시키려고 노력하기보다 리더로서 자신의 기능에 초점을 맞추는 것이다. 이럴 때 회중은 자신을 분화시키도록 도전받는다. 다시 말하면, 리더가 분화된 자신의 입장을 분명히 견지할 때, 회중은 리더와 분화된 관계를 유지할 것인가, 아니면 그를 떠날 것인가에 대한 선택을 하도록 도전받는다. 프리드만에 의하면, 리더가 회중과의 의사소통을 계속 유지한다면, 회중 역시 리더와의 관계를 유지하면서 자기-분화(Self-Differentiation)를 선택할 가능성이 매우 높다고 말한다.[9] 왜냐하면 사람은 누구나 기본적으로 자기-분화를 향한 성장을 지향하고 있기 때문이다.

목회자가 분화된 리더십을 유지한다면, 회중은 목사의 은사와 비전의 복제품이 되는 것으로 그치는 것이 아니라, 진정한 제자로서 성장할 가능성이 높다.[10] 그러한 리더십 아래에서 교회공동체는 공동의 미션을 수행하는 추진력을 얻을 뿐만 아니라, 회중 각자의 분화된 성장을 촉진할 수 있다. 이는 리더의 정서적 탈진뿐만 아니라 회중의 정서적 탈진 또한 막는다. 분화된 관계란 각자의 입장을 존중하면서도 서로의 의사소통을 가능하게 하기 때문에, 공동체 내의 의견 충돌이 건강하게 해결될 가능성을 높인다. 수면 아래로 갈등의 소지들이 숨어들거나 병리적 삼각관계를 통해 갈등이 우회될 가능성은 낮아진다. 분화된 리더십은 목회자의 역할을 보다 단순화시키는 반면에 리더십의 기능은 향상시킨다. 동시에 목회자가 자기 자신에게 보다 초점을 맞출 수 있기 때문에 개인적 성장과 만족도는 높아진다.

---

1 | Edwin H. Friedman, *Generation to Generation: Family Process in Church and Synagogue*(New York: The Guilford Press, 1985), 1.
2 | 위의 책, 14~15.
3 | 위의 책, 204.
4 | 위의 책, 194~195.
5 | Ronald W. Richardson, *Becoming A Healthier Pastor: Family Systems Theory and the Pastor's Own Family*(Minneapolis: Fortress Press, 2005), 68~77.
6 | Friedman, *Generation to Generation*, 225.
7 | 위의 책, 221.
8 | 위의 책, 228~234.
9 | 위의 책, 232.
10 | 위의 책, 233.

제9장

이혼

이혼을 어떻게 바라볼 것인가

제9장

이혼

이혼을 어떻게 바라볼 것인가

이혼 통계

최근 한국의 이혼 증가율은 우리뿐 아니라 세계의 이목을 집중시킬 정도로 높다. 원인이야 여러 가지 측면에서 찾아볼 수 있겠지만, 분명한 것은 이혼이라는 현상이 이제는 일부 예외적인 사람들에게만 일어나는 일이 아니라는 사실이다. 이혼은 한국 사람들의 삶 속에서 흔히 보고 부딪치는 일상의 한 부분이 되어가고 있다. 통계청의 인구동태조사에 의하면 우리나라의 이혼율은 1990년대 이후 급속하게 증가해 왔다.

혼인/이혼 건수 및 조혼인율/조이혼율

	1980	1990	2000	2003	2004	2005	2006	2007	2008	2009	2010	2011	2012	2013
혼인 건수(천 건)	403.0	399.3	334.0	302.5	308.6	314.3	330.6	343.6	327.7	309.8	326.1	329.1	327.1	322.8
조혼인율*	10.6	9.3	8.0	6.3	6.4	6.5	6.8	7.0	6.6	6.2	6.5	6.6	6.5	6.4
이혼 건수(천 건)	23.7	45.7	120.0	166.6	138.9	128.0	124.5	124.1	116.5	124.0	116.9	114.3	114.3	115.3
조이혼율*	0.6	1.1	2.5	3.4	2.9	2.6	2.5	2.5	2.4	2.5	2.3	2.3	2.3	2.3

* 인구 1,000명 당 건

통계청 인구동태통계, 2014. 4.

위의 통계에 의하면 1980년부터 1990년 사이의 이혼 건수는 거의 두 배로 뛰었다. 그런데 그로부터 10년이 지난 2000년의 이혼 건수는 1990년에 비해 거의 3배 가까이 되었다. 이에 반해 혼인 건수는 1980년 이후 계속 줄어들고 있는 추세이다. 조혼인율(인구 1,000명 당 혼인 건수)을 보면 2001년의 인구 대비 혼인 건수는 1980년의 4분의 3 가량이다. 2003년의 연간 이혼 건수는 약 16만 6,600건으로 하루 평균 약 500쌍이 결별한 것으로 나타났다. 조이혼율(인구 1,000명 당 이혼 건수)은 3.4이다. 1990년대 중반 이후 급등하던 증가세가 2000년대 들어 다시 크게 높아졌다. 2003년의 조혼인율이 6.3인 것을 감안할 때, 이혼 건수와 혼인 건수의 비율이 이미 1 대 2를 넘어섰다. 엄청나게 빠른 속도로 이혼이 증가했다. 그런데 2003년에 정점에 이르렀던 이혼 증가 추세가 2004년부터 점차 낮아져 지난 몇 년간 조이혼율 2.3을 유지하고 있다. 사람들이 급작스러운 이혼 증가로 여러 부작용을 경험하면서 그리고 이혼에 대한 사회 전체의 우려 등으로 인하여, 이혼에 대해 보다 조심스러운 태도를 갖게 된 것이 아닌가 한다.

정부는 몇 해 전부터 각 지역마다 건강가정지원센터를 설립하고 부부 및 가족의 위기를 돕기 위한 상담 지원을 하고 있다. 그런데 교회야말로 갈등과 어려움에 처한 가족을 가까이에서 지원하고 교육하고 중재할 수 있는 중요한 공동체로서 한국 사회에 남아 있다. 따라서 교회가 위기 가운데 있는 가족들을 적시에 파악하고 필요에 따라 적절히 지원할 수 있는 자원, 방법, 프로그램 등을 가지고 있다면, 이혼 위기에 처한 가족들에게 효과적인 도움을 줄 수 있을 것이다.

이혼의 사회적 원인

김정옥은 산업화의 영향으로 인한 이혼율 증가의 요인을 다음의 네 가지로 지적하고 있다.[1] 첫째, 가족에 대한 경제적 의존도가 약화되었다. 과거에는 여성이 독립적으로 경제력을 가질 수 없었기 때문에 불행한 결혼생활을 벗어나지 못하는 경우가 대부분이었다. 그러나 현대 사회는 여성 노동력에 대한 사회적 수요가 증가하고 여성의 사회적 진출의 기회가 열려 있기 때문에 여성의 경제적 독립이 가능해졌다. 여성의 교육 기회와 취업 및 전문직 진출의 기회가 증가함에 따라 결혼은 과거보다 훨씬 더 선택적이 되었다. 여성이 경제적으로 가정에 종속되지 않아도 된다는 사실은 여성에게 결혼 관계를 이탈할 수 있는 선택의 여지를 크게 넓혀주었다.

둘째, 이혼을 억제하는 사회적 제도와 가족의 가치관이 변화되었다. 현대 핵가족의 특징 중 하나는 가족의 사유화(私有化, privatization)이다. 사유화란 핵가족이 지역 공동체와 사회로부터 고립되어 자신 안의 친밀한 정서적 관계 속에 갇혀 있는 상태를 가리킨다. 핵가족은 대가족의 친족 관계로부터 이탈하여 독립하는 데는 성공하였으나, '프라이버시'라는 이름하에 자신 안에 갇혀 버렸다. 핵가족은 가족의 운명을 전적으로 부부의 양 어깨 위에 걸어놓다시피 하였다. 그러나 불행한 것은 많은 부부들이 그러한 짐을 걸머질 만큼 충분한 준비가 되어 있지 못하다는 것이다. 과거에는 대가족이라는 우산 아래 부부의 갈등이 통제되기도 하고 해소되기도 하였으나, 자신 안에 갇혀 버린 핵가족에게는 부부 간의 갈등을 통제하고 해결할 수 있는 사회적 기제가 거의 없다시피 한 것이다.

또한 이혼을 대하는 태도가 과거보다 덜 비판적이라는 것도 이혼 증가의 한 요인이 되었다. 최근 서울시의 통계에 의하면 이혼을 대하는 서울 시민의 태도가 많이 달라졌다. 이혼에 반대한다고 답한 응답자는 44.8%로, 4년 전 57.3%에 비해 줄어들었다.[2] 이러한 태도의 변화는 산업화 및 정보화 과정에서 이루어진 가족의 성격 자체의 변화에 기인한다고 보는 것이 정확할 것이다. 이혼과 관련하여 가족 관계에서 가장 중요한 변화는 가정 내의 여성의 권위 및 권력의 향상일 것이다. 부부 관계가 대등해짐에 따라 그 속에 잠재되어 있던 갈등이 표면화될 가능성은 점점 더 높아지고 있다.

김정옥은 세 번째 원인으로 결혼이나 이혼에 대한 비현실적인 기대를 지적하고, 네 번째 원인으로 결혼이 갖고 있는 성격의 변화를 지적하는데, 이 양자를 하나로 묶어서 결혼의 목적의 변화라고 말할 수 있다. 근대 이전 사회에서는 결혼 및 가족은 생산의 공유와 자녀 생산과 양육이라는 실용적인 목적이 더 중요하였다. 그러나 산업화 과정에서 생산을 비롯한 가족의 전통적 기능이 일반 사회로 이전되면서 가족은 정서적 유대 및 소비의 공유를 더 중요한 목적으로 삼게 되었다. 가족은 이제 먹고살기 위해서도 아니고, 자녀를 낳아 기르기 위해서도 아니라, '행복하기' 위해 필요하게 된 것이다. 결혼은 의무와 책임이 아니라 애정에 기반을 둔 선택이 되었다. 행복해야 하고 늘 애정이 오고 가야 한다는 높은 기대는 현실적으로 많은 부부들에게 좌절감을 심어주며, 그 좌절감은 이혼으로 이어질 가능성이 언제나 열려 있다. 결혼은 의무가 아니라 선택이며, 행복하지 않은 결혼생활은 필요하지 않다는 사고는 이혼의 가능성을 늘 열어놓는다.

이혼에 대한 신학적 이해

우리가 이혼에 관련된 성경구절을 이해하려면 당시의 사회적 상황에서 성서 기자가 의도한 바가 무엇이었는지를 반드시 고려해야 한다. 갈란드(Diana S. Richmond Garland and David E. Garland)는 성서 시대의 이스라엘 관습을 토대로 이혼에 관련된 성경구절을 해석한다.[3] 신명기 24장 1~4절에 의하면, 이혼은 법정에서 판결을 받아 이루어지는 것이 아니라, 단순히 남편이 이혼하기로 결정하면 성립하였다. 이 경우 남편에게는 두 가지 강제 조항이 있었는데, 하나는 이혼 증서를 써주어야 하는 것이고, 다른 하나는 일단 이혼한 아내와는 다시 재혼할 수 없었다. 당시에 이혼은 사회적으로 당연히 허용되는 일이었다. 사회적으로 금기시된 것은 전부(前夫)가 이혼한 아내를 다시 취하려는 경우이다. 이 금기는 이혼한 아내를 보호하기 위한 조치로 추측된다. 이혼증서를 가진 아내는 재혼을 하더라도 간음죄에 해당되지 않았다. 만일 재혼한 아내에게 전부가 다시 결혼을 요구할 경우에 그녀의 현재의 부부 관계를 보호하기 위해서 이러한 금기가 규정되었을 것이다.

예수 당시 아내에 대한 남편의 권리는 재산에 대한 권리와 유사했다. 실제로 아내는 소유에 가까웠기 때문이다. 몇몇 예외—아내가 병을 앓고 있다든지(미쉬나 예밤 14.1), 남편이 아내를 강제로 범하였거나 거짓 증언을 했을 경우(신 22:13~19, 28~29) 등—를 제외하고는, 남편은 원하지 않는 아내와 언제나 이혼할 수 있었다. 반면 아내에게는 극히 예외적인 경우(문둥병 등)를 제외하고는 남편과 이혼할 수 있는 권리가 주어지지 않았다.

마가복음과 마태복음은 바리새인들이 예수에게 이혼에 관해 묻는 장면은 예수를 시험하기 위해서였다는 데에 의견을 같이한다.(마 19:3; 막 10:2) 당시 세례 요한이 헤롯 안티파스가 자신의 아내와 이혼하고 헤로디아스와 재혼한 것을 비판한 이유로 죽임을 당한 사건(막 6:16~29)이 있었기 때문에, 이 문제는 정치적으로 매우 민감하였다. 바리새인들은 이 문제를 대두시켜 예수를 세례 요한과 같은 위험에 빠뜨리려는 의도였던 것으로 추측할 수 있다.

예수의 대답은 사람들이 만들어놓은 이혼에 관한 법이나 규정 등의 문제를 떠나 하나님의 원래 의도가 무엇이었는가에 초점을 맞춘다. 당시 사람들은 신명기 24장 1~4절을 근거로 남편이 아내를 버리는 것은 율법적으로 문제가 없음을 믿고 있었다.(마 19:7) 그러나 예수는 이에 대해 그것이 하나님의 원래 의도가 아니라, 단지 모세가 사람들의 완악한 마음 때문에 허용했을 뿐이라고 반박한다.(마 19:8) 이미 사람들의 죄가 편만한 상태에서 더 큰 문제를 막기 위해 만들어진 신명기 24장의 모세의 율법보다, 창세기 2장 24절에 나타나는 하나님의 본래 의도가 앞선다는 것이다. 예수의 결론은 "하나님이 짝지어 주신 것을 사람이 나누지 못할지니라"(마 19:6)이다. 다시 말하면, 사람이 원하는 대로 사람의 법에 따라 남자가 아내를 버리는 것은 하나님의 뜻이 아니라는 것이다. 예수가 창세기 2장 24절을 인용한 것은 당시 남자들이 정당한 이유 없이 함부로 아내를 버리는 관습에 대하여 옳지 않음을 주장한 것이다.

그렇다면 이 말씀을, 오늘날 우리가 말하는 소위 이혼을 전적으로 금하는 말씀이라고 받아들여야 하는가? 바르트에 의하면, 사람과 사람 사이의 관계는 그리스도 안에서 구현된 하나님과 사람 사이의 언약 관계에 근거하고 있다.[4] 이 언약 관계는 하나님의 절대적으로 자유로운 행위로서의 은혜와 언약의 당사자로서 사람의 절대적인 응답의 자유를 내포하고 있다. 그 자유는 상대방을 위해 무조건적으로 자신을 내어주는 사랑을 위한 자유이다. 부부 관계는 하나님의 언약 관계의 표지로서, 부부는 서로를 위한 자유로 부름을 받는다. 이 자유는 절대적으로 하나님의 무조건적인 언약적 사랑의 명령 하에 있지만, 한편으로는 다른 어떤 인위적인 것에 의해서 제한당하지 않으며 제한당해서도 안 된다. 왜냐하면

이 자유는 하나님의 절대적인 주권 하에 있기 때문이다.

> 그러므로 결혼을 상대적이 아닌 절대적인 결합으로 만드는 하나님의 그 명령 속에서 바르트는 절대적인 주권에 의해 결혼이 무효임을 선언하는 하나님의 자유 또한 발견한다. 이는 어떤 특정한 상황에서 하나님의 뜻을 발견할 수 있다는 조건 하에 이혼의 가능성을 받아들인다. …만일 어떤 결혼 관계가 전적으로 실패하여 언약 관계에 전혀 근접하지 않음으로써 삶의 존엄성이 유지되기는커녕 파괴되고 있다면, 우리는 이와 같이 물어야 한다. 즉 이러한 관계에 대해 하나님의 심판이 의미하는 것은 무엇인가? 만일 거기에 관계는 이미 실제적으로 존재하지 않는다는 것이 하나님의 심판이라고 말할 수 있다면, 하나님의 마음에는 그 결혼은 존재하지 않는다고 결론내릴 수 있을 것이다.[5]

예수께서 "하나님이 짝지어 주신 것을 사람이 나누지 못할지니라"라고 한 선언의 핵심은 결혼이나 이혼에 관한 사람의 법이나 관습이 하나님의 언약적 사랑의 명령보다 앞설 수 없음을 선포하는 것이다. 즉 결혼이나 이혼이 사회적으로 용인되는 절차나 규정에 따라 이루어졌다고 해서 그 결혼이나 이혼이 하나님 앞에서 정당화될 수는 없는 것이다. 사람은 그의 생각과 행동 자체로서 하나님 앞에 서는 것이지, 법이나 관습을 앞세워 스스로를 정당화할 수 없다. 따라서 우리는 이렇게 질문할 수 있다. 어떤 부부가 폭력, 무책임, 무관심 등으로 서로의 인격과 생활이 파괴되고 있음에도 불구하고 그들이 법적으로 이혼하지 않았다고 해서 그들은 죄가 없는 것일까? 하나님 앞에서 그들은 이미 '이혼'한 거나 다름없지 않을까? 부부 사이에 폭력이 계속됨에도 법적으로 '이혼'하지 않기 위하여 계속 폭력을 당하는 것이 하나님의 뜻일까?

결혼에 관한 교회의 신학은 전통적으로 부부간의 관계를 긍정하기보다는 결혼의 구조를 보존하는 데 더 초점을 맞추어 왔다는 비판을 면할 수 없다.[6] 예수가 "안식일이 사람을 위하여 있는 것이요 사람이 안식일을 위하여 있는 것이 아니니"(막 2:27)라고 말씀하셨을 때, 그것은 제도나 구조에 앞서 관계와 사람이 더 우선적인 관심의 대상이 되어야 함을 선언한 것이다.

이혼이 불가피하게 죄를 수반한다는 전통적 태도에 우리는 동의한다. 그러나 이혼이라는 죄에 대해 지나치게 단순화시키는 전통적 견해는 잘못이다. 결혼을 종결시킨다는 사실 자체가 실로 죄일지는 몰라도, 이혼의 가장 심각한 죄는 결혼 관계의 관계적 문제들과 이에 대한 당사자들의 책임 속에서만 찾을 수 있다. 결혼의 파경이라는 실제적 죄가 결혼 관계의 지속에서 오는 계속적인 파괴성보다 훨씬 덜할 수도 있다.[7]

예수가 결혼에 대한 하나님의 원래 의도를 제기한 것은 당시 사람들이 남편 임의대로 아내를 버릴 수 있다고 하는 데 대한 도전이었다. 그러한 남편의 권리를 인정한 율법이 이혼을 정당화할 수 없다는 것이다. 이혼에 관한 당시 상황에 대한 도전으로서 예수는 기본적으로 두 가지를 지적하셨다. 첫째는 남편이 임의대로 아내를 버리는 것은 결혼 관계의 언약적 신성성을 소홀히 하는 것이요, 둘째는 사람들의 법이나 절차가 이혼을 정당화할 수 없다는 것이다. 이 말을 거꾸로 표현한다면, 법적으로 이혼하지 않았다고 해서 결혼 관계가 죄 없다고 말할 수도 없다는 것이다.

바울은 예수의 이 견해를 "주의 명령"으로서 그대로 받아들이고 있다.(고전 7:10~11) 그러나 바울도 기독교인들 사이의 결혼에 대해서 "갈리지 말라"고 정언적 선언을 하고 있지만, 기독교인과 비기독교인 사이의 결혼에 대해서는 정언적인 주의 명령을 상황에 맞추어 해석하고 있다.[8] 예수의 청중들은 유대인들끼리 결혼한 사람들이었다. 반면, 바울이 상대하고 있는 사람들은 여러 민족과 여러 종교가 섞여 있는 다원사회의 사람들이었다. 바울은 새로운 상황에 맞게 해석해야 한다고 여기고, "이는 주의 명령이 아니라"는 전제 하에 융통성 있는 견해를 제시하고 있다.(고전 7:12~16) 즉 기독교인인 여자가 믿지 않는 남편과 살고 있을 때에, 종교가 다르다고 하여 이혼을 해서는 안 되지만, 만일 그 남편이 이혼을 원하거든 이혼해도 좋다는 것이다. 바울은 그 이유를 "형제나 자매나 이런 일에 구애될 것이 없느니라 그러나 하나님은 화평 중에서 너희를 부르셨느니라"(고전 7:15)고 말하고 있다. 다시 말하면, 우리를 향한 하나님의 궁극적 의지는 '화평'이므로, 어떤 결혼이 그 목적에 위배될 때에는 결혼이라는 제도에 '구속'되지 말라는 것이다.

만일 어떤 부부가 사랑과 평화를 이루지 못하고 실패하였을 경우, 그들이 비록 법적으로는 이혼하지 않았을지라도 이미 죄를 지은 것이다.[9] 예수의 명령에 따르면, 법적으로는 부부이나 관계적으로는 '짝지어 준' 상태를 이미 떠났다면 그 부부는 더 이상 '나눌' 필요가 없을지도 모른다. 여기에 이혼이라는 법적인 절차를 밟는 것은 이미 나누어진 관계를 확증하는 것에 지나지 않는다. 이미 상호 헌신이 소멸되고 분노와 상처로 가득 차 있는 상태에서 부부 관계가 법적인 껍데기에 지나지 않는다면, 그 부부 관계를 지속하면서 계속 괴로움을 주는 것이 법적으로 이혼하는 것보다 덜 죄 된다고 말할 수 있겠는가? 하나님이 부부 개개인의 심령보다 법적인 결혼 제도에 더 관심을 갖는다고 말할 수 있겠는가?

결혼 관계의 절대성에 대한 성서의 선포는 현대 사회의 결혼 및 이혼 현상에 대해 긍정적인 평가와 부정적인 평가를 동시에 준다. 근대의 산업화 이후 대가족의 틀이 약화되고 핵가족이 등장함으로써 가족 관계가 부부 중심으로 변화되었다. 부부 관계가 보다 자유롭게 되고 강조되게 된 것은 부부 관계의 질적인 내용이 향상되는 데에 큰 공헌을 하였다. 대가족 제도의 경직된 위계질서와 역할 구조는 자발적이고 창조적인 부부 관계보다는 제도에 대한 순응을 더 강조하였다. 핵가족화 과정은 가족 제도보다 가족 구성원들 사이의 자발적이고 친밀한 관계성을 강조하도록 촉진하였다. 제도보다 관계 자체의 본질적 내용에 관심을 두는 성서적 입장에서 볼 때 이러한 과정은 긍정적 측면이 있다고 할 수 있다. 이 과정에서 여성의 지위가 향상되고 그에 따라 여성에게 결혼 및 부부 관계에서 선택의 폭이 넓어진 것은 개인의 자유에 대해 절대적인 긍정을 표시하는 성서적 입장으로 볼 때 또한 긍정적인 변화라고 볼 수 있다. 이러한 과정에서 이혼율이 증가하게 된 것 자체를 긍정적이라고 말할 수는 없지만, 그 배후의 요인이 된 부부 관계에 대한 강조와 여성의 선택권의 증진에 대해서까지 부정적인 시각으로 보는 것은 성서적 입장이라고 볼 수 없다.

후기산업사회화의 과정에서는 획일화된 핵가족 모델이 후퇴하고, 사람들이 더욱 자율적으로 가족의 형태를 선택하게 되었다. 개인들이 가족의 형태를 자율적으로 선택하기 위해서는 보다 다양하고 창조적인 행동 양식, 보다 성숙한 판단력, 보다 많은 정보와 지식 등을 갖지 않으면 안 된다. 여기에서는 경직되고 단조로운 제도나 규율 등에 얽매이기보다 상황과 문제에 따라 창조적이고 자율적으로 대처하는 능력이 보다 장려된다. 대가족 제도 또는 핵가족 제도가 성서가 지지하는 유일한 가족 제도라고 말할 수는 없다. 이 제도들은 한 시대의 사회적 현상일 뿐이다. 그러므로 대가족 제도나 핵가족 제도를 고수하는 것이 교회가 할 일이라고 생각해서는 안 된다. 성서가 말하는 것은 어떤 제도가 아니라 부부 및 가족 관계의 본질적인 내용이다. 그 본질적인 내용이란 관계의 당사자들이 절대적인 자유와 선택권을 가지고 상대방을 향한 사랑의 헌신을 함으로써 언약적 관계를 맺는 것이다. 이러한 관계가 어떤 일정한 가족 제도에 의해서만 이루어진다고 말할 수 없다. 오히려 후기산업사회에서 개인의 자율성이 강조되고 다양한 선택이 장려되는 것은 본질적인 언약 관계를 향한 개인의 책임과 자유를 위한 공간을 넓혀준다고 볼 수도 있다.

그러나 근대 및 근대 후기의 개인주의적 경향은 성서적 입장에 배치된다. 근대의 부부 중심 가족에서 개인의 행복을 결혼의 목적으로 삼으려 함으로써 결혼 관계를 쉽게 맺고 쉽게 버리는 것은 부부 관계의 언약적 신성성을 간과하는 것이다. 결혼 관계가 '하나님이 짝지어 주신' 것이라고 하는 성서의 말씀은 결혼 관계가 개인적 선택일 뿐만 아니라 하나님 앞에서의 하나의 헌신임을 분명히 한다. 언약을 통한 관계의 헌신은 개인의 의지로 파기될 수 없는 초월성과 상호성을 지닌다. 개인이 선택했지만, 그 개인은 언약 관계에 의해 규정되고 의미를 부여받는다. 그 언약이 주는 관계와 의미를 통해 개인의 삶은 진정한 삶이 되는 것이다.

이혼 위기 상담사례

ㅈ씨는 남편의 외도 문제를 가지고 상담가를 찾아왔다. 그녀의 말에 의하면, 그녀는 12년의 결혼생활 동안 거의 남편을 의지하며 살아왔다. 운전도 배우지 않았고, 대외적인 문제는 남편이 도맡아 처리하였다. 그녀가 남편의 외도를 의심하게 된 어느 날, 남편의 이메일을 보고 싶었지만 컴퓨터를 할 줄 모르던 그녀

는 열어볼 수가 없었다. 초등학교 5학년인 아들의 도움을 받아 이메일을 열어본 그녀는 세상이 무너지는 것 같았다. 남편이 다른 여성과 관계를 갖고 있다는 사실은 그녀에게 자신의 세계가 파멸되는 것을 의미하였다. 그녀에게는 남편, 자녀, 가정이 자신의 세계의 전부였다. 남편이 떠난다는 것은 자신의 세계가 송두리째 사라진다는 것을 의미했다.

혼신의 힘을 다하여 남편에게 그 사실을 확인했을 때, 남편은 오히려 '당신이 잘 못해 주었기 때문에 그렇게 할 수밖에 없었다.'고 큰소리 쳤다. 그녀는 다시 한 번 절망의 나락으로 떨어졌다. '나는 그렇게도 못난 여자인가? 남편에게 버림받을 만큼 못난 여자일까? 남편을 놓아 보내야만 되는 걸까?' 남편은 위자료를 줄 테니 이혼하자고 말하였다. 그러나 그녀는 이혼이란 생각조차 할 수 없다고 상담가에게 말하였다. 그녀는 어떻게 해서든지 남편이 그 여자와 헤어져 돌아오기만을 바랐다. 상담가가 그러한 가능성에 대하여 의문을 제기하였으나, 그녀는 어떻게 하면 남편을 돌아오게 할 수 있을까에만 관심을 보였다.

상담가는 ㅈ씨의 현재 상황을 분석하고 상담의 목표를 계획하기 위해 다음과 같은 점을 고려하였다.

(1) 관계 회복의 가능성과 이혼의 가능성 양자를 모두 인정한다. 양자의 가능성을 모두 인정한다는 것은, 결혼이라는 제도보다도 ㅈ씨 당사자 및 그녀의 아들에 대한 돌봄에 우선순위를 둔다는 말이다. 첫째, 그녀 및 그녀 가족의 상황과 상태를 현실 그대로 인정한다는 것이고, 둘째로, 그녀 및 그녀 가족의 치유와 성장을 위하여 보다 나은 가능성을 선택한다는 것이다. 하지만 가능한 한 관계 회복을 목표로 한다. 모든 혼인 관계는 하나님 앞에서 서로에게 영속적인 책임성을 갖는다고 전제하고, 그 관계가 서로에게 지속적으로 파괴적이지 않는 한, 관계를 회복하는 방향으로 상담을 진행한다.

(2) ㅈ씨가 남편과의 관계에서 수동적인 역할을 하고 있다고 보고, 그러한 수동적 관계성이 현재 관계 문제의 핵심적인 요인 중 하나라고 본다. 산업화 이후 부부 사이의 관계가 대등한 관계성으로 나아가고 있고, 여성의 역할

이 보다 적극적인 성격으로 변화하고 있는 데 반해, ㅈ씨는 과거의 전통적 여성 역할에 머물러 있음으로써 현재 문제를 타개하는 데 중대한 어려움을 겪고 있다고 보는 것이다. 따라서 그녀로 하여금 부부 관계에서 주도적인 위치를 갖도록 돕는 것이 상담의 주요한 목표 가운데 하나이다.
(3) 부부 관계는 부부 당사자들의 문제만이 아니라, 그들의 자녀의 안위가 달린 문제이므로, 자녀양육에 대해 심각하게 고려한다. 부부는 부부 관계가 앞으로 어떻게 전개되든지 아들의 양육에 대하여 최선의 방안을 선택하도록 책임적인 노력을 하여야 한다고 전제한다.

2~3회의 만남을 통하여 상담가는 그녀로 하여금 보다 현실적인 대응을 할 수 있도록 도왔다. 상담가의 관심은 우선 그녀가 현재 상황에 주도적으로 대처하도록 하는 것이었다. 상담가가 ㅈ씨에게 제안한 것은, 그녀가 남편에게 이혼의 조건을 제시하도록 하는 것이었다. 그녀로 하여금 이혼을 하나의 가능성으로 받아들이게 하는 일은 매우 어려운 일이었다. 그러나 상담가는 그 가능성을 전제하지 않고는 이 상황을 타개해 나갈 수 없다는 사실을 그녀가 받아들일 수 있도록 노력하였다.

그녀는 이미 남편으로부터 이혼 선고를 받은 상태이다. 어떻게 보면 남편 입장에서 이혼은 기정사실이었다. 즉 남편은 심적으로 이미 ㅈ씨와의 부부 관계를 떠난 것이다. 한 편이 떠났다면, 다른 편이 원한다고 하여 그 관계가 지속될 수는 없다. 이것이 현재의 현실이라면, 그 현실을 직시하지 않고는 그 현실에 적절히 대처할 수 없다. 우리가 이혼에 관하여 크게 오해하는 점 가운데 하나는, 이혼을 근본적으로 두 사람 사이의 관계 문제로 보지 않고, 법적인 문제 또는 사회적인 문제로 보는 것이다. 다시 말하면, 부부가 자신들 사이의 관계를 법적인 규정이나 사회적인 제도에 의존하려고 하는 것이다. 이러한 의존 때문에, 상대방이 이미 떠났어도 마치 떠나지 않은 것처럼 착각하는 것이다.

상담가는 그녀가 남편에게 그가 외도 관계를 정리하고 가정을 회복하는 것이 그녀의 간절한 소망이라는 사실을 밝히도록 권하였다. 그러나 그가 만일 그렇게 할 의사가 없다면, 이혼하되 남편이 ㅈ씨가 제시한 조건을 받아들여야만 하도록 상담가는 제안하였다. 그 조건은 남편이 ㅈ씨에게 위자료 1억 원과 아들의 양육권을 주는 것이었다. 마침 그녀는 1억 원 상당의 통장을 보관하고 있었다.

ㅈ씨가 남편에게 가정 회복에 대한 바람을 표현하는 것과 조건부 이혼을 제안하는 것은 사실 동전의 양면이다. 여기에서 ㅈ씨가 가정 회복을 바란다고 남편에게 말하는 것은 자기 자신의 개인적 집착의 표현만은 아니다. 여기에는 우선 용서가 전제되어 있다. 남편이 비록 부부 관계의 언약을 깨뜨리고 외도하였다고 할지라도, 아내의 입장에서 남편의 허물을 용납하고 새 출발에 대한 희망을 버리지 않는 것이다. 이러한 용납을 위해서는 인간의 죄성에 대한 깊은 이해와 인정이 필요하다. 남편뿐 아니라 아내 자신도 이러한 죄에 빠질 가능성이 있다고 하는 사실을 인정하지 않고는 진정한 용납은 일어나지 않는다. ㅈ씨가 남편에게 가정 회복을 바란다고 말하는 것은 남편이 돌아오기를 비겁하게 비는 것이 아니라, 당당한 용서의 표현이며 희망의 선언인 것이다.

이렇게 당당히 선언하기 위해서는 남편에 대한 의존이나 집착을 넘어서야 한다. 이혼해 달라면 이혼해 줄 수 있다는 떳떳한 자기 신뢰가 있지 않고는 희망을 선언할 수 없다. 다시 말하면, 이기적 욕구를 포기하지 않고는 관계에 대한 책임적 태도를 가질 수 없는 것이다. 성서가 부부 관계를 '하나님이 짝지어 주신 것'이라고 표현하는 것은, 부부 관계 속에서 부부 각자는 이기적 자아로부터 관계적 자아로 변화하도록 하나님의 부르심을 받고 있다는 말씀이다. 관계적 자아란 자신에 대한 충분한 신뢰를 기반으로 하여, 자신 속에 갇히지 않고 관계를 위해 자신을 개방하고 헌신하는 태도를 가리킨다. 그러므로 이혼의 위기에 처한 당사자들이 해야 할 가장 우선적인 과제는 이기적 자아로부터의 해방이다. 관계적 자아로 성숙하지 않고는 이혼의 위기를 제대로 극복하기가 어려울 것이다.

상담가가 아내로 하여금 위자료와 자녀 양육권을 조건으로 이혼하겠다고 말하라고 권유한 배후에는 복합적인 전략이 포함되어 있다. 첫 번째는 아내의 주도성을 회복하기 위한 전략이다. 현재 아내는 남편의 외도와 이혼 제의의 소용돌이에 휘말려 있다. 그 속에서 자신의 삶의 방향 자체에 대해 혼란스러워하고 있다. 결혼 후 그녀는 남편에게 의존하면서 주도적으로 살지 못했는데, 지금은 더욱더 자신의 행동의 주도성을 상실하고 있다. 이러한 주도성의 상실은, 앞으로 부부 관계가 회복되든 아니면 이혼으로 결말이 나든 —당시로서는 후자의 가능성이 훨씬 높았다— 자신의 삶을 추스르고 건강하게 살아갈 수 있는 가능성을 매우 축소시킨다. 그러므로 현재의 갈등 상황 속에서 아내가 주도적으로 대처해 나가는 것은, 앞으로 어떻게 관계가 전개되든 ㅈ씨가 보다 건강한 삶, 보다 건강한 관계를 만들어가는 데 필수적이다.

주도성(initiative)이란 내가 하고 싶은 대로 하는 것과는 거리가 멀다. 진정한 주도성은 위에서 언급한 관계적 자아의 태도이다. 두 사람이 하나의 관계를 맺고 있을 때, 그 관계가 살아 있는 관계가 되기 위해서는 각자가 모두 주도성을 가지고 관계에 대해 책임 있는 태도를 가져야만 한다. 주도성이란 진정한 관계에 필요한 책임 있는 태도인 것이다.

두 번째의 전략적 의도는 아내의 주도성 회복이 오히려 남편으로 하여금 아내에게 돌아올 수 있는 동기 유발이 될지도 모른다는 판단에 근거해 있다. 임상적인 경험에 의하면, 남편이 외도한 경우 아내가 남편에게 매달리기보다는 당당하게 대처할 때 오히려 남편이 아내에게 돌아올 가능성이 더 커진다.

세 번째, 현재의 상태로 그냥 내버려둔 채 이혼하면, 아내는 현실적인 판단 능력 자체가 매우 위축되어 있는 상태이므로, 이혼 과정에서 자신의 권리를 챙기지 못하게 되기 쉽다. 이혼 후의 ㅈ씨의 생활 기반을 위해서는, 이혼 과정에서 ㅈ씨가 가질 수 있는 권리를 최대한 주장하는 현실적인 대처가 필요하다.

네 번째, 아내가 자녀 양육권을 주장하게끔 한 데에는, 적어도 두 가지 전략이 포함되어 있다. 상담가는 남편과 자녀도 아울러 돌보려고 노력해야 한다. 하나의 전략적 의도는 자녀의 앞으로의 보다 나은 복지에 대한 관심이다. 만일 이혼하게 된다면, 남편보다는 아내가 양육하는 것이 자녀를 위해서 더 나을 것이다. 현재 남편이 적어도 외면적으로는 그리 책임적인 행동을 보이지 않고 있으므로, 남편보다는 아내가 자녀를 위하여 더 책임적인 양육을 하리라고 전망되며, 아들이 아직 어리므로 아버지보다는 어머니가 더 필요하다고 전제하기 때문이다. ㅈ씨로 하여금 아들의 양육권을 중요한 조건으로 내세우게 하는 데에서 상담가는 매우 강경하였다. 그 이유는 ㅈ씨의 개인적 치유를 위해서 그녀의 아들의 안위가 희생당하는 것은 옳지 않다고 보았기 때문이다.

자녀 양육권과 관련된 또 하나의 전략적 의도는 아내가 아들의 양육권을 주장할 경우 남편이 선뜻 이혼을 받아들이기가 쉽지 않으리라는 예측에 근거해 있다. 목회상담가는 기독교적 입장에서 가능한 한 혼인의 언약이 지켜지기를 희망한다. 부부 사이의 언약은 영속적인 언약이며, 그 언약 속에서 하나님의 사랑과 창조가 완연히 드러나도록 되어 있기 때문이다. ㅈ씨로 하여금 이혼에 대한 조건을 내세우게 한 것은 ㅈ씨의 개인적 이익을 위한 것일 뿐 아니라, 남편에게 그러한 도전을 줌으로 남편을 치유하려는 의도도 내포되어 있다. 남편이 일방적으로 아내를 유기하도록 내버려두는 것은 남편을 위해서도 옳은 일이 아니다. 상담가에게는 ㅈ씨를 돕는 것이 우선적 과제이지만, 한편으로는 남편의 복지와 두 사람 사이의 관계에 대한 관심 역시 매우 중요한 과제이다. ㅈ씨가 정당한 절차를 거쳐서 남편의 외도 문제를 해결하는 것은 ㅈ씨의 정당한 권리 찾기로 그치는 것이 아니라, 그녀의 남편이 불의한 일을 하지 않도록 막는 중요한 차원도 포함되어 있는 것이다. 남편에 대한 이러한 도전은 남편에게 자신의 행동을 돌아볼 수 있게 하는 계기를 제공할 것이다.

ㅈ씨는 상당한 주저 끝에, 마침내 상담가가 권유한 내용을 편지로 썼다. 그 편지를 받아본 남편은 우선 아내가 그러한 행동을 할 수 있다는 것에 놀라면서 누가 시켰느냐, 처남이 시켰느냐고 추궁하며 아내에게 욕설을 퍼부었다. 남편은 냉소적인 태도를 보이면서도 고뇌의 빛이 역력하였다. 당장 돈을 내놓으라는 남편의 공격에 못 이겨 아내는 자녀들을 데리고 가출할 수밖에 없었다. 상담가는 그녀에게 한 조용한 기도원을 안내하였다. 약 2주 뒤 그녀는 집으로 돌아갔고, 그녀의 태도는 보다 확고해져 있었다. 그 편지 이후 ㅈ씨는 훨씬 안정된 태도를 보이게 된 반면, 남편은 매우 불안정한 모습을 보였다. 어떻게 보면 이제는 거꾸로 아내가 칼자루를 쥔 셈이 되었다. 실은 이러한 결과가 상담가의 의도였다. 주도적 태도를 취함으로써 그녀는 자신을 보다 건설적인 방향으로 추스르기 시작하였고, 남편은 자신의 무분별한 행동의 부정적 결과를 보다 일찍이 직면하게 된 것이다.

얼마 안 있어 이번에는 남편이 집을 나갔다. 시간이 지날수록 아내는 점점 더 강해지는 반면, 남편은 갈수록 자신의 취약성을 드러내기 시작하였다. 그는 사귀던 여성과 본격적으로 동거하기 시작했다. 그리고 아내는 독립생활을 위한 본격적인 준비에 들어갔다. 그녀는 전문적인 기술을 익혀 자신의 아파트에서 손님을 받아 돈을 벌기 시작했고, 컴퓨터와 운전도 배웠다. 예전에는 자신의 수첩에 가족 전화번호밖에 없었는데 이제는 70개가 된다고 하며, ㅈ씨는 다른 세상을 보게 되었다고 말했다. 그리고 몸이 약해져 30만 원 주고 한약을 먹는다며 처음이라고 하였다. 그녀의 생활에 활기가 생기기 시작하였다. 그녀의 새로운 모습에 남편은 놀라워하고 있었다.

남편은 동거 생활을 시작한 지 약 한 달 만에 그 생활을 청산하고 말았다. 그는 사귀던 여자와의 생활이 기대만큼 되지 못했다고 아내에게 말하였다. 그는 ㅈ씨에게 전화하여 다시 부부 생활을 회복하자고 말하였다. 그런데 이제는 오히려 아내가 그의 제안에 대해 선뜻 응하지 않고 있다. 남편이 과연 변화되었을까에 대해 그녀는 확신하지 못하고 있었다. 남편이 정말로 바뀌지 않았다면 과거의 아픔이 반복되지 않을까, 그녀는 우려하고 있었다.

위의 사례에서 상담가가 ㅈ씨로 하여금 관계 회복의 가능성과 함께 이혼의 가능성도 받아들이도록 한 것은 결혼이라는 법적 및 관습적 제도보다도 ㅈ씨의 인격과 자유의 존엄성이 우선되기 때문이었다. 만일 이혼 위기에서 무슨 일이 있어도 이혼은 안 된다는 태도를 가진다면, 자칫 그것이 결혼 유지를 위해 부부 당사자들의 인격과 자유의 존엄성을 희생하는 것으로 귀결될 수 있다. 그러므로 상담가는 가급적 결혼 관계의 유지를 목표로 하되 개인의 존엄성과 언약적 관계의 회복에 우선적 관심을 가져야 할 것이다.

1 | 김정옥, "이혼의 사회적 배경과 이혼 원인의 이론적 고찰," 한국가족학연구회 편, 「이혼과 가족 문제」,(서울: 도서출판 하우, 1993), 21~24.
2 | 〈한국 월스트리트저널〉, 2014년 6월 13일 기사.
3 | Diana S. Richmond Garland and David E. Garland, *Beyond Companionship: Christians in Marriage*(Philadelphia: The Westminster Press, 1986), 156~159.
4 | Herbert Hartwell, *The Theology of Karl Barth: An Introduction*(Philadelphia: The Westminster Press, 1964), 157~161.
5 | Ray Anderson & Dennis Guernsey, *On Being Family: A Social Theology of the Family*(Grand Rapids, Mich: William B. Eerdmans Publishing Co., 1985), 100~101.
6 | John Patton and Brian H. Childs, *Christian Marriage & Family: Caring for Our Generations*(Nashville: Abingdon Press, 1988), 184.
7 | 위의 책, 185.
8 | Garland and Garland, *Beyond Companionship*, 163.
9 | 위의 책, 165.

재혼

재혼 가족을 이해하고 돌보기

제10장

재혼

재혼 가족을 이해하고 돌보기

최근 10여 년 사이에 이혼 및 재혼이 점차 일반화되고 있다. 이런 현상은 한국의 가족제도 및 가치관이 크게 큰 변화하고 있음을 시사한다. 재혼 가정의 증가는 가족 구조에 또 하나의 큰 변화가 일어나고 있음을 보여준다. 이제 핵가족은 더 이상 가족의 보편적인 모델이 아닐 수 있으며, 재혼 가족도 예외적인 형태가 아니라 가족의 주요한 한 형태로서 자리 잡아 가고 있다. 통계청의 혼인 통계를 보면 지난 20여 년 사이에 재혼이 급증했음을 알 수 있다.

혼인종류별 구성비 (단위: %)

	1993	1998	2000	2003	2005	2008	2011	2013
계*	100.0	100.0	100.0	100.0	100.0	100.0	100.0	100.0
남(초)+여(초)	88.0	84.0	82.0	77.3	73.8	76.1	78.6	79.2
남(재)+여(초)	3.4	3.5	3.5	3.9	4.2	4.6	4.2	4.0
남(초)+여(재)	3.1	4.4	4.9	5.8	6.4	6.3	5.7	5.6
남(재)+여(재)	5.5	8.1	9.3	12.6	14.7	12.8	11.5	11.2

* 남(초) : 남자초혼, 남(재) : 남자재혼, 여(초) : 여자초혼, 여(재) : 여자재혼

전체 혼인 건수 중 재혼 건수가 차지하는 비율은 1993년 12%에서 10년 만인 2003년에 22.7%로 급증하였다. 2005년에는 재혼 건수가 차지하는 비율이 전체 혼인 건수의 4분의 1을 넘어섰다. 이후 이혼에 대한 사회적 인식이 달라지면서 점차 이혼 건수가 줄어들고, 이에 따라 재혼 건수의 비율도 줄어들어 2013년도에는 20.8%를 차지하였다. 여전히 결혼하는 5쌍 중 한 쌍은 재혼부부였다. 그런데 놀라운 것은 재혼 남성과 초혼 여성이 결혼하는 전통적인 모습이 역전되어 재혼 여성이 초혼 남성과 결혼하는 비율이 오히려 앞서갔다. 결혼에 대한 전통적인 인식이 급격히 바뀌고 있는 것이다.

  이제 우리는 초혼 핵가족만이 보편적인 가족 형태이고 그 외의 다른 가족 유형은 예외적이거나 또는 무언가가 결핍되었다는 생각에서 벗어나야 하는 때가 되었다. 현재 재혼 가족을 바라보는 우리의 시각은 초혼 가족의 관점에 근거해 있다. 그럴 때 재혼 가족은 결손 모델이 될 수밖에 없으며, 우리의 접근은 재혼 가족은 문제 가족이라는 출발점에 설 수밖에 없다. 우리는 재혼 가족을 그 나름의 특성을 가진 가족으로 이해하고, 재혼 가족의 건설적 적응을 위한 보다 적극적인 접근을 계발해야 할 것이다.

재혼 가족에 대한 이해

콩쥐팥쥐 이야기와 재혼 가족 관계

다음은 우리의 전래동화 콩쥐팥쥐 이야기이다.

> 콩쥐는 어머니를 일찍 여의고 계모 슬하에서 자란다. 계모는 자기가 데리고 온 팥쥐만을 감싸며 콩쥐를 학대한다. 밭을 맬 때 팥쥐에게는 쇠호미를 주고, 콩쥐에게는 나무호미를 주어 골탕을 먹이지만, 하늘에서 어머니의 넋인 소가 내려와 도와주고 과일도 준다.
> 외가의 잔칫날이 되자 계모는 팥쥐만 데리고 가면서 콩쥐에게는 밑 빠진 독에 물을 길어 붓고, 곡식 찧고 베를 짜라는 과중한 일을 시킨다. 그러나 두꺼비가

나타나 독의 구멍을 막아주고, 새떼가 몰려와 곡식을 까주고, 선녀가 내려와 베를 짜준다.

콩쥐는 선녀가 주고 간 옷과 신발을 착용하고 잔치에 가다가 냇가에서 신발 한 짝을 잃어버린다. 이 신발이 감사(監司, 혹은 원님)의 눈에 띄게 되고, 수소문 끝에 콩쥐의 것임이 판명되어 감사는 콩쥐와 혼인을 하게 된다.

팥쥐는 흉계를 품고 콩쥐에게 접근하여 연못에 빠뜨려 죽이고는 콩쥐처럼 행세한다. 꽃으로 환생한 콩쥐는 팥쥐가 출입할 적마다 괴롭히다가, 마침내 감사 앞에 현신(現身)하여 그간의 사정을 알린다. 감사는 즉시 팥쥐를 처단하여 어미에게 보내고, 어미는 선물이 온 줄 알고 기뻐하다가 딸의 시신인 줄 알자 기절하여 죽는다.

이 이야기는 재혼 가족의 이야기이다. 나는 한 청년의 가족을 만나기 전까지는, 팥쥐 엄마라는 등장인물이 특별히 나쁜 여인일 거라는 막연한 생각을 갖고 있었다. 그런데 신데렐라를 비롯한 전 세계의 모든 계모 이야기에서 대개 계모가 악한 여인으로 그려져 있는 이유는 무엇일까? 나는 그 청년의 가족을 보면서 그 이유를 짐작할 수 있었다. 다음은 그 청년의 이야기이다.

청년의 어머니는 그가 태어난 지 1개월 만에 사망하였다. 그 후 그는 시골에 있는 친할머니에게 맡겨져 초등학교 5학년 때까지 자랐다. 아버지는 그가 어릴 때 재혼하였는데, 그의 새어머니는 초혼이었다. 아버지와 새어머니 사이에 아들 하나와 딸 하나가 태어났다. 초등학교 6학년이 되면서 그는 도시에 있는 아버지 집으로 돌아왔다.

그 청년이 상담자인 나를 만났을 때, 그는 대학교 2학년에 재학 중이었다. 처음의 주된 상담은 사귀는 여학생과의 관계였다. 엄밀히 말하면, 청년이 그 여학생을 일방적으로 좋아하는 관계였다. 여학생은 자기가 심심할 때 영화나 보러 가는 상대로 이 청년을 생각하고 있는 반면, 그는 온갖 선심을 쓰며 어떻게 해서든지 이 관계를 유지하려고 애를 썼다. 만날 때마다 모든 비용을 대는 것은 물론 선물을 꼭 사주려고 하였다. 상담자는 그의 대인관계 전반이 이와 유사하다는 것을 발견하였다. 그는 친구들과의 관계에서도 늘 사주려고 하였고, 그들의 호감을 얻으려고 애썼다.

그는 집에 들어갈 때는 조용히 들어가고, 집에 있을 때에도 자기 방에서 조용히 있다고 하였다. 밖에서는 쾌활한 편이나, 집에서는 말이 없고, 말을 해야 할 때에는 버벅거렸다. 아버지와는 소원한 관계이고, 새어머니와는 갈등 관계, 동생들과는 서먹한 관계라고 표현하였다.

어머니가 볼 때 그는 거짓말을 잘 하고, 시간과 돈을 낭비하며, 제대로 하는 일이 없었다. 청년의 생일이 있기 며칠 전, 어머니는 생일날 가족과 함께 지내자고 말했다. 그는 그러겠다고 대답했지만, 그날 아침 친구들이 생일축하모임에 나오라고 하자 그는 어머니에게 나가야 한다고 말씀드렸다. 어머니는 화를 내며 취소하라고 하였고, 청년의 방으로 따라 들어오며 계속 취소하라고 다그쳤다. 청년은 어찌할 바를 몰라 휴대폰을 만지작거리고 있었는데, 어머니가 갑자기 청년의 뺨을 때렸다. 전에도 종종 뺨을 맞았기 때문에, 그는 별로 화도 나지 않았다고 말했다.

또 얼마 전 그가 바지를 샀는데, 전에 어머니가 사준 것과 비슷한 바지였다. 어머니는 '내가 사 준 더 좋은 바지는 입지 않고, 똑같은 바지를 샀다.'며 화를 냈다. 청년은 빨리 잘못을 인정하려고 하였지만, 그럴 때일수록 말이 안 나와 가만히 있었다. 어머니는 처음에는 청소기, 그 다음에는 옷걸이로 때리려고 해서 그는 맞지 않으려고 그것을 붙들었는데, 더욱 화가 난 어머니는 손으로 머리와 가슴을 때리고 발로 차기도 하였다. 그 일을 아버지에게 말하는 것은 아버지의 건강을 위해서도 할 수 없는 일이라고, 그는 말하였다.

콩쥐팥쥐 시대가 아닌 오늘날에 그것도 대학생 아들이 새어머니에게 맞으면서 생활한다는 사실이 믿기 어려울 것이다. 이 청년의 어머니가 팥쥐 엄마처럼 특별히 악하고 강한 여인이라서 그럴까? 아니면 '계모'라는 위치가 그녀를 그렇게 만들었을까? 위의 가족을 생각해 보자. 청년의 어머니는 계모이다. 그 청년이 할머니 댁에서 아버지 집으로 돌아오기 전까지 그녀의 가족은 여느 초혼 가족과 다름없이 단란했을 것이다. 그 상황에서 다시 찾아온 전부인의 자식은 그녀에게 눈엣가시와 다름없었을 것이다. 더욱이 그 자식은 남편에게 전 부인을 상기시킬 것이다. 그녀에게도 자신이 후처(後妻)임을 끊임없이 상기시킬 것이다. 그녀의 자식들 역시 후처의 자식들임을 웅변해 줄 것이다. 다시 말하면, 그는 새어머니에게 '있어서는 안 되는' 존재인 것이다. 팥쥐 어머니에게 콩쥐가 있어서는 안 되는 존재였던 것처럼 말이다. 남성 중심적인 가족 구조에서 계모는 전부인의 자식을 미워할 수밖에 없는 위치, 다시 말하면, 악녀가 될 수밖에 없는 위치에 있다. 아버지는 계모의 딜레마를 알기에 전부인의 자식에게 드러내 놓고 잘 해 주기가 어렵다. 만일 그렇게 하는 날이면, 아내로부터 오는 질시와 공격을 감내하기 어려울 것이다. 가정의 평화를 위해 그는 짐짓 모른 체하며, 모든 가정사를 새 아내에게 맡기게 된다.

콩쥐는 팥쥐 엄마의 수중에 들어가게 되는데, 여기에서부터 콩쥐의 비극이 시작된다. 콩쥐는 없어야만 하는 존재이기에, 누구에게도 불평하거나 호소할 수 없다. 아버지에게도, 심지어 자기 자신에게도 불평할 수가 없다. 가족 구조 상 그녀는 없어야만 하는 존재이기에, 엄마로부터 아무리 심한 모욕과 구박을 받아도 감내할 수밖에 없다. 콩쥐는 구조 상 모든 박해를 그대로 받아들이는 '착하고 슬픈 딸'이 될 수밖에 없는 것이다.

콩쥐팥쥐 이야기는 재혼 가족이 안고 있는 구조적인 비극을 대변한다. 그러나 이 구조적 비극은 남성 중심적인 초혼 가족을 유일한 규범으로 삼는 이데올로기에서 기인한다. 오늘날 우리가 아직도 그러한 이데올로기에 예속되어 있는 한, 이러한 비극은 점점 더 많은 가정에서 아픔을 만들어낼 것이다.

재혼에 대한 신학적 이해와 적극적 접근

이혼한 사람들은 물론이고 재혼한 가족들도 교회에서 그 사실을 공개적으로 드러내기 어려워한다. 그 이유는 이혼이나 재혼과 관련하여 교회가 신학적으로 공론화하고 분명한 경계 설정을 하지 못하고 있기 때문이다. 결국 이혼이나 재혼 자체를 무조건 정죄하고 터부시하는 결과를 가져왔다. 이혼 또는 재혼을 무조건 받아들이거나 무조건 정죄하는 대신 분명한 경계를 설정하고 받아들일 것을 받아들일 수 있다면, 이혼 또는 재혼 가족들은 교회 내에서 훨씬 더 자유롭게 공동체의 일원이 될 수 있을 것이다.

예수가 우물가의 여인과 나눈 대화(요 4:7~26)와 간음 중에 잡힌 여인에게 한 말씀(요 8:11) 등을 볼 때, 예수는 이혼하거나 간음한 사람 하나하나를 돌보는 데 초점을 맞추신 것을 알 수 있다. 그들은 분명 당시의 사회적 제도나 관습을 역행한 사람들이다. 예수는 제도나 관습을 무시하지 않았음에도 제도보다는 언제나 개인에게 관심을 가지셨다. 예수는 오늘 이렇게 말씀하실지 모른다. "결혼이 인류의 축복을 위해 만들어졌지, 인류가 결혼을 위해 만들어진 것이 아니다." [1] 인류와 세계를 정죄하고 심판하는 것이 아니라 변형하고 돌보는 공동체로서의 교회는, 위기 가족을 정죄하고 고립시키는 대신에 지원하고 돌보아야 한다. 예수가 인류의 용서와 회복을 위해 스스로 십자가를 지면서까지 기다리셨던 것처럼, 교회도 이혼과 재혼 위기에 처한 가족들을 과정적 존재로서 인식하고 그들이 회복의 과정을 밟을 수 있도록 환경을 조성하고 도우며 기다려 주어야 한다.

콩쥐팥쥐 이야기에서와 같은 비극은 재혼 가족을 결손 가족으로 보는 시각에서 비롯된다. 신학적 이해뿐만 아니라 사회학적 이해 역시 재혼 가족을 결손 가족 또는 문제 가족이라는 전제로 접근하기보다는 과제 지향적 또는 발달 지향적으로 접근할 것을 우리에게 제안한다. 재혼 가족을 향해 결함이 있거나 병리적 요인을 이미 갖고 있다고 전제하는 것은 소위 '초혼 이데올로기'의 산물이라고 할 수 있다. 초혼 핵가족이 근대에 출현한 한 시대의 사회적 산물임에도 불구하고, 초혼 핵가족만이 정상이라며 이 모델에서 벗어나는 것을 결손 또는 병리라고 규정하는 우(愚)를 범해서는 안 된다. 선진국에서는 이미 초혼 핵가족이 더 이상 가족의 지배적 유형이 아니며, 이는 곧 우리나라에서도 현실화될 전망이다. 이러한 시대적 상황에서는 재혼 가족에 대한 보다 적극적인 접근이 요청된다. 비셔(E. B. Visher)와 비셔(J. S. Visher)는 재혼 가족을 '복합가정'이라고 부르면서, 다음과 같이 적극적으로 접근할 것을 제안한다. "최근의 연구 경향은 어떻게 하면 이렇듯 복잡한 가족 구조가 직면한 초기 어려움과 도전을 효과적으로 다루면서 성공적인 가족 통합을 이룰지에 대한 질문과 해답을 찾고자 하는 것이다." [2]

재혼 가족 관계의 모형

재혼 가족을 이해하고 재혼 가족을 건설적으로 이끌어가기 위해 반드시 전제되어야 하는 것은 전적으로 새로운 가족 관계 모형이 필요하다는 것이다. 그 이유를 맥골드릭(M. McGoldrick)과 카터(B. Carter)는 다음과 같이 말한다.[3]

(1) 초혼 핵가족에서 볼 수 있는 부모-자녀 관계의 생물학적 배타성과 충성심은 재혼 가족 관계에서는 비현실적이다. 재혼 가정의 구성원들 사이에는 유연한 관계가 요청된다. 각 배우자는 자신의 재혼 전 자녀를 양육하는 데에서 전 배우자와 함께 일차적 책임을 가진다.
(2) 부모-자녀 관계가 부부 관계보다 앞서므로 양 관계가 경쟁적으로 되기 쉽다. 따라서 배우자가 자기 자녀에게 갖는 애정과 책임을 서로 수용하는 것이 필요하다.
(3) 여성이 자녀의 정서적 양육의 책임을 지는 전통적인 성 역할 구분은 계모-딸, 계모-친모 사이의 적대 관계를 만들기 쉽다. 재혼 배우자의 각각의 자녀들에 대한 양육의 책임을 다하는 데에서 전통적인 역할 구분은 비현실적이다. 재혼 가족의 각 구성원에게는 다중(多重)적 역할이 요청된다.

재혼 가족은 보통 두 핵가족이 만나 이루어진다. 하나의 핵가족에는 각각 생물학적 부모와 자녀가 존재한다. 핵가족에서는 생물학적 부모가 양육 부모가 된다. 따라서 생물학적 부모에 대하여 배타적 충성심을 갖거나, 생물학적 자녀에 대하여 배타적 애정을 갖는다 할지라도 별 문제가 없다. 그러나 재혼 가정에서는 생물학적 부모와 양육 부모가 다를 수 있다. 역시 생물학적 자녀가 아닌 자녀를 양육할 수도 있다. 따라서 혈통을 기초로 한 부모-자녀 관계가 더 이상 성립되지 않는다.

만일 남편의 친자녀가 있고 아내의 친자녀가 있는 상태에서 재혼하였다면, 거기에는 다중적인 복합 관계가 존재한다. 우선 자녀 입장에서 생각해 본다면, 남편의 친자녀의 경우 아빠는 한 명이라 할지라도 엄마는 적어도 두 명이다. 즉 친엄마와 양엄마이다. 그러므로 외조부모 또한 친엄마 쪽과 양엄마 쪽에 각각 존재한다. 아내의 친자녀의 경우에는 아빠가 두 명이며, 조부모 또한 친아빠 쪽과 양아빠 쪽에 각각 존재한다. 이 얼마나 복잡한 관계인가! 재혼 가족의 구성원은 생물학적 관계만을 가족이라고 생각하는 관념을 벗어나지 않고는 이와 같이 복잡한 관계를 유연하게 맺을 수가 없다. 재혼 가족의 구성원들 사이에는 유연한 관계 형성이 요청되는 것이다. 재혼 가족의 자녀는 친부모와의 관계와 양부모와의 관계를 동시에 맺을 수 있어야 한다. 부모 역시 친자녀나 양자녀와의 관계를 유연하게 맺지 않으면 안 된다. 이러한 유연한 관계 형성이 실패할 때, 우리는 콩쥐팥쥐 이야기나 신데렐라 이야기와 같은 가정 문제를 겪게 될 것이다.

재혼 가족의 자녀에게는 친부모와의 관계와 양부모와의 관계, 모두 필요하다. 왜냐하면 그 자녀를 양육한 친부모와 아이는 이미 정서적으로 깊이 맺어져 있으며, 그 관계는 무엇으로도 대체할 수 없고 대체하려고 해서도 안 되기 때문이다. 그 자녀에게 그 관계는 영원히 지속되어야 할 필수적인 관계이다. 만일 양부모가 그 관계를 단절시키려 한다면, 그 자녀는 양부모를 영원히 미워하게 될 것이고, 그에 대한 반발로 양부모 또한 그 자녀를 용납할 수 없게 될 것이다. 콩쥐와 새엄마 사이의 관계가 재현되는 것이다. 오히려 양부모가 그 자녀와 친부모의 관계를 지속할 수 있도록 돕는다면, 뿐만 아니라, 친부모가 옆에 없기 때문에 필요한 공간을 양부모가 채워줄 수 있다면, 그것이야말로 그 자녀에게 가장 바람직한 일일 것이다. 그 아이는 친부모와 양부모라는 두 쌍의 부모를 동시에 갖게 되는 것이다.

재혼 가족의 발달 과정

사람의 생애 주기(life cycle)에 세 가지 측면—개인 생애 주기, 부부 생애 주기, 가족 생애 주기—이 있다면, 재혼 가족이 성립되는 과정에서는 이 세 가지 측면의 생애 주기가 모두 단절과 혼란을 겪게 마련이다.4 부부가 갈등에 이어 별거하고 이혼에 이르는 과정에서, 그리고 새로운 배우자와 만나고 재혼에 이르는 과정에서, 부부와 자녀들은 삶의 구조에 있어서 커다란 변혁과 갈등과 혼동을 경험하게 된다. 단절과 변혁으로 점철되는 이 과정에서 그들 각자의 필요와 기대가 제대로 표현되거나 충족되지 못할 가능성이 많을 뿐만 아니라, 새로운 필요와 기대도 생겨나게 된다. 좌절과 혼란을 최대한 줄이고 새로운 필요와 기대를 충족시키기 위해 부부와 자녀들은 가족체계(family systems)를 끊임없이 다시 구성(restructure)하고 다시 세우는(reestablish) 작업을 하지 않으면 안 된다. 결국 재혼 가족은 초혼 가족의 생애 주기와는 별도로 또 하나의 생애 주기 과정을 겪게 되는 것이다.

재혼 가족의 생애 주기는 다음과 같이 세 단계로 나누어 볼 수 있다.[5]

재혼 가족의 형성 : 발달적 개요

단계	필요한 태도	발달적 과제
1. 새로운 관계를 시작	첫 번째 결혼에서 오는 상실로부터의 회복 (적절한 '정서적 이혼')	복잡하고 모호한 상황들에 대처하려는 마음 자세를 가지고 결혼 및 가족에 대해 새롭게 헌신함
2. 새로 형성하게 될 결혼과 가족을 계획함	재혼하는 것 및 재혼 가족을 만드는 것에 대해 자신 / 배우자 / 자녀들이 갖고 있는 두려움을 받아들임 다음과 같이 복합적이고 모호한 문제들에 적응하기 위해 시간이 필요하며 또한 인내해야 한다는 사실을 받아들임 a. 복합적인 새 역할 b. 공간, 시간, 소속, 권위 등과 관련된 경계 c. 죄책감, 충성심 갈등, 상호성의 욕구, 해결하기 힘든 과거 상처 등과 관련된 정서적 문제	a. 거짓 상호성을 피하기 위해 새로운 관계에 대한 개방적 태도를 키움 b. 전 배우자와 협력적 양육 (이전 결혼의 자녀들에 대한)을 유지하기 위한 계획 c. 두려움, 충성심 갈등, 두 가족에 소속해야 하는 문제 등에 자녀들이 잘 대처할 수 있도록 돕는 방안 d. 새로운 배우자와 자녀들을 위해 확대 가족과의 관계를 재조정함 e. (이전 결혼의) 자녀들이 전 배우자의 확대 가족과의 관계를 유지할 수 있도록 하는 방안
3. 재혼 및 가족의 재형성	이전 배우자에 대한 그리고 이전의 '손상 없는(intact)' 가족의 이상(ideal)에 대한 애착을 최종적으로 해소함, 유연한 경계를 가진 새로운 가족 모델을 받아들임	a. 새 배우자, 즉 계부모를 받아들이기 위해 가족 경계를 재구성함 b. 여러 소체계(subsystems)들이 유연하게 상호 작용하도록 관계를 재조정함 c. 모든 자녀들이 비양육 친부모 및 확대 가족과의 관계를 가질 수 있도록 허용함 d. 재혼 가족의 응집력 향상을 위해 기억과 역사를 나눔

재혼 부부는 초혼 부부와는 달리 이전 배우자와의 관계가 이미 존재했었기 때문에, 이전의 결혼 관계가 현재의 부부 관계에 여러모로 영향을 미칠 수 있다. 그러므로 재혼 부부 관계가 견고히 되기 위해서는, 각 배우자는 이전의 부부 관계를 정서적으로 떠나보내야 하며, 그 관계 속에서 받은 상처도 치유되어야 한다. 만일 그렇지 못하다면 각 배우자는 이전 부부 관계의 문제들을 현재의 관계 속으로 끌어들이게 될 가능성이 높다.

재혼 커플이 결혼을 결심하고 계획할 때, 그들은 초혼 부부와는 다른 도전에 직면하고 있음을 자각하고 준비해야 한다. 그런 면에서 재혼 부부를 위한 결혼 예비 교육 또는 결혼 예비 상담은 매우 필요하다. 특히 이전 결혼 관계에서 자녀들이 있을 경우에는 복잡한 역할과 경계의 문제들이 기다리고 있다. 계부모-계자녀 사이의 관계와 친부모-친자녀 사이의 관계가 복합적으로 공존할 뿐만 아니라, 이전 배우자 또는 비양육 친부모와의 관계도 지속되기 때문에 각 배우자와 자녀들은 죄책감, 충성심 갈등 등의 문제에 시달릴 수 있다. 각 배우자와 자녀들은 복합적인 역할 및 경계가 공존하고 있음을 현실적으로 받아들이고 이에 유연하게 대처해야 한다. 그러므로 재혼 가족의 교육은 복합적인 역할과 경계의 구조를 명확히 밝히고 이 구조를 원활히 운영하기 위한 방안을 제시하는 것이다.(부록 2 참조)

재혼 가족에 대한 돌봄과 상담

재혼 가족 관계의 문제

결혼하면서 재혼 가족이 출범하게 되면, 그들은 당장 많은 어려움에 직면하게 된다. 비셔(E. B. & J. S. Visher)는 8가지 분야에서 어려움이 있을 수 있다고 말한다.[6]

첫째, 첫 번째 결혼에 이어 이혼을 하고 재혼 가족을 이루는 과정에서 가족의 각 구성원은 여러 가지 상실을 경험하게 된다. 부부의 경우에는 배우자의 재혼 전 자녀와의 친밀감 때문에 소외의 느낌을 가질 수 있다. 자녀들의 경우에는 소외감이 더 심각할 수 있다. 자신들이 의지해 온 부모를 새아빠 또는 새엄마에게 빼앗기는 느낌을 가질 수 있기 때문이다. 이러한 상실감을 줄이기 위해 관계의 구조와 경계를 잘 설정하는 일이 필요하다.

둘째, 재혼 가족이 초혼 가족과 별다를 것이 없으며 혹 있다 해도 쉽게 적응할 수 있으리라는 비현실적인 기대를 갖는 경우가 대부분이다. 이 기대가 깨질 때 가족은 실망에 휩싸이며, 자책감에 빠지거나 타인을 비난하게 된다. 재혼 가족 교육은 그들에게 재혼 가족의 현실에 직면하도록 돕는다.

셋째, 재혼 이전에 이미 존재했던 관계를 가지고 시작하기 때문에 편 가르기가 생기기 쉽다. 친부모-친자녀는 과거를 공유하며 서로에 대해 잘 알기 때문에 '내부자들(insiders)'이 되며, 이에 반해 계부모 또는 계자녀는 '외부자들(outsiders)'이 된다. 그렇다고 하여 이러한 구분을 인위적으로 없애려는 것 또한 비현실적인 일이다. 내부자들 사이의 친밀감을 생존 및 성장을 위한 자원으로 삼음과 동시에, 외부자들과 기능적인 관계를 만들어 나가도록 돕는 것이 중요하다.

넷째, 배우자 사이에, 그리고 계자녀들 사이에 연령차가 많이 날 때, 인생 주기의 불일치로 말미암아 갈등이 생길 수 있다.

다섯째, 충성심 갈등(loyalty conflicts)이다. 자녀들은 비양육 친부모와 계부모 사이에서 또는 함께 살고 있는 친부모와 계부모 사이에서도 충성심 갈등을 겪을 수 있다. 한편, 부모들은 친자녀에 대한 애착 때문에 계자녀와의 관계를 진척시키지 못할 수도 있다. 이미 존재해 있는 친밀감과 소속감에 대해 확신을 가짐과 동시에 새로운 관계를 향해 헌신할 수 있도록 돕는 것이 필요하다.

여섯째는 통제 및 주도권의 문제이다. 비양육 부모와 양육 부모 사이에 자녀 양육에 대한 주도권 다툼이 있을 수 있다. 이것이 잘 조정되지 않으면 자녀에게 충성심 갈등을 유발하게 된다. 계부모가 계자녀들에게 규율을 행사하려 할 때 계자녀 및 그의 친부모가 그 통제력을 인정하지 않는다면 갈등과 혼란이 조성될 것이다. 친부모와 계부모는 자녀들에게 규율을 행사하는 데에서 구체적으로 합의하고 실천해야 한다.

일곱째, 친밀감과 거리감의 적절한 조화와 조정의 문제가 있다. 계부모-계자녀 사이에, 의붓 형제자매들 사이에 어느 정도의 친밀감을 가질 것인가 하는 것은 재혼 가족마다 큰 숙제이다. 무리하게 억지로 친밀감을 강요하는 것은 오히려 적대감과 어색함을 만들 우려가 있다. 호칭 또한 문제인데, 가족 구성원들 사이에 신중한 협의를 거쳐서 합의를 도출하는 것이 좋다.

여덟째는 모호한 경계(boundary)의 문제이다. 가족 구성원들 사이의 친밀감과 거리감의 구조를 경계라고 부를 수 있는데, 재혼 가족의 경우에는 이 구조가 단순하고 분명하지가 않다. 예를 들면, 부모-자녀 사이라고 해서 경계가 일정한 것이 아니며, 친부모-친자녀 사이와 계부모-계자녀 사이의 경계는 서로 사뭇 다를 수 있다. 부부 관계는 자녀와의 관계로 인하여 더 쉽사리 침범당하기 쉬워서, 부부 관계의 경계를 초혼 가족처럼 분명하게 설정하기가 어렵다. 구성원들 사이의 경계 구조를 적절히 형성해 나가는 것도 재혼 가족의 절실한 과제이다.

재혼 가족 자녀 양육을 위한 지침

토머스(S. Thomas)는 재혼 부모들의 자녀 양육에 필요한 실제적 지침을 제공해 주는데, 그녀는 계자녀가 있는 경우의 자녀 양육(stepparenting)을 위하여 부모들에게 다음과 같은 10가지 지침을 제시한다.[7] (1) 가족이 당신이 기대하는 것과는 다를 것이라는 사실을 받아들이라. (2) 계자녀가 받아들일 수 있는 속도로, 그리고 그들에게 맞는 방식으로 그들과 관계를 맺으라. (3) 계자녀를 훈육할 때에 친부모인 배우자에게 당신의 의견을 말한 뒤에는 친부모에게 훈육을 맡기라. (4) 자녀 양육에 관하여 의논할 일이 있으면 배우자와 단둘이 말하거나 또는 가능하다면 미리 정해진 가족회의에서 말하라. (5) 가족의 성장을 위해서 언제나 노력하는 한편, 인내하며 기다리라. (6) 문제가 발생하면 이를 회피하지 말고 인정하되, 그 해결을 위해 친부모인 배우자보다 앞서려고 하지 마라. (7) 계자녀가 문제 행동을 일으키면, 직접 꾸짖지 말고 계자녀의 친부모의 의견을 따르라. (8) 계자녀로부터 반드시 사랑을 받아야 하며 받을 수 있다는 기대를 버리라. 그 사랑이 생겨나지 않을 수도 있음을 기억하라. (9) 현실적인 목표를 세우고 작은 성취에 만족하라. 결혼 및 가족 관계에서 융통성을 가지고 균형을 맞추도록 노력하라. (10) 애정 어린 부부 관계를 발달시키는 데 초점을 맞추고, 자녀들이 성장하여 떠날 때를 대비하라.

토머스는 재혼 부부가 자녀 양육을 위한 합의서를 만들 것을 제안한다.[8] 그 합의서는 부모의 책임, 양육 시간, 훈육, 가정생활의 규칙 및 가사 운영, (자녀 양육과 관련한) 전 배우자와의 협력 등으로 구성되어 있고, 합의서 끝에 부부가 서명하게 되어 있다. 물론 합의서의 내용은 상황에 따라 변동이 가능하지만, 이렇게 합의된 내용은 부부가 자녀를 양육하는 데에서 구조와 지침을 제공해 주므로 불필요한 갈등을 최소화시킬 수 있다.

재혼 가족을 위한 효과적인 상담 방법

재혼 가족이 발달 과정을 효과적으로 밟을 수 있도록 돕는 상담 방법을 살펴보도록 하자. 비셔(E. B. Visher)와 비셔(J. S. Visher)는 재혼 가족들이 가족상담을 받은 경험에 대한 연구를 인용하여, 재혼 가족들이 특히 도움을 받았다고 보고한 상담 방법 네 가지를 소개한다.[9]

첫째, 재혼 가족이 갖게 되는 관계적 특징을 가족 구성원들이 확인하고 정상화하는 것이다. 상담을 통하여 "모든 것이 자기 잘못은 아니라는 사실이 의붓엄마의 죄책감을 덜어주었다." 또는 "내 감정이 정당한 것이며, 그 감정 때문에 내가 지독한 사람이 되는 것은 아니"라는 사실을 알게 되었다는 등의 고백을 나눴다. 상담자는 재혼 가족의 관계 속에서 일어나는 갈등 및 부정적인 감정이 '정상적'인 것임을 알려주어야 한다. 재혼 가족이 자신들에게 일어나는 스트레스, 분노, 불안, 좌절 등이 재혼 가족의 관계적 특징에서 오는 '자연스러운' 것임을 이해할 때, 그들은 보다 편안해지고 자신들의 문제를 다룰 수 있다는 희망을 갖게 된다.

둘째, 재혼 가족의 특성 및 현실적 대처 방법에 관해 교육하는 것이다. 교육이 필요한 이유는 재혼 가족 구성원들이 자기 자신에게 불가능한 기대를 함으로써 절망하고 좌절하는 것을 막기 위함이다. 재혼 가족은 재혼 가족이라는 특수한 상황에서 오는 구조적 결과를 이해하고 있을 때, 현실적으로 잘 대처하게 된다. 이러한 지식이 없이 초혼 핵가족의 환상 속에 머물러 있다면, 그들은 그들이 이룰 수 없는 목표를 정해 놓고 좌절하며 절망할 수밖에 없다. 따라서 재혼 가족의 상담자는 상담 초기에 재혼 가족의 역동과 구조에 대해 적극적으로 교육해야 한다. 상담을 통해 "내 남편은 새 아내가 자기 아이들만큼 남편의 아이들을 저절로 사랑할 수는 없다는 것을 깨달았다."라고 고백한 재혼 여성이 있었는데, 남편의 이러한 발견은 그 여성의 커다란 짐을 덜어주었다.

다음은 필자에게 전자 메일을 통해 상담을 요청한 어느 여성의 편지이다.

> 샬롬!
> 결혼한 지 6개월이 된 20대 후반의 여성입니다. 남편은 한 번 이혼한 경험이 있습니다. 처음 남편을 만났을 때 당시 이혼한 지 1년이 되었고 혼자서 6살 된 아들을 키우고 있었습니다. 외롭게 사는 것 같아 애처롭기도 하고 아이가 불쌍하기도 해서, 교제 6개월 만에 가족의 반대를 무릅쓰고 결혼을 강행했습니다. 물론 남편의 아들을 내 아들처럼 키우겠다고 약속을 하고 스스로 다짐도 했지요. 그런데 문제는 신혼여행을 다녀온 뒤부터 시작되었습니다.
> 남편의 아들을 내 아들처럼 애정과 관심으로 키우려고 하는데 좋은 관계로 발전하기가 쉽지 않을 뿐만 아니라, 아들의 친엄마가 가끔씩 연락을 취하여 좋아지려던 관계가 소원해지곤 합니다. 남편에게 조치를 취해 달라고 말했지만, 친엄마니까 아이를 볼 수 있는 권리도 있고, 그렇다고 강제적으로 못 보게 할 수도 없지 않느냐고 말합니다. 아들 문제로 인해 남편과의 관계가 점점 악화되고 있습니다.
> 또 저는 스스로 이 정도로밖에 사랑할 수 없는 한심한 존재구나 하는 생각이 들어서 제 자신에게 실망하고 있습니다. 그렇다고 결혼을 반대한 부모님께 말씀도 못 드리고 믿음으로, 신앙으로 이기려 하지만 점점 괴롭습니다. 결혼 6개월 만에 모든 것이 뒤죽박죽입니다. 어떻게 해야 할까요?

이에 대해 필자는 다음과 같은 회신을 보냈다.

> OOO 님께
> 가정의 주요 문제가 아들의 문제라면 해결해 나가야 되고 또 해결될 수 있는 문제입니다. 재혼 가정은 본래 여러 관계 속에서 어려움이 생기게 마련입니다. 중요한 것은 그러한 어려움이 있으리라는 것을 알고 부부가 잘 대처해 나가는 것

입니다.

우선 아이의 친엄마와의 관계인데, 아이가 친엄마를 만나는 것은 아이를 위해서나 또 현재의 가정을 위해서 바람직한 것이라는 것을 먼저 인식하셔야 합니다. 물론 친엄마와의 관계 속에서 새엄마에게 적응하는 기간이 길어질지도 모르지요. 그러나 친엄마는 친엄마이고 새엄마는 새엄마라는 것을 먼저 받아들이셔야 합니다. OOO 님은 새엄마로서의 역할만 하면 됩니다.

아이에게는 친엄마와의 관계와 새엄마와의 관계를 차차 정립해 나가도록 가르쳐야 합니다. 너무 아이와의 관계를 급속히 발전시키려 하지 말고, 할 수 있는 만큼만 하시면 됩니다. 그 아이를 친아들로 키우려고 하지 마십시오. 이혼을 통해서 아이가 친엄마와 함께 살지 못하는 공간을 새엄마로서 채워주면 된다고 생각하십시오. 오히려 친엄마와의 관계를 잘 유지하도록 도와주시면, 아이로부터 신임도 더 받으실 것이고, 부담도 덜할 것입니다.

OOO 님이 더 신경 써야 될 일은 부부 관계입니다. 두 분이 대화와 타협 속에서 관계를 잘 이루어나가는 것이 무엇보다도 든든한 밑받침이 될 것입니다. 혹시 의문이 있으면 다시 연락 주십시오.

    내게 편지를 보낸 위의 여성이 왜 현재의 남편과 결혼하기로 결정했을까를 우리는 물을 수 있다. 만일 그 여성이 그 자녀의 엄마가 되기 위해서 결혼했다면, 그것은 잘못된 결정이 될 것이다. 왜냐하면 그 자녀에게는 또 하나의 '친엄마'가 필요 없기 때문이다. 그러나 이 여성이 현재의 남편과의 부부 관계를 원해서 결혼했다면, 그것은 정당한 이유가 될 수 있다. 성인 부부의 경우에는 이전의 결혼 관계가 있다 할지라도 새로운 부부 관계를 만들어 나갈 수 있기 때문이다. 위의 여성은 만족스러운 부부 관계를 만들어 나가는 데 초점을 맞출 필요가 있다. 그리고 친엄마가 되기를 원한다면, 현재의 남편과의 사이에서 자녀를 출산해야 한다. 그러면 그녀에게는 친자녀와 양자녀가 동시에 존재하게 될 것이다. 이러한 상황은 재혼 가족의 경우에 불가피하다. 문제는 재혼 가족의 구성원들이 이러한 복잡한 상황의 불가피성을 인정하느냐 아니냐 하는 것이다.

    셋째는, 무력감을 줄이고 자발적 성취를 증가시키는 것이다. 재혼 가족의 구성원들은 자신들의 삶의 문제를 통제하거나 변화시킬 수 없다는 무력감에 빠지기 쉽다. 그 이유는 그들이 경험하는 문제들이 오랜 역사를 가지고 있는 경우가 많고, 그 문제들이 보통은 복잡하게 얽혀 있기 때문이다. 자녀 입장에서는 '자신이 통제할 수 없는' 삶 속에서 허우적대는 자신을 종종 발견하게 될 것이다. 어른들의 경우에도 기대하는 변화가 일어나기는커녕, 감당하기 힘든 갈등과 문제들이 점점 더 커져가는 것을 경험하며 무력감을 느낄 것이다. 그리하여 자신들이 할 수 있는 긍정적인 변화를 일으키는 능력도 감소하는 경향을 나타낸다.

이러한 상황에서 상담자는 그들로 하여금 조정할 수 없는 한계점―예를 들면, 계자녀에 대한 계부모의 통제―을 인식시키는 한편, 그들이 조정할 수 있는 것―예를 들면, 친자녀에 대한 친자녀의 통제―에 대해 적극적으로 대처하도록 도울 수 있다. 문제에 대한 책임 소재를 명확히 함으로써, 자신이 변화시킬 수 없는 문제들에 대한 무력감은 최소화할 뿐만 아니라, 조정 가능한 문제들에 대해서는 책임감을 증진시킬 수 있다. 자녀들은 어른들의 결정에 따라 자신들의 삶이 휘둘려진다는 느낌을 가질 때, 부정적인 행동을 함으로써 자신들의 자발성을 지키려고 노력할지 모른다. 이러한 자녀들을 위해서, 상담자는 가정생활 속에서 자녀들이 자발적으로 선택하고 결정할 수 있는 사항을 하나씩 개발해 나가도록 도울 수 있다.

서두에서 언급한 청년과의 상담에서, 상담자는 우선 그의 일반적 대인관계 스타일과 재혼 가족 구조 속에서 그가 겪은 경험 사이에 어떤 관련성이 있는지 함께 이야기를 나누었다. 그는 점차 자신의 가족의 역사와 구조에 대해 이해하기 시작했고, 그 속에서 자신이 어떻게 정체성과 관계 방식을 형성해 왔는지를 통찰하기 시작했다. 상담자는 그로 하여금 가족 속에서 자신의 위치를 당당하게 찾아가는 길을 함께 모색하였다. 그 일환으로 아버지와의 대화를 시도하고 아버지와 보내는 시간을 늘려볼 것을 제안하였다. 그것은 쉽지 않았으나, 그는 아버지가 자신에게 얼마나 많은 애정과 관심을 가지고 있는지 확인하게 되었고, 그의 아버지도 아들의 상황과 위치에 대해 인식하는 계기가 되었다. 상담을 통하여 그는 새어머니와의 관계에서 조금씩 맞설 수 있는 힘을 가지게 되었고, 점차 자기주장을 하기 시작하였다. 이러한 과정은 그 청년으로 하여금 점차 무력감에서 벗어나 자신의 삶 및 대인관계에서 주도성을 가질 수 있다는 느낌을 강화시켜 주었다.

넷째는, 부부 사이의 관계를 강화하는 것이다. 재혼 가족에게 "안정감을 가져온 가장 중요한 요소는 무엇입니까?" 하고 질문하였을 때, 연구에 참여한 재혼 가족 부모들은 한결같이 부부간의 유대감 향상이 가장 중요하였다고 대답하였다. 가족의 문제들을 해결하는 데에서나 가족의 기능을 향상시키는 데에서 최종 책임을 지는 것은 결국 재혼 부부이다. 그러므로 두 배우자의 팀워크는 무엇보다도 중요하다. 재혼 가족 배우자들이 '서로를 이해하게 된 것'과 '서로에 대한 약속을 강화'하게 됨으로써 재혼 가족 모든 구성원의 기능이 향상되었다는 사실은 부부 관계의 중요성을 다시금 확인시켜 준다.

---

1 | Diana Garland and David Garland, *Beyond Companionship: Christians in Marriage*(Philadelphia: The Westminster Press, 1986), 171.
2 | Emily B. Visher and John S. Visher, 반건호/조아랑 역, 「재혼 가정 치료」,(서울: 도서출판 빈센트, 2003), 7.
3 | M. McGoldrick and B. Carter, "Forming a Remarried Family," in Betty Carter & Monica McGoldrick, *The Changing Family Life Cycle: A Framework for Family Therapy*(Allyn and Bacon, 1989), 399~400.
4 | Clifford J. Sager, et al., *Treating the Remarried Family*(New York: Brunner/Mazel, Publishers, 1983), 45.
5 | 위의 책, 48.
6 | Emily B. Visher and John S. Visher, 반건호/조아랑 역, 「재혼 가정 치료」, 102~149.
7 | Shirley Thomas, *Two Happy Home: A Working Guide for Parents and Stepparents after Divorce and Remarriage*(Longmont, CO: Springboard Publications, 2005), 116~119.
8 | 위의 책, 88~89.
9 | Emily B. Visher and John S. Visher, 반건호/조아랑 역, 「재혼 가정 치료」, 22~27.

가정폭력

가정 내의 폭력에 대해 어떻게 도울 것인가

제11장

가정폭력

가정 내의 폭력에 대해 어떻게 도울 것인가

힘과 폭력

　힘은 언제나 나쁜 것인가? 힘은 언제 폭력이 되는가? 이러한 질문은 우리가 폭력에 대처할 때 던져야 할 것들이다. 현대물리학에서 말하는 것처럼 물질(substance)은 곧 에너지(energy)이다. 다시 말하면, 존재한다는 것은 힘을 갖고 있다는 것이다. 존재한다는 것은 힘으로 표현되고, 그 힘은 주변에 영향을 미치게 된다. 그런 의미에서 폴링(J. Poling)은 힘의 속성을 관계성이라고 본다.[1] 힘은 주변에 대한 영향력이며, 그 영향력을 통해 관계를 맺게 된다. 태양이 갖고 있는 에너지는 지구와 관계를 맺음으로써 아름다운 꽃들이 피어나게 되고, 온갖 동물이 자라나게 되며, 인간의 문화가 생성하게 된다. 이렇듯 힘은 관계성을 통해 새로운 것들을 창조한다.

　한편 관계성은 다시 힘이 된다. 개인이 모여 가족을 이룰 때, 그 가족 관계는 새로운 힘을 창출하게 된다. 개별적 힘들이 관계를 맺음으로 서로 관계의 망을 이룰 때, 그 관계성은 상상할 수 없는 새로운 힘을 발휘하게 되는 것이다. 이 관계성이 갖는 힘의 극치를 성경은 '사랑'이라고 부른다. 예수의 삶과 죽음과 부활은 이 사랑의 힘이 이루어낸 놀라운 사건들을 보여준다. 예수께서 여러 기적을 베푸신 것은 사람들로 하여금 기적에 미혹되라고 하신 것이 아니라, 그 기적들의 배후에 있는 사랑의 힘을 보라고 하신 것이다. 예수께서 기적이 곧 구원의 표지임을 반복해서 말씀하신 것은, 사랑이 얼마나 놀라운 구원의 힘을 갖고 있는지를 기적이 보여주었기 때문이다.

가족 관계를 생각할 때 힘이 어떻게 사용되고, 어떻게 힘을 주고받으며, 어떻게 서로 힘을 북돋우는지 평가하는 것은 필수적이다. 이 책의 4장에서도 언급한 것처럼, 스코트 펙(M. Scott Peck)은 사랑에 대해 다음과 같이 정의하였다. "사랑은 자신, 또는 다른 사람의 정신적 성장을 돕기 위해 자아를 확장하려는 의지이다." 부모는 특히 자녀들이 어릴수록 그들에게 절대적인 힘을 갖는다. 만일 부모가 자신의 힘을 자녀의 건강한 성장을 돕는 데 사용할 수 있는 심리적·영적 건강을 갖고 있다면, 그 부모는 자신이 갖고 있는 절대적 힘을 건강한 사랑의 동기를 가지고 사용할 것이다. 그러나 부모가 심리적·영적으로 어떤 결핍을 가지고 있다면, 그 부모는 자신이 가지고 있는 절대적 힘을 남용하여 자녀를 자신의 만족을 위한 수단으로 삼을 수 있다.

부모의 잘못된 힘의 남용은 드러나게 폭력적일 수도 있지만, 많은 경우에는 드러나지 않게 폭력적일 수 있다. 한 예로, 부부간에 갈등에 처한 부모가 배우자에게서 정서적 만족을 얻지 못할 때, 그들은 자녀들과의 관계에서 정서적 대리만족을 얻으려 할 수 있다. 그럴 경우에 그 부모는 자녀에게 심리적으로 의존하게 되고, 자기도 모르는 사이에 자녀가 독립적으로 성장하는 것에 대해 저항감을 갖게 된다. 그렇게 되면 자녀는 건강한 자기표현에 저해를 받게 되고, 심리적 성장에서도 방해를 받게 된다. 부모의 힘의 남용이 명백하게 폭력적으로 드러나는 대표적인 예는 물론 가정폭력이다. 가정폭력 상황에서 부모의 힘은 사랑을 통해서 자녀를 세우는 것이 아니라, 폭력을 통해서 자녀를 파괴한다.

윙크(W. Wink)는 '힘의 타락'[2]이란 "힘이 우상이 되고, 힘이 정의가 되고, 힘에 의한 질서를 평화라고 말하는 것"이라고 이야기한다. 제자들 사이에서 누가 제일 높으냐는 논쟁이 벌어졌을 때, 예수는 두 종류의 힘을 말씀하셨다. "뭇 민족들의 왕들은 백성들 위에 군림한다. 그리고 백성들에게 권세를 부리는 자들은 은인으로 행세한다. 그러나 너희는 그렇지 않다. 너희 가운데서 가장 큰 사람은 가장 어린 사람과 같이 되어야 하고, 또 다스리는 사람은 섬기는 사람과 같이 되어야 한다. 누가 더 높으냐? 밥상에 앉은 사람이냐, 시중드는 사람이냐? 밥상에 앉은 사람이 아니냐? 그러나 나는 섬기는 사람으로 너희 가운데 있다."
(눅 22:25~27, 새번역)

힘을 가진 자가 자기 자신을 위하여 힘을 사용하는 것이 이 세상의 힘의 원리이다. 힘 있는 자는 강제로 다스리고 군림하며, 힘없는 자들은 거기에 굴복한다. 세상은 힘이 타락한 곳이다. 그런데 알게 모르게 가족 내에서도 이러한 방식으로 힘이 사용된다. 드러나는 폭력이 아닐지라도 부모는 자신이 갖고 있는 육체적, 재정적, 사회적 힘을 가지고 자녀들에게 강제하고 자신의 뜻에 굴복시킨다. 그러나 예수는 진정한 힘의 사용이란 '섬기는' 것이라고 말한다. 섬긴다는 것은 상대방을 위하여 자신의 힘을 사용하는 것이다. 예수는 사랑의 삶을 통해 그리고 십자가의 자기희생을 통해 힘이 어떻게 사용되어야 하는지를 생생하게 보여주셨다.

부모가 자녀를 위해 힘을 어떻게 사용해야 하는지에 대한 구체적인 표현은 스코트 펙의 말에 잘 나타나 있다. "사랑은 자신, 또는 다른 사람의 정신적 성장을 돕기 위해 자아를 확장하려는 의지이다." 부모의 힘은 자녀의 성장을 위해서 사용되어야 하되, 이는 부모 자신이 성장하고 확장됨으로써 가능하다. 가족 내에서 일어나는 폭력은 이와 정반대로 움직인다. 자신의 심리적 및 육체적 만족을 위해 부모가 자녀를 학대하고, 배우자가 배우자를 학대한다. 상대방에 대한 고려는 최소한으로 축소된다. 그럼으로써 그들은 스스로 성장하기를 멈춘다. 가족은 모두 폭력의 악순환 속에 빠지며, 그 속에서는 누구도 건강하게 성장하지 못하고 멈추어 버린다.

교회는 가족 내에서 일어나는 이 힘의 남용을 멈추게 하고 그 힘을 구속(救贖)해야 한다. 폭력적으로 사용되고 있는 힘 자체가 나쁜 것이 아니라, 그 힘이 사랑의 동기로 사용되도록 도와야 한다. 폭력을 휘두르는 사람으로 하여금 자신은 '힘'을 갖고 있으며 그 '힘'을 자신과 타인에게 도움이 되도록 사용할 수 있는 가능성을 발견하도록 도와야 한다. 예수는 사람들로 하여금 이 가능성을 발견하도록 도우려 하셨다.

힘이 타락하면 폭력이 된다. 가정 내에서 일어나는 폭력(violence)은 신체적 폭력과 성적 폭력으로 나눌 수 있는데, 종종 정서적 폭력도 하나의 범주로 취급된다. 신체적 폭력은 신체적인 힘/무력을 상대방에게 사용하는 것이다. 성적인 폭력은 친밀한 관계에서 상대방의 의지와 상관없이 성행위를 하도록 강요하거나 위협을 가하는 것이다. 정서적 폭력은 언어 또는 물질적 위협을 통하여 상대방에게 계속적인 정신적 고통을 주는 것이다. 여기에는 욕설을 함으로써 굴욕감과 수치심을 주거나, 어떤 것을 빌미로 협박하고 위협하기, 정신적 조종이나 세뇌 등이 포함된다.

아동에 대한 폭력

사람은 태어나면서 부모에게 절대적으로 의존하는 상태로 시작한다. 물리적 자원(資源) 및 힘의 차원에서 볼 때 아기는 부모에게 절대적으로 의존하게 되어 있으나, 심리적·영적 차원에서 볼 때 아기는 무력하지 않다. 보통의 부모들에게 아기의 존재는 그 자체로서 큰 기쁨과 의미를 준다. 아기의 생명과 인격 자체가 갖고 있는 의미는 부모가 갖고 있는 물리적 자원 못지않게 힘을 갖고 있다. 나지(I. Boszormenyi-Nagy)는 모든 관계성에는 주고받음이 존재하는데, 그 주고받는 내용이 서로 공평할 때에 관계가 건강해진다고 말한다.[3] 부모-아기의 관계가 공평하다는 것이 무슨 의미일까? 부모가 자신들의 모든 인격과 자원을 기울여 아기를 돌보는 것이 부모가 아기에게 주는 것이라면, 아기는 부모에게 무엇을 주는가? 아기의 해맑은 눈에서 우리는 절대적 신뢰에서 나오는 깊은 영성을 발견하게 된다. 그래서 우리는 아기를 안고만 있어도 온 우주를 얻은 것처럼 행복한 것이다. 부모가 아기에게 자신의 모든 것을 다 주어도 아깝지 않은 것은 아기가 자기의 모든 것을 부모에게 맡기기 때문이다. 아기의 전 존재를 자신의 품에 안음으로써 부모는 자신의 수고의 대가를 이미 다 받은 것이다.

그런데 부모-아기의 이러한 신뢰관계를 모든 가족이 경험하는가? 만일 부모가 자신이 어렸을 때 부모로부터 충분한 돌봄과 사랑을 받지 못했다면, 그 부모는 신뢰에서 나오는 헌신, 신뢰에서 나오는 안정감, 신뢰에서 나오는 기쁨을 충분히 알지 못할 것이다. 아기의 존재 자체를 기뻐하고 사랑하며 헌신하는 부모를 경험하지 못한 그들은, 그들 자신의 존재 자체를 깊이 신뢰하고 받아들이지 못하는 동시에 자녀들의 존재 자체를 긍정하고 존중할 수 있는 힘을 갖고 있지 못하다. 그들의 내면에는 불안이 상존(常存)하며, 자녀들의 욕구와 감정을 존중하고 이해하는 능력이 부족하다. 자녀들이 건강하게 성장하기 위해서 무엇이 필요한지, 그들이 부모에게 무엇을 요청하는지, 그들이 현재 어떤 상태에 있는지 등을 잘 이해하지 못한다. 오히려 그들에게는 자신의 욕구가 앞서며 자신의 내면 안에서 일어나는 감정의 소용돌이에 사로잡혀 자녀에게 폭력을 행사한다. 성장 과정에서 폭력을 당한 부모는 다시 자녀에게 폭력을 행사할 가능성이 높다.

아동에 대한 부모의 폭력은 부모에 대한 신뢰, 존재에 대한 신뢰, 자기 자신에 대한 신뢰, 그리고 하나님에 대한 신뢰를 파괴한다. 태어날 때 하나님으로부터 부여된 자기 및 부모에 대한 신뢰를 거부당함으로써, 아동은 불신(不信)의 죄의 늪에 빠진다. 부모-아동의 신뢰와 존중의 관계 속에서 아동은 존재에 대한 긍정, 자기에 대한 긍정, 그리고 자기표현의 자유를 배우게 된다. 그러나 부모의 폭력 속에서 아동에게 이러한 경험들은 봉쇄되고, 대신 무기력감, 두려움, 불신, 감정의 억압 등이 자리를 차지한다. 아동이 하나님으로부터 부여받은 신뢰와 긍정의 힘은 박탈당하고, 따라서 타인을 존중하고 진정으로 돌볼 수 있는 힘도 박탈당한다. 그 아동에게는 폭력의 악순환을 통하여 다시 자신과 타인의 긍정적인 힘을 파괴하는 것밖에 다른 가능성이 없을지도 모른다.

아동에 대한 신체적/정서적 폭력

역사적으로 아동은 가정 내에서 늘 폭력과 억압의 대상이었다. 주된 이유는 그들에게 힘이 없기 때문이다. 육체적으로, 재정적으로, 사회적으로 강자인 부모는 자신들의 뜻에 따라 자녀를 다루어 왔고, 많은 경우에 훈육이라는 이름으로 자녀를 학대해 온 것이 사실이다. 현대에 들어와 자녀의 인격과 독창성을 존중하여야 한다는 민주적 교육 방식이 대두되면서 자녀의 인권이 점차 신장되어 왔다. 오늘날에는 가정폭력처벌법 및 가정폭력방지법 등의 제정으로 가정폭력 피해자에 대한 보호 조치가 생겨남에 따라 아동에 대한 구타가 대폭 줄어들었다. 하지만 여전히 일부 가정에서는 아동에 대한 폭력이 심각하게 일어나고 있다.

여성가족부의 "2013년 가정폭력 실태조사" 결과에 따르면, 전국의 만 18세 미만 자녀를 둔 1,380명 중 지난 1년간 자녀폭력 발생률은 46.1%이었고, 이 중 신체적 폭력(경한 폭력과 중한 폭력을 모두 포함하여)은 18.3%, 정서적 폭력은 42.8%, 방임은 5.0%의 발생률을 보였다. 이를 보면 신체적 폭력도 여전히 높게 발생하고 있고, 특히 정서적 폭력은 조사대상 중 거의 절반에 가까운 가정에서 일어나고 있었다.

신체적 폭력을 나타내는 지표로는 타박상, 화상, 찢어지거나 긁힌 상처, 골절, 뇌나 내장의 손상 등이 있다. 만일 어린이나 청소년에게 이러한 모습이 자주 발견된다면 의심해 보아야 한다. 한편 정서적 폭력이 의심되는 경우는 다음과 같다.[4] 음식을 잘 못 먹음, 잘 자라지 못하고 약함, 반사회적 행동을 보임, 약물 남용, 절도 등의 비행, 관심을 얻기 위해 타인을 괴롭힘, 과장된 공포 등. 부모가 모두 일을 하거나 한부모 가정의 경우 아동은 제대로 돌봄을 받지 못한 채 방치될 수 있다. 이러한 자녀 방임으로 아동은 위험에 노출되고, 식생활이나 의료적 보호를 제대로 받지 못하며, 정서적 고립감을 갖게 된다.

다음과 같은 특성을 보이는 부모는 자녀에게 폭력을 행사할 가능성이 높다.[5] (1) 사회적 관계가 좋지 않고 고립되어 있다. (2) 자신을 무가치하게 느끼고 실패감이 많다. (3) 약물이나 도박 등에 중독되어 있다. (4) 분노를 잘 조절하지 못하며 폭력으로 문제를 해결하려 한다. (5) 재정난이나 이혼 등의 심각한 스트레스를 겪고 있다. (6) 어릴 때 학대받은 경험이 있다.

성폭력 통계와 아동 성폭력

여성가족부가 지난해 전국 만 19세 이상 64세 미만 남녀 3,500명을 대상으로 조사한 "2013년 성폭력 실태조사" 결과에 의하면, 지난 1년간(2012년 8월~2013년 7월) 성폭력 피해율은 가벼운 성추행 1.4%, 심한 성추행 0.2%, 강간미

수 0.03%, 강간 0.1%, 성희롱 0.9%, 음란전화 등 27.8%, 성기노출 1.7%, 스토킹 0.2%로 나타났다. 평생 동안의 성폭력 피해 경험을 살펴본 결과, 가벼운 성추행 9.9%, 심한 성추행 1.1%, 강간미수 0.5%, 강간 0.4%, 성희롱 5.3%, 음란전화 등 51%, 성기노출 21.3%, 스토킹은 1.7%로 나타났다. 또한 신체적 성폭력 피해율(가벼운 성추행, 심한 성추행, 강간미수, 강간을 하나 이상 경험한 비율)은 10.2%로 추정되며, 이는 10명당 1명은 평생 1회 이상의 신체접촉을 수반한 성폭력을 경험한 것으로 해석된다.

한국성폭력상담소에 의하면, 2008년 성폭력 상담건수 1,430건 중 성폭력 피해자의 성별 분포는 여성이 1,378건(96.4%), 남성이 52건(3.6%)이며, 연령별로는 성인 피해가 925건(64.7%), 청소년 237건(16.6%), 어린이 151건(10.6%), 유아 99건(6.9%), 미상 18건(1.3%)으로 나타났다.

성별, 연령별 피해자 현황(2008년)

성 별 \ 연령별	성인 (20세 이상)	청소년 (14세~19세)	어린이 (8세~13세)	유아 (7세 이하)	미상	총계
여	902 (63.1)	229 (16.0)	144 (10.1)	89 (6.2)	14 (1.0)	1,378 (96.4)
남	23 (1.6)	8 (0.6)	7 (0.5)	10 (0.7)	4 (0.3)	52 (3.6)
총계	925 (64.7)	237 (16.6)	151 (10.6)	99 (6.9)	18 (1.3)	1,430 (100.0)

한국성폭력상담소 (단위: 건, %)

가해자 성별/연령별 상담 현황을 살펴보면, 남성 1,389건(97.1%), 여성 25건(1.7%), 여/남 1건(0.1%), 미상 15건(1.0%)으로 대부분의 피해가 남성에 의해 일어난다는 것을 알 수 있다. 연령별로는 성인 1,151건(80.5%), 청소년 135건(9.4%), 어린이 38건(2.7%), 유아 15건(1.0%), 미상 91건(6.4%)으로 나타났다. 성폭력피해를 피해자와 가해자의 관계로 살펴보면, 아는 사람 1,209건(84.5%), 모르는 사람 156건(10.9%), 미상 65건(4.5%)의 분포를 보이고 있는데, 피해자와 가해자의 관계가 아는 사람인 경우, 직장 내가 358건(25.0%)으로 2006년부터 현재까지 가장 높은 비율을 보이고 있으며, 다음으로는 친족·친/인척 204건(14.3%), 모르는 사람 156건(10.9%), 친밀한 관계 128건(9.0%), 초/중/고/대학

학교 118건(8.3%), 주변인의 지인, 서비스 제공자, 동네사람, 학원/유치원 등의 순으로 나타났다.

피해자/가해자 관계(2008년)

아는 사람 1,209(84.5)											모르는 사람	미상	총계
친족·친인척 204(14.3)		직장 내	친밀한 관계	채팅/소개로 만난 사람	동네 사람	서비스 제공자	초중고/대학	학원/유치원	주변인의 지인	기타			
친족	친/인척												
108 (7.6)	96 (6.7)	358 (25.0)	128 (9.0)	61 (4.3)	54 (3.8)	51 (3.6)	118 (8.3)	53 (3.7)	73 (5.1)	109 (7.6)	156 (10.9)	65 (4.5)	1,430 (100)

한국성폭력상담소 (단위: 건, %)

우리나라의 경우 강제추행이나 강간 미수와 같은 성폭력 사건으로 신고되는 건수가 매년 2만여 건에 달하는데, 여성가족부나 다른 관계기관의 조사에 의하면 신고되는 비율이 8%에서 많게 잡으면 15%라고 한다. 2008년 여성가족부는 조사를 통해, 공식 통계의 8배 정도가 실제 성폭력 사건이 발생하는 것으로 보고 있다. 그만큼 성폭력 사건은 은폐되는 경우가 많으며, 가정 내에서 일어나는 아동 성폭력은 겉으로 노출되기가 더욱 어려울 것이다.

위의 통계에서 보는 것처럼, 대부분의 성폭력은 아는 사람에 의해 일어난다. 2008년 한국성폭력상담소의 통계에 의하면 친족에 의한 성폭력이 7.6%이고, 친인척에 의한 것까지 더하면 14.3%에 이른다. 그러나 그 피해자가 대개 아동이거나 청소년인 데다가 가해자가 가족일 경우 이를 실제로 신고하기란 매우 어려울 것이라고 추측할 수 있다. 그렇다면 실제 발생 건수는 우리가 상상하는 것보다 더 많을 것이다.

가정 내에서의 아동 성폭력

가정 내 아동 성폭력 하면 대개 아버지와 딸 사이의 성관계라고 생각하지만, 실제로는 형제 사이에 일어나는 성적 폭력이 3배에서 5배 더 자주 발생한다.[6] 가정 내 아동 성폭력의 가해자는 아버지뿐만 아니라 어머니, 형제, 가까운 친척 등도 될 수 있으며, 성폭력의 내용 또한 성관계뿐만 아니라 노출, 애무 등을 비롯한 모든 형태의 성적 행위가 포함된다.

아동이 가정에서 성폭력을 당했거나 당하고 있다는 사실을 확인하기는 매우 어렵다. 피해당한 아동이 때로는 아무런 징후나 증상을 보이지 않을 수도 있으며, 때로는 정상적으로 생활하는 것처럼 보이기도 하기 때문이다. 근친(近親)간에 성폭력을 당하는 아동은 "비밀스럽고 수치스러운 분위기에서 자라왔고, 반복해서 학대받아 왔으며, 비밀을 말하지 말라는 압력을 받아" 왔기 때문에 타인에게 이 사실을 말한다는 것이 매우 어렵다.[7] 가해자 또한 이를 강력히 부인하기 때문에 사실을 밝혀내는 것이 쉽지 않다. 따라서 다음과 같은 것들이 드러나는 경우에는 성폭력을 의심하고 전문기관에 의뢰해야 한다.[8] (1) 나이에 부적합한 성행동이나 성지식, (2) 근친 성폭력에 대한 아동의 폭로, (3) 성폭력을 나타내는 의학적 증거, (4) 형제/자매가 성폭력을 받았다는 보고 등.

근친 성폭력을 당하는 아동은 위협과 강요 가운데 있으며 죄의식, 수치심, 공포 등을 경험한다.[9] 그러한 아동은 적절한 양육을 받기보다는 가해자가 명령하는 요구를 충족시켜야만 보호받고 욕구를 충족할 수 있다는 것을 배운다. 그리고 가해자가 요구하는 행동이 부적절하다는 것을 알면서도 수용할 수밖에 없는 상황은 아동으로 하여금 수치심과 죄책감을 유발하며, 가족 관계에 대한 신뢰감을 상실하게 만든다. 가해자는 그가 갖고 있는 권위와 어린이의 무지와 취약성을 이용하여 한편으로는 달래고, 한편으로는 위협하며 자기가 원하는 행동을 하도록 만든다.

근친 성폭력은 아동에게 심각한 심리적 후유증을 남긴다. 나이와 발달 단계에 맞지 않는 성적 자극과 성적 관계는 아동에게 발달적 혼란과 관계적 혼란을 야기한다.[10] 아동으로서 보호와 양육을 받는 대신에 성적 자극의 대상이 됨으로써, 자신의 인격적 가치에 대해 손상을 받으며 수치심과 죄의식 속에서 자기를 비난하고 비하하게 된다. 가해자가 보호자인지 애인인지 혼란을 겪으면서 관계에서의 경계선 혼란을 겪기도 한다. 친구 및 타인에게 털어놓을 수 없는 수치스러운 비밀을 갖고 있기 때문에 소외감과 고립감도 갖는다. 결국 자존감이 낮아지고, 신뢰 있는 관계를 맺기 어렵게 된다. 성인(成人)이 된 후에 건강한 성적 파트너를 만나는 데서도 어려움을 겪으며, 때로는 그 자신이 또 다른 성폭력 가해자가 될 가능성이 있다.

　딸과 부적절한 성행동을 하는 가해자 아버지들은 대체로 자기중심적이고 사회적 관계에서 부적절감을 경험하며, 성인과의 관계보다 아동과의 관계를 더 안전하다고 느낀다. 그리하여 그들은 외부와의 관계가 가급적 제한되는 고립된 가족을 만들려고 한다. 다시 말하면, 가족구성원들이 가족 안에서만 사회적 욕구를 충족시키도록 요구하는 경향이 있다. 이와 아울러 비가해부모인 어머니는 남편의 부적절한 행동을 모른 척하고 묵인하는 경우가 종종 있다. 가해자는 자녀에 대한 성폭력뿐만 아니라 배우자와 자녀에게 신체적 폭력을 행사할 확률이 높기 때문에, 그녀는 이에 대한 두려움을 가지고 있으며, 또한 자기를 주장하고 자녀를 보호할 수 없다는 무력감 때문에 남편에게 깊이 의존하고 있다. 그리하여 그녀는 자녀를 보호하기보다는 자녀가 희생되는 것을 묵인하고 때로는 동조하며, 이를 외부에 알리기를 꺼려한다.

교회의 대처

　기독교인 가정에는 폭력이 존재하지 않는가? 그리스도의 사랑을 경험하고 고백하는 기독교인이 어떻게 가정에서 폭력을 행사할 수 있는가? 이는 목회자로서 당연히 물어야 할 질문이다. 하지만 실제로 기독교인 가정에서도 일반 가정과 비슷한 비율로 폭력이 발생한다는 것은 전문가들이 경험하는 사실이다. 이유는 무엇일까? 첫째, 폭력의 가해자들은 대개 성장과정에서 좋은 양육 관계를 경험하지 못한 사람들이다. 그들이 어른이 되고 더욱이 기독교인으로서 살아간다 할지라도 그들은 내적으로 불안과 두려움을 안고 살아간다. 그리고 부모가 되었을 때 자녀를 존중하고 이해하는 내적인 힘이 결여되어 있다. 그들의 내적인 욕구가 좌절되었을 때 그들은 스스로를 통제하지 못하고 약자인 배우자나 자녀에게 폭력을 행사하게 된다. 그들이 비록 죄책감을 가진다고 할지라도 좌절-분노-폭력의 악순환을 통제하지 못하는 것이다. 둘째, 신앙은 대개의 경우 인지(認知)적인 동의(同意)이며, 그 신앙의 내용이 정서적으로나 인격적으로 자리를 잡기 위해서는 오랜 내적인 치유와 훈련이 필요하다. 인격 깊숙이 자리하고 있는 상처와 결핍은 단순한 인지적 동의와 고백을 통해서는 치유되기가 어려운 것이다. 셋째, 어릴 적에 형성된 인격적 상처와 결핍은 치유적 관계를 통해서만 회복될 수 있다. 그런데 일반적으로 교인들이 교회공동체에서 경험하는 관계들은 피상적인 경우가 대부분이며, 깊은 인격적 치유에까지 이르는 관계 경험은 매우 드문 것이 현실이다. 그러므로 기독교인 부모라 할지라도 그들이 성장과정에서 상처와 결핍을 갖고 있었다면, 그것이 가정에서 폭력의 형태로 나타날 개연성은 높은 것이다.

가정폭력의 사실이 교회공동체에 알려진다면 목회자는 어떻게 대처해야 할까? 가정폭력은 일종의 스캔들이다. 다시 말하면, 알려지면 수치스럽고, 서로 입장이 난처하게 되며, 공개적으로 다루기가 어렵다. 그리고 이를 다루게 될 때 부인(否認), 불신(不信), 상호 비난 등으로 이어지기 쉬워서 자칫 교회공동체에 부담이 될 수 있다. 그럴 경우에 교회공동체는 이 사실을 회피하고 덮으려 할 수 있다. 고린도교회에 보낸 사도 바울의 권고는 수치스러운 죄를 저지른 교인에 대해 양면적인 태도를 보여준다. 한편으로는 단호하게 그 사람을 교회공동체가 심판하여야 하며(고전 5:9~13), 다른 한편으로는 그 사람을 용서하고 위로하여야 한다는 것이다.(고후 2:5~11) 우리는 사도 바울의 이 양면적 태도를 배워야 할 것이다. 부모가 아동에게 폭력을 행사하는 것은 그리스도의 법에 위배되며 사회법적으로도 범죄에 해당하므로, 이를 덮고 모른 척하는 것은 피해 아동에 대한 교회의 책임을 무시하는 것이다. 약자에게 폭력을 행사하는 것이 얼마나 큰 죄인지 예수께서는 크게 탄식하셨다.(마 18:6~7) 그러므로 아동에 대한 폭력을 교회가 결코 모른 체해서는 안 된다. 교회는 한편으로 폭력이 더 이상 지속되지 않도록 모든 가능한 조치를 취해야 한다. 다른 한편으로 교회는 피해자의 치유와 보호를 위해 노력할 뿐 아니라, 가해자에 대해서도 치유와 회복의 길을 찾아주도록 애써야 할 것이다.

가정폭력 사건을 다루기에 앞서서, 교회는 회중들에게 가정폭력에 대해 이해하고 대비하도록 가르치고 준비시켜야 한다.[11] 우선 목회자는 설교에서 가정폭력에 관한 성서의 내용을 다룸으로써 신학적으로 가정폭력이 얼마나 잘못된 것인지에 대해 그리고 이를 극복하기 위한 신앙적 노력에 대해 가르칠 수 있다. 그리고 부모 교육 프로그램을 함으로써 부모들에게 가정폭력에 대한 구체적 이해를 갖게 할 수 있다. 중요한 것은 교회학교 교사들에 대한 교육이다. 교회학교 교사들은 교회 내의 아동 및 청소년을 직접 만나는 사람들이므로, 드러나지 않는 가정폭력을 발견할 수 있는 위치에 있다. 신체적 또는 성적 폭력을 당하는 아동이나 청소년이 어떻게 행동하며 어떤 증상을 나타내는지 이해하면 교사는 그러한 아동과의 면담을 통해 가정폭력 사실을 밝혀내고 대처하게 될 것이다.

만일 어떤 아동이 반복해서 외상(外傷)을 보인다면 일단 가정폭력을 의심해 보아야 한다. 그럴 때에는 주변 사람들을 통해 가정 상황을 알아본 뒤, 조용한 시간과 장소를 정하고 아동과 면담을 시도할 수 있다. 아동이 즉각 사실을 말하지 않더라도 재촉하지 말고 아동이 마음을 열 수 있도록 기다려 주어야 한다. 만일 아동이 어떤 계기를 통해 교사에게 가정 내의 성폭력 사실을 밝힌다면, 교사는 놀라거나 당황하지 말고 진지하게 받아들이고 침착함을 유지하여야 한다. 교사가 불신하는 태도를 보인다면 아동은 다시는 이야기하지 않으려 할 것이다.

우선 아동에게 성폭력이 아동의 잘못이 아님을 이해하도록 도와야 한다. 따뜻한 위안과 공감하는 태도를 보여주면서, 아동이 의지할 수 있는 존재가 되어 주어야 한다. 그 다음, 교사는 목회자에게 보고하여 대처방안을 논의하여야 한다. 교회가 가정폭력 사건을 독자적으로 대처하는 것은 여러 가지 위험 요소가 있기 때문에, 지역사회의 전문 기관의 도움을 받아야 한다. 현재 우리나라에는 지역마다 가정폭력상담소, 건강가정지원센터, 청소년상담소 등이 있어서 가정폭력 문제를 다루는 전문가들이 도움을 주고 있다. 이러한 전문가들의 도움을 받되, 교회공동체는 피해 아동이 폭력으로부터 제대로 보호를 받고 있는지 지속적으로 살펴보아야 한다. 그리고 피해 아동이 주변의 편견으로 비난이나 소외를 받지 않도록 계속적인 돌봄이 필요하다. 피해 아동의 가족은 가정폭력의 해결 과정에서 많은 갈등을 겪을 것이다. 교회공동체는 목회자의 돌봄 외에 신뢰할 만한 평신도들을 통해 이 가족의 어려움을 도울 수 있을 것이다.

배우자에 대한 폭력

전통적인 가부장적 사회에서 여성은 남성의 권위에 철저히 예속되어 있었다. 많은 경우에 여성은 마치 소유물처럼 취급되었다. 이러한 문화 속에서 여성은 남성의 폭력에 무방비로 노출되어 있었고, 아내에 대한 남편의 폭력은 공공연하게 받아들여지기까지 했다. 현대에 들어와 여성의 지위가 향상되고, 특히 가정폭력에 대한 사회적 인식이 바뀌면서, 가정폭력은 법에 의해 금지되었다. 우리나라에서도 가정폭력 관련법이 만들어져서 가정폭력을 신고하면 가해자는 체포되고 피해자는 격리 및 보호를 받을 수 있는 기관으로 보내질 수 있다.

이러한 문화적·법적 변화에도 불구하고 가정에서 여성에 대한 폭력은 계속되고 있다. 여성가족부의 "2013년 가정폭력 실태조사" 결과에 의하면, 지난 1년 동안 부부간 폭력 발생률은 45.5%이며, 그 내용은 신체적 폭력(경한+중한) 7.3%, 정서적 폭력 37.2%, 경제적 폭력 5.3%, 성학대 5.4%, 방임 27.3% 등이었다. 부부간 폭력을 경험한 응답자 중 6.2%가 신체적 상해를 경험하고, 17%가 정신적 고통을 경험하였다고 보고하였다. 정서적 폭력은 10명 중 4명꼴로 당하고 있으며, 신체적 폭력 또한 100명 중 7명 내외가 경험하고 있는 것이다. 부부간 폭력의 피해자들은 대부분 여성이며, 남성 피해자는 약 5% 정도로 추정되고 있다.

부부간 폭력의 특성

통계에 의하면 가정폭력을 행하는 남성은 인종, 지위, 재산, 교육수준, 직업에 관계없이 매우 다양하다. 따라서 가정에서 폭력을 행사하는 남자가 특히 낮은 사회계층의 사람들이라는 생각은 편견이며, 실제로 가정폭력은 모든 사회계층에서 골고루 나타나고 있다. 다음의 몇 가지 심리적·관계적 특성을 가진 남성들은 아내를 구타할 가능성이 높을 것으로 예측된다.[12] 그들은 분노조절 능력이나 표현 능력이 결핍되어 있고, 겉으로는 강한 척하지만 배우자에게 극도로 의존해 있으며, 자존감이 낮고 약물이나 도박 등에 중독되어 있을 가능성이 높다. 한편 어려서 폭력과 학대를 경험한 사람은 성인이 된 후에도 자녀 학대나 배우자를 학대할 가능성이 높은 편이다. 성장 과정에서 학대를 경험한 사람이 무조건 폭력적인 성인이 된다는 것은 아니고, 단지 그 확률이 높다는 것뿐이다. 또한 그들은 사회적으로 고립되어 있어서, 스트레스 상황에서 자신의 마음을 털어놓을 수 있는 지지체계가 없는 경우가 많다. 그리고 그들은 전통적인 가부장적 관념을 고수하는 경향이 있다. 여성에 대한 전통적인 가부장적 편견을 가지고 자신의 폭력을 방어하기 위해 합리화하려고 한다.

사람들은 매 맞는 아내가 왜 맞으며 살까라고 의문을 갖는다. 레노어 워커(Lenore E. Walker)는 이를 '학습된 무기력'(learned helplessness)이라는 개념으로 설명한다.[13] 여성가족부의 "2013년 가정폭력 실태조사"에 의하면, 부부폭력 피해 경험이 있는 여성의 경우, 배우자의 폭력이 시작된 시기는 결혼 후 5년 미만이 62.1%였고(결혼 후 1년 미만 22.2%, 결혼 후 1년 이상~5년 미만 39.9%), 결혼 전 교제기간에 폭력이 시작되었다는 응답은 3.7%였다. 이처럼 남편의 폭력은 대개 결혼 초에 시작되며, 이때 아내는 그 이유를 찾아 고치면 남편의 폭력이 해결될 것이라는 희망을 갖는다. 그러나 그러한 시도들이 계속 좌절되면서 아내는 점차 자신의 문제 해결 능력에 자신감을 잃게 되며 무기력감에 빠지게 된다. 그리고 남편으로부터 독립할 수 있는 자신의 능력도 의심하게 되며, 계속되는 폭력적 상황에서 현실적 대처 능력조차 무너지게 된다. 더욱이 구타를 당하고 있다는 수치심 때문에 자신의 아픔을 외부에 드러내지 못하면서 사회적 고립 속에 더욱 빠지게 되며, 결국 폭력을 행사하는 남편에게 더욱 의존할 수밖에 없는 삶이 계속된다. 그러므로 구타당하는 여성에게 '왜 그렇게 사냐'고 비난하는 것은 그녀로 하여금 자기를 비난하고 더욱 움츠러들게 할 뿐 문제 해결에는 도움이 되지 않는다.

레노어 워커는 부부간 폭력에 어떤 일정한 패턴이 존재한다고 말한다.[14] 그 패턴은 세 가지 단계를 반복하는데, 첫째는 긴장 고조의 단계이다. 남편에게 스트레스가 누적되면서 부부 사이에 점차 긴장이 고조된다. 남편이 불만과 적대감을 조금씩 표현하면, 아내는 남편을 진정시키려 하며 직면은 피하려고 노력한다. 아내는 남편의 분노를 가라앉히려고 노력하는데 이런 노력이 잠시의 효과가 있으므로, 아내는 자기가 남편을 통제할 수도 있다는 기대를 갖게 된다. 그러나 긴장은 증가하고 아내는 남편의 분노를 더 이상 통제할 수 없다는 사실을 알게 된다. 이때 아내는 철수하거나 폭발을 촉진시킨다. 아내가 폭력적 대립을 막기 위해 남편과의 관계를 회피할 때, 남편은 이에 대해 더욱 심한 분노로 반응하게 되며 결국 폭력을 불러온다. 아내의 또 다른 반응은 오히려 폭발을 촉발시키는 것이다. 아내는 언제 폭발할까 하는 염려와 두려움에 떠는 대신 스스로 남편을 자극함으로써 적어도 폭발 장소와 시간은 예측하고 통제할 수 있게 된다. 아내가 어떤 반응을 하든지 결국 폭력을 막지는 못한다. 이 단계는 1시간에서 수개월까지 지속될 수 있다.

두 번째 단계는 폭력적 구타 단계이다. 이때에는 지금까지 누적되었던 긴장이 통제할 수 없을 정도로 폭발한다. 사태가 통제 불가능하다는 것을 쌍방이 모두 느낀다. 구타가 끝나면 긴장과 불안이 일시적으로 감소하게 되는데, 이는 폭력을 강화하는 효과를 가진다. 다시 말하면, 폭력적인 행동은 통제할 수 없었던 긴장을 해소시키므로, 앞으로도 폭력 사용의 가능성은 여전히 남게 되는 것이다. 때때로 폭력이 일어나기 전 남편이 철수해서 대화를 거부하기도 한다. 자신이 폭력을 행사할 것이 두렵기 때문이다. 그러나 아내 또한 언제 남편이 폭발할지 알 수 없는 상황에서 더욱 불안에 빠지면서, 결국 자기도 모르는 사이에 남편을 자극하게 된다. 아내의 이러한 행동이 남편의 폭력을 때로 촉발시키기도 하기 때문에 남편은 자신의 폭력적인 행동이 아내 때문이라고 주장한다. 그러나 아내가 어떻게 반응하는가와 상관없이 남편은 폭력을 행사하기 위한 이유를 어떻게든 찾아내기 때문에, 본질적으로 폭력의 원인이 아내라고 말할 수는 없다.

세 번째는 후회의 단계이다. 격렬한 폭발 후에는 비교적 진정된 시기가 온다. 폭력을 행사한 남편은 아내에게 사과를 하고, 아내를 도와주는 모습을 보이며, 선물 보따리를 안겨주기도 하고, 가책을 느끼는 태도를 보이면서 다시는 그런 일이 없을 것이라고 약속한다. 이 행동은 아내를 잃어버릴까봐 두려운 마음에서 오기도 하고, 아내에게 상해를 입힌 것에 대해 진실로 죄의식을 느끼는 데서 오기도 한다. 아내는 남편의 그런 태도를 믿고 싶어 한다. 남편이 변화할지도 모른다는 희망을 갖기도 한다. 이 화해의 기간 동안 부부 사이의 친밀감은 매우 높은 것처럼 보인다. 이때 두 사람 중에 강자는 아내이며, 그녀는 남편으로부터 양보나 특권을 얻을 수 있다. 이것은 아내에게 잠시 동안의 만족을 가져다준다. 그러나 부부 사이가 안정되고 또다시 스트레스 자극이 축적되면, 남편은 다시 힘을 행사하고 싶어 하면서, 악순환은 처음부터 다시 시작된다.

이러한 악순환이 반복되면서 여성은 서서히 파괴되어 간다. 스스로에 대한 모멸감과 수치심이 깊이 자리 잡고 어떤 출구도 찾지 못하는 무기력감에 빠져든다. 자신의 문제를 타인에게 드러내는 것은 깊은 수치심을 자아내기 때문에, 점차 사람들을 만나는 것도 피하게 되고 사회적으로 고립되어 간다.

교회의 대처

가정에서 폭력을 당하는 여성은 교회에서도 이를 드러내지 않는다. 그러므로 교회공동체가 알지 못한 채 가정폭력은 상당 기간 지속될 수 있다. 그러나 가정폭력이 지속되는 한 신체적 상해는 반복해서 일어나기 때문에 주변에서 감지할 가능성이 높다. 가정폭력이 의심되면, 교회는 이를 방치해서는 안 된다. 한편 피해 여성이 견디다 못해 도움을 요청할 때, 교회는 이에 적극적으로 대처해야 한다. 우선 목회자는 가정폭력에 대해 설교하는 기회를 만들어야 하며, 이때에 힘의 남용인 가정폭력의 부당성을 선언하며, 가정폭력에 대하여 교회공동체가 적극적으로 도움을 줄 것을 약속해야 한다. 여성 교인들을 상대로 가정폭력에 대한 교육을 실시하여 그에 대한 기본 이해를 돕는 한편, 가정폭력을 당했을 때 어떻게 도움을 요청해야 하는지 그리고 주변에서 가정폭력을 당하고 있는 사람을 발견했을 때 어떻게 도움을 주어야 하는지 등을 알려주어야 한다.

가정폭력을 당하는 여성을 만났을 때 목회자는 적극적으로 관심을 보이고 그녀의 말을 잘 들어주어야 한다. 목회자가 할 수 있는 일이 없을 것이라는 생각 때문에 소극적 태도를 보인다면, 그녀는 다시 한 번 수치심과 소외감을 경험할 것이다. 목회자가 줄 수 있는 가장 큰 것은 그녀로 하여금 존중과 관심을 받는 경험을 갖게 하는 것이다. 교회공동체의 대표로서 그는 그녀가 실질적 도움을 받을 수 있도록 전문기관과 연결해 주는 일을 추진할 책임을 갖고 있다. 가정폭력을 당하는 여성에게 목회자는 다음과 같이 말해 주어야 한다. (1) 여성은 남편의 폭력 때문에 비난받아서는 안 된다. (2) 여성은 도움이 필요하며, 도움을 통해 가정폭력의 문제를 극복할 수 있다. (3) 남편의 폭력은 여성 자신에게뿐 아니라 자녀들에게도 큰 상처를 주므로, 그 폭력은 중단되어야 한다. (4) 전문기관을 통해 보호받을 수 있으며, 그 기관을 통해 법적·상담적 도움을 받을 수 있다. (5) 교회공동체는 피해 여성의 편이며 지속적으로 관심과 도움을 줄 것이다.

가정폭력이 진행되는 현장을 목격하였다면, 직접 개입하기보다는 경찰에 신고하는 것이 안전하다. 경찰은 가정폭력 관련법에 따라서 개입하고 처리할 것이다. 폭력을 당한 후에 여성의 신체적 상해가 심각하다면 즉시 의료적 도움을 받도록 해야 한다. 현재 우리나라에는 가정폭력상담소나 건강가정지원센터 등 폭력 피해 여성이 직접 도움을 받을 수 있는 기관들이 있으며, 그 기관들은 필요하다면 피해 여성이 일시적으로 머무르며 보호를 받을 수 있는 쉼터로 안내할 것이다. 가정폭력의 가해자들은 필요에 따라 일정 기간 피해자에게 접근하지 못하도록 법적 조치를 받을 수 있으며, 가해자를 위한 심리치료 프로그램을 받도록 명령받을 수 있다.

---

1 | 한국목회상담학회, 「현대목회상담학자 연구」(서울: 도서출판 돌봄, 2011), 301.
2 | Rodney J. Hunter, "The Power of God for Salvation: Notes for a Pastoral Theological Understanding of Divine and Human Power," *Journal of Pastoral Theology*(18 no 2 Wint 2008), 58~60.
3 | Ivan Boszormenyi-Nagy and Barbara R. Krasner, *Between Give and Take: A Clinical Guide to Contextual Therapy*(New York: Brunner/Mazel Publishers, 1986), 160.
4 | 그렌트 마틴, 김연 옮김, 「가정폭력과 학대」(서울: 도서출판 두란노, 1996), 161~162.
5 | 위의 책, 166.
6 | Robert T. Ammerman and Michel Hersen, 이화여자대학교 사회복지연구회 편역, 「가족폭력: 사정과 실제」(서울: 양서원, 2002), 291.
7 | 위의 책, 271.
8 | 위의 책, 276.
9 | 위의 책, 271~275.
10 | 그렌트 마틴, 김연 옮김, 「가정폭력과 학대」, 176~178.
11 | 멜리사 밀러, 채슬리 옮김, 「가정폭력 어떻게 할 것인가?」(하늘사다리, 1997), 181~182.
12 | 그렌트 마틴, 김연 옮김, 「가정폭력과 학대」, 35~42; Ammerman and Hersen, 「가족폭력: 사정과 실제」, 370~377.
13 | Lenore E. Walker, *The Battered Woman*(New York: Harper Colophon Books, 1980), 45~51.
14 | 위의 책, 55~70.

부록

1. 결혼예비상담 설문지
2. 재혼 부부 교육
3. 부부 관계 향상 워크숍

부록 1

결혼예비상담 설문지

 **I. 결혼을 앞둔 남녀를 위한 설문지**

1. 두 사람 사이의 모든 면을 고려할 때 현재 관계의 행복 정도를 아래 선 위에 V 표시해 보십시오.

   | 매우 행복하다 | 행복하다 | 불행하다 | 매우 불행하다 |

2. 애인과 결혼하기로 약속하지 말걸 하고 바라는 때가 있습니까?
   ㄱ. 자주   ㄴ. 가끔   ㄷ. 드물게   ㄹ. 전혀 없다

3. 인생이 끝나갈 때에 다음 중 어떻게 생각할 것 같습니까?
   ㄱ. 같은 사람과 결혼하고 싶다   ㄴ. 다른 사람과 결혼하고 싶다
   ㄷ. 결혼을 하지 않겠다   ㄹ. 모르겠다

 **II. 결혼을 앞둔 남녀를 위한 설문지**

가. 구체적 사항에 대한 상호 동의 정도

다음 사항에 대해 두 사람이 어느 정도나 동의 또는 동의하지 못하는지를 대략적으로 V 표시해 보십시오.

	언제나 동의	거의 언제나 동의	가끔 동의 안 됨	자주 동의 안 됨	거의 동의 안 됨	언제나 동의 안 됨
돈(재정) 문제						
유흥, 오락, 취미						
애정 표현						
삶의 철학/가치						

	언제나 동의	거의 언제나 동의	가끔 동의 안 됨	자주 동의 안 됨	거의 동의 안 됨	언제나 동의 안 됨
중요한 결정						
친구						
신체적 접촉, 성관계						
종교생활						
부모/친척과의 관계						
자녀 수 및 성별						
직업(여성 취업 포함)						
술 및 마약						
기타( )						
기타( )						

나. 의사소통

당신에게 맞는 답에 O표를 하십시오.

1. 서로 동의하지 않는 일이 생기면 대개
   ㄱ. 남자가 양보함   ㄴ. 여자가 양보함
   ㄷ. 서로 타협함으로써 동의를 이끌어냄

2. 순종의 문제에 대해
   ㄱ. 상대방이 나에게 순종해야 함   ㄴ. 내가 상대방에게 순종해야 함
   ㄷ. 서로 대등한 관계여야 함

3. 애인은 당신을
   ㄱ. 언제나 존중한다   ㄴ. 대개 존중하는 편이다
   ㄷ. 약간 존중한다   ㄹ. 거의 존중하지 않는다

4. 애인은 당신의 말을 묵살한 적이 있습니까?
   ㄱ. 언제나   ㄴ. 자주   ㄷ. 가끔   ㄹ. 전혀 없다

5. 애인은 당신과 의논하지 않고 일방적으로 결정한 적이 있습니까?
   ㄱ. 언제나   ㄴ. 자주   ㄷ. 가끔   ㄹ. 전혀 없다

6. 애인에게 자신의 감정을 솔직하게 표현합니까?
　　ㄱ. 언제나　　　ㄴ. 자주　　　ㄷ. 가끔　　　ㄹ. 전혀 없다

7. 애인에게 자신의 생각을 정확하게 표현합니까?
　　ㄱ. 언제나　　　ㄴ. 자주　　　ㄷ. 가끔　　　ㄹ. 전혀 없다

8. 애인은 당신에게 자신의 감정을 솔직하게 표현합니까?
　　ㄱ. 언제나　　　ㄴ. 자주　　　ㄷ. 가끔　　　ㄹ. 전혀 없다

9. 애인은 당신에게 자신의 생각을 정확하게 표현합니까?
　　ㄱ. 언제나　　　ㄴ. 자주　　　ㄷ. 가끔　　　ㄹ. 전혀 없다

10. 애인이 당신을 이해해 주지 않는다고 생각한 적이 있습니까?
　　ㄱ. 언제나　　　ㄴ. 자주　　　ㄷ. 가끔　　　ㄹ. 전혀 없다

11. 애인 때문에 화가 나는 일이 있습니까?
　　ㄱ. 언제나　　　ㄴ. 자주　　　ㄷ. 가끔　　　ㄹ. 전혀 없다

12. 상대방이 나에게 무엇을 원하는지 모를 때가 있습니까?
　　ㄱ. 언제나　　　ㄴ. 자주　　　ㄷ. 가끔　　　ㄹ. 전혀 없다

13. 상대방의 말과 행동이 다를 때가 있습니까?
　　ㄱ. 언제나　　　ㄴ. 자주　　　ㄷ. 가끔　　　ㄹ. 전혀 없다

14. 내가 말을 할 때 상대방이 잘 경청합니까?
　　ㄱ. 언제나　　　ㄴ. 자주　　　ㄷ. 가끔　　　ㄹ. 전혀 아니다

15. 애인은 화가 나면 말을 하지 않거나 만나 주지 않을 때가 있습니까?
　　ㄱ. 언제나　　　ㄴ. 자주　　　ㄷ. 가끔　　　ㄹ. 전혀 없다

16. 말다툼을 얼마나 자주 합니까?
　　ㄱ. 언제나　　　ㄴ. 자주　　　ㄷ. 가끔　　　ㄹ. 전혀 없다

17. 말다툼을 한 후에 마음에 상처를 받은 적이 있습니까?
ㄱ. 언제나   ㄴ. 자주   ㄷ. 가끔   ㄹ. 전혀 없다

18. 애인이 당신을 모욕한 적이 있습니까?
ㄱ. 언제나   ㄴ. 자주   ㄷ. 가끔   ㄹ. 전혀 없다

19. 애인이 위협적인 말을 한 적이 있습니까?
ㄱ. 언제나   ㄴ. 자주   ㄷ. 가끔   ㄹ. 전혀 없다

20. 애인이 당신을 때리거나 폭력을 행사한 적이 있습니까?
ㄱ. 언제나   ㄴ. 자주   ㄷ. 가끔   ㄹ. 전혀 없다

21. 애인에게 실망한 적이 있습니까?
ㄱ. 언제나   ㄴ. 자주   ㄷ. 가끔   ㄹ. 전혀 없다

22. 애인을 다시는 만나지 않으려고 한 적이 있습니까?
ㄱ. 언제나   ㄴ. 자주   ㄷ. 가끔   ㄹ. 전혀 없다

23. 애인은 애정 표현을
ㄱ. 너무 지나치게 한다   ㄴ. 내가 원하는 만큼 잘 한다
ㄷ. 잘 못하는 편이다   ㄹ. 너무 안 한다

24. 애인은 애정 요구를
ㄱ. 너무 지나치게 한다   ㄴ. 적절하게 한다
ㄷ. 적게 하는 편이다   ㄹ. 너무 안 한다

25. 당신과 애인은 두 사람의 관계 이외의 관심사에 대해 함께 참여합니까?
ㄱ. 모든 일에 대해   ㄴ. 일부 일에 대해
ㄷ. 극히 적은 부분에 대해   ㄹ. 전혀 아니다

2 부록

재혼 부부 교육

교육 프로그램

	내용	시간	준비
도입	1. 프로그램 소개 2. 자기소개의 시간	5분 25분	이름표 배경음악
활동 및 강의	활동 및 토의 1 재혼 가족 생활의 기대와 소망	45분	작업지 1 / 소그룹 토의(인도자)
	강의 1. 재혼 가족의 신학 2. 재혼 가족에 대한 이해 3. 새 계약을 향하여	30분	강의 자료
	활동 및 토의 2 재혼 가족 관계의 문제 영역	45분	작업지 2 / 소그룹 토의(인도자)
종결	1. 성공적인 재혼 가족 생활을 위한 다짐 작성하기 2. 사후 평가지 작성 3. 식사	40분 20분 30분	종이, 펜 사후 평가지 음식

- 소요시간 4시간 기준
- 재혼 부부들을 단체로 교육하는 프로그램이며, 한 쌍의 재혼 부부를 위한 상담 교육으로 바꿔서 사용할 수도 있다.
- 활동 및 토의는 재혼 가족에 대해 어느 정도 경험이 있는 인도자가 재혼 부부 3~4쌍으로 구성된 소그룹을 인도한다.
- 강의 자료는 이 책에 실린 재혼에 관한 내용을 참고하거나 재혼에 관한 서적을 참고할 수 있다.
- 사후 평가지에 참석자들이 교육 내용에 대한 피드백을 적도록 하여, 교육자가 다음 교육을 위한 참고 자료로 활용할 수 있다.

 **1** 재혼 가족 생활의 기대와 소망

	재혼 시 가졌던 기대	성취된 것	좌절된 것	앞으로의 소망
나의 삶				
가족의 삶				

 **2** 재혼 가족 관계의 문제 영역

	문항	척도					구체적 설명 또는 실례
		좋다	조금 좋다	보통	조금 나쁘다	나쁘다	
부부 관계	① 부부간의 의사소통	1	2	3	4	5	
	② 부부간의 가사 분담	1	2	3	4	5	
	③ 부부간의 성	1	2	3	4	5	
	④ 재정(관리)	1	2	3	4	5	
	⑤ 자녀교육	1	2	3	4	5	
	⑥ 전체적인 평가	점 (100점 기준)					
부모—자녀 관계	① 부모를 대하는 자녀의 태도	1 협조적	2	3	4	5 반항적	
	② 감정 및 의사표현	1 잘 한다	2	3	4	5 안 한다	
	③ 정서적으로 친밀하다.	1	2	3	4	5	
	④ 대화를 많이 한다. (의사소통 원활)	1 한다	2	3	4	5 안 한다	
	⑤ 형제, 자매끼리 친밀하다.	1	2	3	4	5	
	⑥ 전체적인 평가	점 (100점 기준)					
확대 가족 관계	① 시댁 식구와의 관계	1	2	3	4	5	
	② 친정 식구와의 관계	1	2	3	4	5	
	③ 비동거 친부모와의 관계	1	2	3	4	5	
	④ 전체적인 평가	점 (100점 기준)					

3 부록
부부 관계 향상 워크숍

1. 도입

도입 프로그램의 목적은 부부들로 하여금 프로그램 자체에 친숙해지도록 돕고 또 부부 사이에 대화가 시작되도록 마음을 열게 하는 것이다. 다음에 소개하는 세 가지 프로그램은 각기 별도의 프로그램으로서 다음 중 한 가지나 두 가지를 골라서 사용하면 된다.

나? 우리?

각자에게 백지 1장씩 나누어 준 뒤 자신을 식물의 모양으로 표현하도록 한다. 다시 부부 당 백지 1장씩 나누어 준 뒤 자신들의 모습을 동물의 모양으로 표현하도록 한다. 첫 번째 것은 개인이 자신을 식물을 통해 표현하는 것이고, 두 번째 것은 부부가 함께 자신들의 관계를 동물을 통하여 표현하는 것이다. 두 번째 것은 공동 작업이다.

다 그린 후, 같은 테이블에 앉아 있는 부부들끼리 서로 보여주며 설명하게 하거나 전체 앞에서 개인별로, 부부별로 설명하게 한다.

매력적인 당신

부부가 의자에 앉아서 무릎-무릎, 손-손, 눈-눈끼리 맞대고 쳐다보면서 배우자의 외모, 행동 등 매력적인 면을 3가지 이상 생각해 본다.(2분) 남편이 먼저 아내의 매력을 고백하고(3분), 이어 아내가 남편의 매력을 고백한다.(3분)

💬 부드러운 발견

남편은 눈을 감고 편안히 앉는다. 아내가 남편 앞에 가서 남편의 몸을 머리부터 다리까지 천천히 만진다. 만지면서 그 부드러움에 주의를 기울인다. 그 다음에는 바꿔서 한다. 배우자의 몸을 만지면서, 또 배우자가 자신의 몸을 만질 때 느낀 점을 부부가 서로 나눈다.

*이쯤에서 다음과 같은 시를 낭독하는 것이 도움이 될 것이다.

💬 듣기에 대해

내가 당신에게 들어 달라고 요청하는데
당신이 충고를 늘어놓기 시작할 때
당신은 내가 요청하는 것을 주고 있지 않습니다.

내가 당신에게 들어 달라고 요청하는데
당신이 내가 그렇게 느껴서는 안 되는 이유를 말하기 시작할 때
당신은 나의 느낌들을 짓밟고 있습니다.

내가 당신에게 들어 달라고 요청하는데
당신이 나의 문제들을 해결하기 위해 무언가를 해야 한다고 느낄 때
이상하게 들릴지 모르지만 당신은 나를 저버리고 있습니다.

들어주세요! 내가 원하는 모든 것은 당신이 듣는 것입니다.
말하거나 행동하지 말고… 그냥 들어주세요.

내가 나 혼자 할 수 있고 또 해야 하는 것을 당신이 나를 위해서 할 때
당신은 나의 두려움과 열등감을 강화시킵니다.

나는 나 혼자 할 수 있습니다. 나는 무력하지 않습니다.
의기소침해 있고 비틀거릴지 모르지만 무력하지는 않습니다.

그러나 나의 느낌이 아무리 비합리적이라 할지라도,
내가 나의 느끼는 것을 느끼고 있다고 당신이 단순히 받아들일 때,
나는 나의 느낌을 당신에게 알리려고 애쓸 필요가 없이
이 비합리적 느낌의 배후에 무엇이 있는지 이해하는 일에 들어갈 수 있습니다.
이 이해가 분명해질 때, 대답은 명백하고 나는 충고가 필요 없습니다.

비합리적 느낌들의 배후에 있는 것을 우리가 이해할 때
그 느낌들이 왜 있는지 알게 됩니다.

아마도 그래서 기도가 종종 어떤 사람들에게 도움이 되는지 모릅니다….
하나님은 말이 없고, 충고하거나 수리하려고 하지 않습니다.
하나님은 단지 들으시고 당신이 스스로 해결하도록 하십니다.

그러므로 부디 들어주세요. 그저 나의 말을 들어주세요.
만일 말하고 싶으면, 당신 차례가 될 때까지 잠깐만 기다려 주세요.
그러면 내가 당신의 말을 듣겠습니다.

— 랄프 러프턴(Ralph Roughton)

* 샤론 웩사이더 크루즈(Sharon Wegscheider-Cruse)의 책 *Coupleship*에서 재인용

2. 서로에 대한 긍정적인 표현

이 순서의 목적은 배우자끼리 서로에게 긍정적인 사랑의 표현을 하는 것이다. 이로써 각 사람이 배우자로부터 사랑받고 있다는 것을 재확인하고 경험하도록

한다. 아울러 사랑의 표현을 보다 적극적으로, 보다 건설적으로 할 수 있는 방식을 개발하게 할 수도 있다. 다음에 소개하는 두 가지 프로그램은 별도의 프로그램으로서, 이 중 한 가지를 골라 사용하면 된다.

🗨️ 내가 사랑할 때…

사랑의 표현을 어떻게 하는지, 그 표현을 인식하고 있는지 서로 확인하는 프로그램이다.

1. 아내가 먼저 "내가 당신에게 사랑을 표현하고 싶을 때, 나는 _____ 합니다."라고 말한다.(1~3가지 정도)
2. 말하고 난 후, "내가 그렇게 할 때, 당신은 사랑받고 있다고 느낍니까?"라고 묻는다.
3. 남편은 이 물음에 짧게 대답한다. (이어서 남편이 말하고 아내가 대답한다.)

🗨️ 새로운 낭만적 사랑을 위해

사랑과 관심을 받고 있다는 경험을 서로 나누는 프로그램이다. 먼저 배우자의 현재의 행동들 가운데 내가 사랑과 관심을 받고 있다고 느끼는 것을 지적함으로써, 긍정적인 사랑의 나눔을 서로 강화하도록 유도한다. 이어서 과거의 긍정적인 행동 중에서 회복하고 싶은 것을 나눈다. 마지막으로 배우자에게 희망하는 사랑의 행동을 서로 나누도록 한다.

1. 현재 하고 있는 행동

    당신이 _____ 할 때에,
    나는 사랑과 관심을 받고 있다고 느낍니다.

2. 과거에 했으나 지금은 하지 않고 있는 행동 – 좋았던 것

    당신이 과거에 _____ 했을 때에,
    나는 _____ 느꼈습니다.

3. 아직 하지 않았지만 했으면 하는 행동

　　당신이 _____ 한다면,
　　나는 더욱 _____ 느낄 것입니다.

위 질문에 각자가 기록한다(10분). 부부가 번갈아 자신의 것을 설명한 후(5분), 쓴 것을 상대방에게 준다. 각자는 배우자로부터 받은 것을 읽어보고, 2번과 3번의 내용 중 당장 할 수 있는 것을 표시한 후 배우자에게 말해 준다(5분). 만일 필요하다면 배우자에게 더 구체적으로 원하는 것이 무엇인지 물어도 좋다. 그런 요청을 받았을 때의 느낌을 말해도 좋다.

3. 서로의 차이에 대한 발견과 토의

🗨 나와 당신에게 소중한 것

부부 사이에 서로의 가치관과 우선순위의 차이를 확인하고 그 차이를 긍정적으로 조율하도록 돕는 것이 목적이다. 각 사람에게 다음의 표를 나누어 준다. 사물이나 사건 또는 활동 가운데 가장 중요하다고 생각되는 순서대로 다음의 표에 적는다. 왼쪽 칸에는 자신의 가치 목록을 적고, 오른쪽 칸에는 자신이 생각하는 배우자의 가치 목록을 적는다. 다 작성하기 전까지 배우자와 말하지 않는다.

	나의 가치	나의 배우자의 가치
1		
2		
3		
4		
5		
6		
7		
8		
9		

가치 순위를 다 쓰고 난 후, 아내가 먼저 자신의 가치 순위를 남편에게 보여주고 설명한다. 남편은 자신이 생각한 아내의 가치 순위를 보여주고 설명한다. 그 차이에 관해 이야기를 나눈다. 여기에서 가장 중요한 것은, 설명하는 사람은 자신의 생각을 분명히 표현해야 하고, 듣는 사람은 상대방의 얘기를 이해하기 위해 노력해야 한다. 의견 차이를 없애려고 하거나 서로 논쟁을 하지 않도록 지도자는 부부들에게 주의를 시킨다. 의견 차이가 있다는 것을 확인하는 것으로 충분하다는 것을 인식시키는 것이 중요하다.

다음에는 남편이 자신의 가치 순위를 아내에게 보여주고 설명한다. 아내는 자신이 생각한 남편의 가치 순위를 보여주고 설명한다. 그 차이에 관해 이야기를 나눈다.

*다음 내용은 상황에 따라 첨가해도 좋다.

각자 배우자와 가치 순위에 차이가 남으로써 생겨나는 문제들을 생각나는 대로 적어보게 한다.

1. _____
2. _____
3. _____

다 쓰고 난 후, 남편이 먼저 아내에게 적은 것을 설명한다. 그런 후 아내도 그렇게 한다. 여기에서도 역시 문제를 해결하려 하지 않도록 주의를 주어야 한다. 문제가 있다는 것을 확인하는 것으로 충분하다는 것을 강조한다. 단지, 상대방을 이해하려고 노력하는 것이 중요하다.

🦋 자각의 바퀴

이 순서의 목적은 부부 사이에 일어났던 부정적 경험과 관련하여, 자신의 내면에서 어떤 방식으로 부정적 감정이나 행동이 일어나는지를 자각하도록 돕는 것이다. 먼저 다음 그림을 보여주고 설명한다.

```
지각하기(sensing) ──────── 생각하기(thinking) ──────── 느끼기(feeling)
         └──── 행동하기(acting) ──────── 원하기(wanting) ────┘
```

예를 들면, 남편이 퇴근하여 집에 와보니 아내의 얼굴에 골이 난 것을 발견하고는(지각하기), 속으로 '아침에 조금 말다툼했다고 아직까지 골 난 얼굴을 하다니 속이 왜 이렇게 좁아.' 하고 생각하면서(생각하기), 기분이 몹시 상하였다(느끼기). 그는 분풀이를 하려고(원하기), 방문을 '꽝' 소리 나게 닫고 안방으로 들어간다(행동하기).

똑같은 경우에 다음과 같이 다른 과정이 일어날 수도 있다. 골이 난 아내의 얼굴을 보고(지각하기), '내가 아침에 잔소리해서 아직도 분이 안 풀렸다니 내가 좀 지나쳤나 보군.' 하고 생각할 수도 있다(생각하기). 그는 미안한 마음이 들었다(느끼기). 그는 아내의 마음을 풀어주고 싶어서(원하기), 아내에게 "아직도 화났어? 미안해요."라고 말한다(행동하기).

이 예에서 보는 것처럼, 우리가 어떤 행동을 하는 데에는 이와 같은 과정을 밟게 된다. 행동이 일어나기까지의 이 과정을 자각한다면, 우리는 자신의 행동을 보다 정확히 이해하게 되고, 보다 효과적으로 행동을 바꿀 수 있게 된다.

지각하지 않으면 상대방에게 반응할 수 없으므로, 정확하게 지각하는 것은 반응의 출발점이다. 지각한 내용을 해석하는 것(생각하기)은 우리가 어떻게 느끼는가에 있어서 가장 중요하다. 그러므로 "생각하기 나름"이란 말이 있다. 나의 생각을 분석해 보면 나의 감정과 행동을 잘 이해하게 된다. 무엇을 원하는가도 행동에 직결된다.

인도자는 사람들에게 최근 서로에게 부정적 느낌을 느꼈던 사건을 하나씩 떠올리게 하여, 그 순간을 회상하면서 다음의 물음에 답하게 한다.(부부가 함께 하는 것이 아니라 각자가 따로 한다.)

1. **지각하기** : 배우자가 어떤 말, 행동, 표정 등을 하였습니까?

2. 생각하기 : 배우자의 말이나 행동에 대해 어떤 생각을 하였습니까?
3. 느끼기 : 그러면서 어떤 느낌을 가졌습니까?
4. 원하기 : 무엇을 원했습니까?
5. 행동하기 : 그래서 어떻게 행동하였습니까?

남편이 먼저 자신의 답을 아내에게 보여주고 설명하도록 한다. 다 끝나면 아내가 설명한다. 질문이 있으면 설명 도중 짧게 묻고 대답하도록 한다. 상대방에게 따지거나 서로 논쟁하지 않도록 유의시킨다. 서로를 이해하는 것이 목표이다.

*이쯤에서 다음의 내용을 강의하는 것이 도움이 될 것이다.

🌱 건설적인 부부싸움을 위한 행동 목록

1. **스스로에게 싸움을 허락하라.** 두 사람이 진정으로 가까워지기 위해서는 의견 차이와 갈등이 자연스러운 것이라는 사실을 받아들이라.
2. **왜 싸우는지를 알라.** 당신을 정말 화나게 한 문제가 싸움의 내용이 되도록 하라.
3. **싸울 때 목표를 정하라.** 이기기 위해서가 아니라, 감정을 나누기 위해, 서로 더 잘 이해하기 위해, 해결책을 찾기 위해 싸우는 것임을 명심하라.
4. **공평한 규칙을 따라 싸우라.** 현재의 문제와 상관없는 옛날 문제를 끄집어내지 마라. 상처 주거나 빈정대지 마라. 절대로 때리지 마라. 현재의 문제를 떠나지 말고, 관계를 향상시키는 방향으로 나아가라.
5. **당신 자신의 주장에 대해 책임지라.** 당신의 느낌과 생각에 대해 분명히 자각하고 상대방에게 전달하는 데 책임을 지라. 당신의 권리만큼 상대방의 권리에 대해서도 존중하라.
6. **상호 존중을 보이라.** 상대를 비난, 질책, 비하, 모욕하지 마라. 누가 옳은지 따지려고 하지 마라. 주의 깊게 들으라. 이해하려고 하고 상대방의 관점을 존중하라.

7. 진정한 문제를 끄집어내라. 우리는 종종 표면적인 싸움에 그친다. 무시당한 느낌, 분노, 복수심 등이 진정한 문제일지 모른다. 무엇이 진정한 갈등인지 찾으라.
8. 합의의 영역들을 찾으라. 두 사람이 화나면 서로 동의할 수 있는 것이라곤 하나도 없는 것처럼 느낀다. 그러나 실제로는 동의할 수 있는 부분이 더 많은 법이다. 동의할 수 있는 영역들을 찾아서, 거기에서 출발하면 합의점을 더 많이 발견하게 될 것이다.
9. 해결책을 발견하는 데 함께 참여하라. 상황을 발전시키는 데 양쪽 당사자가 모두 의견을 제시하면 합의점에 도달할 가능성이 더 높아진다.

*샤론 웩사이더 크루즈(Sharon Wegscheider-Cruse)의 책 *Coupleship* 중에서

🗨 말다툼 후에 상처 난 감정을 치유하기

일단 싸움이 끝나면 이제 관계를 재충전하고 상처 난 감정을 치유할 때이다. 말다툼은 '정서적 수술'과 같으므로, 끝난 후에 남은 상처를 치유해야 한다. 그 치유 과정에는 기본적으로 세 가지가 필요하다.

1. **사과하기** : "옳지 않았거나 정직하지 않았"던 부분에 대해서만 사과해야 한다. 속에 있는 것을 털어놓고 서로 따지며 타협하는 것은 절대로 필요하지만, 때로 감정이 격해질 때 어느 정도의 잘못된 말이나 행동을 할 수 있다. 그러므로 그런 부분에 대해 사과하지 않으면 상처 난 감정이 그대로 남아 있을 수 있다.
2. **확인하기** : 서로 어려운 시간을 가진 후에 상대방에게 사랑, 존중, 협력의 감정을 갖고 있음을 말해 주는 것은 중요하다. 어떤 문제에 대해 서로 매우 다른 의견을 갖고 있다 하더라도 말이다.
3. **받아들이기** : 상대방이 나와 다를 수 있음을 받아들이라. 상대방의 설명, 감정, 생각을 들어보라. 두 사람 사이에 유사한 점과 다른 점을 인정하라. 더 충분히 이해하기 위해서 시간이 더 필요할지도 모른다는 것을 받아들이

라. 그러나 일단 현재의 상태 또한 받아들이라. 누구도 완전한 승자나 패자가 될 필요는 없다.

4. 부부의 성생활 향상하기

부부 생활에서 성생활은 본질적 요소이다. 다시 말하면, 있어도 되고 없어도 되는, 또는 부속물 정도로 취급되어서는 안 된다는 것이다. 부부는 친밀한 인간관계의 극치이며, 관계의 친밀성은 육체적 합일에 의해 가장 극적으로 표현된다. 성생활은 부부 합일의 본질적 요소인 것이다.

💬 보다 행복한 성을 위해

다음의 질문에 각자가 기록한다. '긍정적인 점'이란 현재의 성생활에서 자신에게 좋은 느낌을 주는 배우자의 행동을 기록하는 것이다. '고쳤으면 하는 점'이란 자신에게 부정적인 느낌을 주는 배우자의 행동을 기록하는 것이다.

긍정적인 점
1. 당신이 _____ 할 때,
   나는 _____ 느낍니다.
2. 당신이 _____ 할 때,
   나는 _____ 느낍니다.

고쳤으면 하는 점
1. 당신이 _____ 할 때,
   나는 _____ 느낍니다.
2. 당신이 _____ 할 때,
   나는 _____ 느낍니다.

남편이 먼저 자신이 쓴 것을 설명한다. 아내는 남편의 말에 질문할 것이 있으면 한다. 다음에는 아내가 설명한다. 각 배우자는 상대방의 의견에 대해 자신의 느낌과 생각을 말하고 충분히 토의한다.

*이쯤에서 성에 관한 강의나 필요한 정보를 제공한다.

성의 목적

1. 친밀한 관계
- 칼 바르트 : 인간 안에 있는 하나님의 형상의 의미에 대해서 가장 좋은 실마리를 주는 것은 남녀의 관계이다.
- 오토 피퍼 : 성생활에서 남자와 여자는 불가분리의 통일 속으로 결합한다. 성은 그 자체로서 의미 있는 것이며 특별한 종류의 인격적 관계를 조성한다.

2. 즐거움
- 본회퍼 : 성은 생식의 수단만이 아니라 사랑하는 두 사람 사이에 성 자체의 즐거움을 준다.
- 생식의 수단인 성은 강렬한 즐거움과 애정의 느낌을 수반하도록 생물학적으로 계획되어 있다. 성적 즐거움은 친밀감을 증대시킨다.

3. 생식
성행위의 결과는 생명의 잉태이므로 성생활에서 청결한 위생 관리가 필요하며, 임신에 대해 신중히 고려해야 한다.

성생활의 지침

1. 성에 대해 관심을 기울이기
2. 성에 대해 배우자와 대화하기 : 성적 욕구, 성적 반응, 성생활의 문제 등
3. 계속적으로 로맨스를 위한 시간을 만들기
4. 서로에게 긍정적인 사랑의 말을 하기
5. 자기 자신의 성 및 성적 욕구에 대해 자각하고 책임지기

6. 성적 무감각에 대해 인식하고 대화하기
7. 습관적인 성생활에 대해 경계하고 새로움을 만들어가기
8. 배우자에게 최대한 매력적이 되도록 노력하고, 애정적이고 성적인 욕구를 표현하기

*샤론 웩사이더 크루즈(Sharon Wegscheider-Cruse)의 책 *Coupleship* 중에서

5. 프로그램 후의 부부 시간 만들기

부부 워크숍이 끝난 후에 실생활에 돌아가서도 부부가 다시 한 번 부부 관계를 신장시킬 수 있는 기회를 갖도록 하는 프로그램이다. 부부 생활을 윤택하게 하는 것 중 하나는 함께 즐기는 시간을 만드는 것이다. 함께 즐거움을 갖는 기회를 만들어 주는 것도 또 하나의 목적이다. 다음 두 가지 중 하나를 선택하여 실시하면 좋을 것이다.

놀래 주기

남편끼리, 아내끼리 모여 둘러앉게 한다. 두 그룹 사이에 상당한 거리를 두어 서로의 이야기가 들리지 않게 한다.

각자는 자신의 배우자가 기뻐할 일을 한 가지만 생각해 본다. 배우자가 무엇을 기뻐할지 생각할 때, 막연히 추측하지 말고 과거에 배우자가 좋아했던 것이나 배우자가 구체적으로 요청했던 것 등 확실한 것을 선택한다. 추상적인 것이 아닌 아주 구체적인 물건이나 사건을 생각한다. 언제, 어디서, 무엇을, 어떻게 등 구체적인 계획을 세운다. 한 달 이내에 실천할 수 있는 계획을 세우도록 한다.

각 그룹에서 각자 돌아가며 자신의 계획을 발표한다. 발표된 내용에 대하여 반드시 비밀을 유지한다. 각자는 자신의 계획을 실천할 때까지 배우자에게 절대로 말하지 않는다.

즐거운 일 계획하기

부부가 함께 즐길 수 있는 일을 배우자 각자가 3개 이상씩 생각하여 종이에 기

록하게 한다. 한 달 이내에 실천할 수 있는 일을 생각한다.

각자가 쓴 내용을 서로 보여 주고, 두 사람이 쓴 내용들 중 하나만을 선택하게 한다. 하나를 고를 때, 한 사람이 일방적으로 결정하거나, 또는 한 사람이 일방적으로 양보하지 않도록 주의를 준다. 배우자 각자가 자신의 의사를 충분히 표현한 후, 서로 타협하여 합리적으로 결정하라고 권면한다.

6. 부정적 경험의 고백

이 부분은 가장 어렵고도 가장 보람 있는 시간이다. 부부가 오랫동안 서로 말하기를 주저해 온 내용을 끄집어낸다는 것은 대단히 어렵고도 용기가 필요한 일이다. 그만큼 위험 부담도 있다. 그러므로 이 프로그램은 앞의 도입 부분과 긍정적 표현 부분이 충분히 이루어지지 않은 상황에서는 실시해서는 안 된다. 배우자가 서로에 대한 이해와 긍정적 느낌이 형성되지 않은 채 부정적 내용을 교환하면 마음이 상하거나 말다툼이 일어나기 쉽다. 그러므로 이 부분은 상당한 정도의 준비 작업이 있은 뒤에만 실시하여야 한다.

고백과 요청

각자가 배우자의 행동, 습관, 태도 등 자신에게 부정적인 느낌을 주는 것 2가지를 쓴다. 배우자 자신에 대한 부정적 느낌이 아니라, 배우자가 고칠 수 있는 구체적 행동, 습관, 태도 등을 지적한다.

1. 당신이 _____ 할 때,
   나는 _____ 느낍니다.
   내가 느끼고 싶은 것은 _____ 입니다.
   그렇게 하기 위해서 당신이 _____ 해 주기를 바랍니다.
   (구체적으로, "…마라"가 아니라 "…하라"의 표현)
2. 당신이 _____ 할 때,
   나는 _____ 느낍니다.

내가 느끼고 싶은 것은 _____ 입니다.
그렇게 하기 위해서 당신이 _____ 해 주기를 바랍니다.
(구체적으로, "…마라"가 아니라 "…하라"의 표현)

부부가 서로에게 자신이 쓴 것을 설명하고, 상대방의 느낌과 생각을 듣는다. 설명할 때는 비난조로 하지 말고, 상대방의 행동이 자신에게 왜 어떻게 부정적인 느낌을 주는지 상대방이 이해할 수 있도록 말한다. 상대방이 나의 요구대로 해야 한다고 전제하거나 강요하지 않도록 한다. 듣는 사람은 방어하거나 변명해서는 안 되며, 상대방의 요구대로 해야 한다고 의무감을 가질 필요도 없다. 단지, 말하는 사람의 의도를 이해하려고 애쓰면 된다. 서로 확실히 이해할 때까지 질문하고 대답한다.

7. 결론

프로그램을 마치며, 앞으로 부부 생활을 보다 건설적으로 하기 위한 결단과 다짐을 나누는 시간이다. 다음 두 가지 모두 또는 한 가지를 실시한다.

📖 계약서

부부는 앞으로 부부생활을 보다 건설적으로 만들어가기 위해 함께 시도하고자 하는 작고 구체적인 계획을 한 가지 이상 세운다. 이 계획은 앞으로 한 달간 실행할 것이며, 한 달 후에 이를 검토하고 계속할 것인지, 보완할 것인지 등의 여부를 의논하여 결정할 것이다. 종이에 쓰고 난 후 부부가 서명한다.

📖 낭만적 숙제

지금부터 한 달 이내에 두 사람만의 로맨틱한 시간(외식 등)을 마련하도록 숙제를 내준다. 그리하여 본 부부 워크숍에서 일어난 일, 나눈 대화, 하기로 한 결정 등에 관해 이야기를 나눈다. 부부 워크숍에서의 다짐과 결단을 되새겨보도록 하는 숙제이다.

참|고|문|헌

그렌트 마틴, 김연 옮김, 「가정폭력과 학대」. 도서출판 두란노, 1996.
김정옥, "다문화가족을 위한 통합치료적 부부관계향상프로그램 개발," 〈한국가족관계학회지〉, 제18권 3호 2013.
멜리사 밀러, 채슬리 옮김, 「가정폭력 어떻게 할 것인가?」. 하늘사다리, 1997.
박일봉 편역, 「효경」. 서울: 육문사, 1992.
성규탁, 「새 시대의 효」. 서울: 연세대학교 출판부, 1995.
양유성, 「외도의 심리와 상담」. 학지사, 2008.
엘리자베트 벡-게른스터하임, 박은주 옮김, 「가족 이후에 무엇이 오는가?」. 새물결출판사, 2005.
울리히 벡 외, 강수영 외 옮김, 「사랑은 지독한 그러나 너무나 정상적인 혼란」. 새물결: 2002.
잭 볼스윅 · 주디 볼스윅(Jack O. Balswick and Judith K. Balswick), 「크리스천 가정」. 서울: 두란노, 1995.
정장엽/정순관, "한국 다문화가족정책의 정향성 분석: 동화주의와 다문화주의," 〈지방정부연구〉, 제17권 제4호 2014 겨울.
조이스 & 클리포드 페너, 「성상담」. 도서출판 두란노, 1995.
존 패턴 & 브라이언 H. 차일즈, 장성식 옮김, 「기독교인의 결혼과 가족」. 한국장로교출판사, 1998.
한국가족학연구회, 「이혼과 가족 문제」. 도서출판 하우, 1993.
한국목회상담학회, 「현대목회상담학자 연구」. 도서출판 돌봄, 2011.
헨리 버클러, 「외도상담」. 도서출판 두란노, 1997.
Ammerman, Robert T., and Michel Hersen, 이화여자대학교 사회복지연구회 편역, 「가족폭력: 사정과 실제」. 양서원, 2002.
Baroni, Diane, and Betty Kelly, 최해정 옮김, 「나는 이혼하고 싶지 않다」. 제3기획, 1994.
Visher, Emily B., and John S. Visher, 반건호/조아랑 역, 「재혼 가정 치료」. 서울: 도서출판 빈센트, 2003.

Anderson, Herbert. *The Family and Pastoral Care*. Philadelphia: Fortress Press, 1984.

Anderson, Ray S., and Dennis B. Guensey, *On Being Family: A Social Theology of the Family*. Grand Rapids, Mich.: William B. Eerdmans Publishing Co., 1985.

Boszormenyi-Nagy, Ivan, and Barbara R. Krasner, *Between Give and Take: A Clinical Guide to Contextual Therapy*. New York: Brunner/Mazel Publishers. 1986.

Bowen, Murray. *Family Therapy in Clinical Practice*. Northvale, NJ: Jason Aronson, Inc. 1985.

Carter, Betty, & Monica McGoldrick, *The Changing Family Life Cycle: A Framework for Family Therapy*. Allyn and Bacon, 1989.

Chaves-Garcia, Sylvia, and Helminiak Daniela, "Sexuality and Spirituality: Friends, not Foes," *The Journal of Pastoral Care*. June 1985, Vol. XXXIX, No. 2.

Eshleman, J. Ross, and Richard A. Bulcroft, *The Family*, 11th ed. Boston, MA: Pearson Education, Inc., 2006.

Friedman, Edwin H. *Generation to Generation: Family Process in Church and Synagogue*. New York: The Guilford Press, 1985.

Garland, Diana S. Richmond, and David E. Garland, *Beyond Companionship: Christians in Marriage*. Philadelphia: The Westminster Press, 1986.

Hage, Jerald, and Charles H. Powers, *Post-Industrial Lives: Roles and Relationships in the 21st Century*. Newbury Park, CA: Sage Publications, 1992.

Hartwell, Herbert. *The Theology of Karl Barth: An Introduction*. Philadelphia: The Westminster Press, 1964.

Hoffman, Lynn. *Foundations of Family Therapy*. New York: Basic Books, 1981.

Hunter, Rodney J. "The power of God for salvation: notes for a pastoral theological understanding of divine and human power," *Journal of Pastoral Theology*. 18 no 2 Wint 2008.

Jacobson, N. S. and A. S. Gurman, ed. *Clinical Handbook of Marital Therapy*. New York: The Guilford Press, 1986.

Kennedy, Eugene. *Sexual Counseling*. New York: The Seabury Press, 1977.

Lyon, K. Brynolf, and Archie Smith Jr. (Editor), *Tending the Flock: Congregations* and Family Ministry. Westminster John Knox Press, 1998.

Minuchin, Salvador. Families & Family Therapy. Cambridge, MA: Harvard University Press, 1974.

Money, Royce. Ministering to Families: A Positive Plan of Action. A.C.U. Press, 1987.

Napier, Augustus Y. The Family Crucible. New York: Bantam Books, 1978.

Nelson, James B. Embodiment: An Approach to Sexuality and Christian Theology. Minneapolis: Augusgurg Publishing House, 1978.

Patton, John, and Brian H. Childs. Christian Marriage & Family: Caring for Our Generations. Nashville: Abingdon Press, 1988.

Richardson, Ronald W. Becoming A Healthier Pastor: Family Systems Theory and the Pastor's Own Family. Minneapolis: Fortress Press, 2005.

Sager, Clifford J., et al., Treating the Remarried Family. New York: Brunner/Mazel, Publishers, 1983.

Satir, Virginia. Conjoint Family Therapy. Palo Alto, CA: Science and Behavior Books, Inc., 1983.

Stewart, Charles W. The Minister as Marriage Counselor: A Role-Relationship Theory of Marital Counseling and Pastoral Care. Nashville: Abingdon Press. 1970.

Thomas, Shirley. Two Happy Home: A working guide for parents and stepparents after divorce and remarriage. Longmont, CO: Springboard Publications, 2005.

Tillich, Paul. Systematic Theology, vol. III(University of Chicago Press, 1963).

Toffler, Alvin. The Third Wave. New York: Bantam Books, Inc., 1981.

Walker, Lenore E. The Battered Woman. New York: Harper Colophon Books, 1980.

Wegscheider-Cruse, Sharon. Coupleship: How to Build a Relationship. Deerfield Beach, Florida: Health Communications, 1988.